The Low Countries

增訂三版

低地國（荷比盧）史

新歐洲的核心

張淑勤　著

三民書局

國家圖書館出版品預行編目資料

低地國(荷比盧)史:新歐洲的核心 / 張淑勤著.－－增
訂三版二刷.－－臺北市：三民，2017
面；　公分.－－(國別史叢書)
參考書目：面
ISBN 978－957－14－5826－7　(平裝)

1.荷蘭史 2.比利時史 3.盧森堡史

747.21　　　　　　　　　　　　　　　102013705

© 低地國(荷比盧)史
——新歐洲的核心

著　作　人　　張淑勤
發　行　人　　劉振強
著作財產權人　三民書局股份有限公司
發　行　所　　三民書局股份有限公司
　　　　　　　地址　臺北市復興北路386號
　　　　　　　電話　(02)25006600
　　　　　　　郵撥帳號　0009998－5
門　市　部　　(復北店) 臺北市復興北路386號
　　　　　　　(重南店) 臺北市重慶南路一段61號
出版日期　　　初版一刷　2005年1月
　　　　　　　增訂三版一刷　2013年8月
　　　　　　　增訂三版二刷　2017年11月
編　　　號　　S 740480
行政院新聞局登記證局版臺業字第○二○○號

有著作權·不准侵害

ISBN　978-957-14-5826-7　(平裝)

http://www.sanmin.com.tw　三民網路書店
※本書如有缺頁、破損或裝訂錯誤，請寄回本公司更換。

增訂三版序

　　當今的荷蘭風光仍然美麗多姿，運河依然波光粼粼，人們還是愛花種樹，喜談多元文化。歐洲財政緊縮政策，失業率攀升改變了精明荷蘭人的傳統「寬容」嗎？比利時人仍舊喜歡享受勃艮地式的時尚品味與享樂文化。法語區的瓦隆人和荷語區的弗萊明人之間的對峙，會使比利時這個國家消失嗎？布魯塞爾仍會是比國與歐盟的首都嗎？國民個人平均年所得十一萬美金的盧森堡，也依舊富而禮雅，但會是下一個賽普勒斯嗎？的確，這些歐洲雅緻的低地小國，空氣中除了飄散著固有的花香、啤酒醇滋與巧克力的甜美，也瀰漫著歐債危機、政治變動與社會分化的氣息。

　　現今的世界，事事瞬息變化萬千。邁入二十一世紀的低地國風景，在政治、經濟、社會與文化等各個層面也有變展。特別是近年以來，身處於歐洲聯盟的核心會員國家之列，或更須要加強應對歐債問題、思考歐陸福利模式，以及國家與歐盟官僚系統等所帶來之歐盟危機。挑戰困境與幸福願景在低地國並存。畢竟在 2013 年的歐洲民意調查中顯示，低地國有百分之八十七的盧森堡人，百分之八十一的比利時人與百分之六十九的荷蘭人認同歐盟。

　　在這第三版中，本書更新了一些資料。新增了「比利時的終結?」與「邁入二十一世紀的荷蘭」，也對今日的盧森堡做了觀察。最後，站在初版的結語基礎上，也增寫了當今重要學者對歐洲聯盟的觀點。

張淑勤
2013 年 7 月

增訂二版序

　　低地國意指位於西歐的比利時、荷蘭、盧森堡三個小國，除了在比利時南方延伸到盧森堡的亞爾丁森林高地外，地勢均平坦低窪。與海爭地已成為歷史及未來的一部分。

　　荷、比、盧在歷史上的重要性，遠超過她們小小的面積，對歐洲的政治、經濟、文化、思想及藝術各層面的發展，均有其關鍵性的影響。除此，她們也是歐洲聯盟的源頭和心臟。荷、比、盧三小國，無論就其地理位置或歷史淵源來看，也都彼此相互交織密不可分。

　　本書以低地國的歷史發展為其主軸，除了以提綱挈領、簡明扼要的方式分析了三個國家的建國起源、政治經濟發展、社會文化風貌、宗教藝術特質外，也試著呈現了低地國人民的集體心態，並且描繪了其日常生活。

　　另外，在這第二版中，於第VI篇「低地國今貌」中，添增了最近有關荷蘭的移民問題，及當今因為比利時之社會分裂而導致的政治危機。

　　因為受限於篇幅，在許多要書寫的議題上，雖然曾經歷到取捨兩難的情況，但大致而言，這是一本相當濃縮的書。在目前，尚未有一本以華文寫成的低地國史，藉著這本書的出版，或許可以成為當中的一個補白。

張淑勤謹識
2010 年 2 月

低地國（荷比盧）史

新歐洲的核心

目　次

The Low Countries

第 I 篇
從邊陲到中心

　　羅馬人在西元前 60 至 50 年之間征服了大部分的低地區之後，羅馬化隨即在此地展開。帝國崩潰之後，法蘭克人在第五世紀建立起屬於自己的王國，以巴黎為首都，在墨洛溫王朝的統治下，低地國地區受到了羅馬及法蘭克文化的雙重影響。到了八世紀，卡洛林王朝建立，權力中心從巴黎轉移到今日德國與比利時交界處的阿亨。查理曼及其子在位的這段時期，主導了政權的中央化，以及社會的基督教化，低地國在他們的管轄中亦被「教化」。查理曼死後，帝國分割，造成日後德、法兩個國家的各自發展，地理位置剛好夾於兩者當中的低地國，也就隨著周遭政治情勢的變化，成為一個地位特殊的「中間之國」。作為法蘭西、日耳曼兩大文化相遇、融合之地，進入中世紀後，低地國逐漸成為一個對西歐歷史發展具有特別意義的地區，它的文化多元、藝術蓬勃、商業發達，政治上的發展也自成一格，呈現大小公侯國林立的局面。然而在自由、富裕的城市文化背後，低地國也曾因維京人的掠奪、黑死病的恐慌、大小公國間彼此對抗，以及為了捍衛本身的自治權，付出了相當的代價。

　　從凱撒所謂的偏遠邊陲之地，到了查理曼時代，因其距離首都較近的地理位置，使得自身的地位日益重要，加上城市發達和社會富裕等長年累積的成果，使它一躍成為歐洲的中心。

第一章
邊界之地或無邊界之地

第一節　低地國在哪裡

　　低地國 (The Low Countries, Pays-Bas, de Nederlanden)，在今天，意指西歐的比利時 (Belgium)、尼德蘭 (Netherlands，或俗稱荷蘭 Holland) 以及盧森堡 (Luxembourg) 三小國，座落在萊茵河 (Rhine)、繆思河 (Meuse) 及須爾德河 (Scheldt) 沖積而成的肥沃土地上。顧名思義，這個地區的地形多平坦低窪，除了從比利時南方延伸到盧森堡地區的亞耳丁高地 (Ardennes) 之森林區外，在這片土地上便沒有任何突起的山丘位於靠近北海的地方，最低處甚至達海平面五公尺以下。人民與海爭地，填海而成的海埔新生地稱為「柏爾」(polder)。這個字，源於古日耳曼語裡的「柏」(pol)，意思是支撐堤防用的木樁，現在指的是經由人工築堤，經過整理、灌溉之後的新生土地。海埔新生地在種植草皮之後，可以形成相當肥沃的草原，或者培養成耕植地，用來畜牧、種植各種農作物都很合適。這種新生地的面積，占了這個地區的土地總面積達百分之二十三。

　　今天的比利時，北接荷蘭，南面是盧森堡，西南方與法國為鄰，

3

圖 1： 低地國地圖

西北方面對北海，德國位於它的東方。人口一千一百五十萬，面積三萬零五百五十平方公里，是一個聯邦化的君主立憲國，由三個自治區共同組成。正式名稱為比利時王國。

　　緯度更高的荷蘭位於西北歐，東邊是德國，南接比利時，西面靠北海，與北海的臨界線，遠長於和比利時與和德國之間的國界線。人口約一千六百萬，面積為三萬九千五百平方公里，是一個典型的君主立憲國。正式名稱為尼德蘭王國。

　　盧森堡則北接比利時，東鄰德國，西南方與法國接壤。人口只有四十一萬，面積二千五百八十六平方公里，是為君主立憲的大公國。正式名稱為盧森堡大公國。

　　由於比利時、荷蘭和盧森堡地區，在歷史發展上，彼此間的政治、

經濟和文化相互交織，密不可分，所以我們選擇以「低地國史」作為題目，來書寫這個地區的歷史。如此，一方面可以表達出在這個地區內文化間的相似性，另一方面則可探討它們彼此間的異質性，如何進而發展成為三個獨立國家的歷史。

對於低地國這個名詞，究竟在何時正式出現，雖然沒有十分明確的歷史考證，但是，從「尼德蘭」在荷語字彙裡的字意即為「低地」這點來看，它必然是「高地」的相對詞。而「高地」這個詞，在十三世紀，指的是與之為鄰的高地日耳曼 (Upper Germany)，即相較於神聖羅馬帝國來說位置較低的地區。在史籍上，自十五世紀起，尼德蘭已經被歐洲人認為是今天的荷、比、盧三小國所在的地區了。

從整個歐洲史的脈絡來看，在中世紀的政治發展上，當其他地區還處於封建結構下的政治和社會時，學者認為低地國已經培養出一種早期代議政治的雛形。在經濟和社會層面上，它也是最早成為前工業化之商業城鎮的地區，一般來說，人民的生活較其他歐洲城鎮的居民要來得富裕。在文化上，由於語言、文化的多元，藝術的發達，和宗教上的寬容，低地國也較早形成一個「中產階級」的文化品味。在近代，荷、比、盧是歐洲最早推動歐洲整合運動的核心國家，因此哈伯瑪斯 (J. Habermas) 將它們與德國、法國同樣認定為「核心歐洲」的國家，為歐洲聯盟 (European Union) 負起大任。而三國之間也經常為了彼此共同的理想，在各項政策上做出一致的決策。低地國地區的相似性，確實有助於三國間的緊密合作，但在合作之中，它們倒也不忘相互調侃一番。

第二節　從羅馬皇帝到法蘭克國王

從考古人類學家發掘出那些粗糙、簡單的古物當中，來試著譜出這個地區的過去，最早的時間點可以往前追溯到舊石器時代。換言之，大約在二十萬年以前的冰河時期，就有人在艱難的自然環境中居住在

這個地區。約在西元前 10000 年，冰河開始漸漸融化，形成在英格蘭和歐陸之間的海峽，低地國地區的海岸線也逐漸浮現。從一些已出土的捕魚、狩獵工具來研判，製作的時間相當於新石器時代，大量發掘出的陶器製品則是西元前 1500 年左右的成品。低地國的南方是土壤肥沃、人口較多之地；森林區的亞耳丁高地，由於氣候寒冷，人煙稀少；北方則因土地平坦，也頗適合人類居住；沿海地區的人民僅住在比較安全的土丘上，靠捕魚為生。早期的人類歷史，因為受到自然和地理環境的侷限較大，我們無從得知其發展。西元前 6000 年到 2000 年之間，有更多人開始定居於此，他們有著塞爾特人 (Celt) 的血統，因為考古學家在此地也發現了塞爾特人特有的石斧 (celt)。農業型態的部落於此時也逐漸開始形成。

　　是羅馬人為歐洲的歷史揭開了序幕，他們在文化上所散發出來的光芒，從地中海地區一路閃耀到北海。西元前 60 年左右，凱撒大帝率領軍隊抵達了低地國，西元前 57 年，他征服了早在三百年前就於此地活動的古代族群，這些部落各自有著自己的初期文化。例如，已經懂得使用鐵器的霍斯塔得文化 (Halstatt culture)，以及塞爾特式的拉得那文化 (La Tène culture)，而這兩種文化也都曾經對此地造成了影響，我們可以從西法蘭德斯 (West Flanders) 的城鎮所發掘出的古代遺物，以及在當地遺留下來的若干防禦設施而得到證明。日耳曼民族的西移，則大約發生在西元前 250 年左右，萊茵河流域成為羅馬人與「蠻族」的分界，它區分了兩大族群的語言和文化，而低地國便剛好位在這個分界區。沿著萊茵河，羅馬人建立了很多防禦設備，如城牆、堡壘等。在接下來的幾個世紀裡，羅馬的文化、軍事組織和行政形式，影響了這個地方，雖然當地的原初居民曾經努力抵抗過羅馬的入侵，他們的英勇在凱撒的《高盧戰記》中有過生動的描寫❶。羅馬史家塔西圖斯 (Tacitus) 則說，低地國相對於羅馬，只是個偏遠的邊疆之地，但羅馬人還是在此建立了城鎮和行省。如卡色 (Kassee)、佟赫樓 (Tongerlo)、尼莫恆 (Nijmegen) 等城鎮，不論在行政、經濟、文化方面都深具羅馬色

彩。羅馬人則將在此地建立的行省,命名為高盧比利時 (Gallia Belgica)。

約在西元第三、第四世紀,日耳曼蠻族的西移,規模達到了頂峰,漸漸威脅到羅馬帝國。他們越過萊茵河,試圖挑戰羅馬人的防線,並終於在第五世紀,改變了日耳曼與羅馬之間的攻防界線。由於低地國位於雙方軍事衝突上的臨界區,因此,與羅馬的接觸也就慢慢減少,羅馬文化的直接影響力也相形減弱。

在這些蠻族部落當中,法蘭克人 (Franks) 主要聚集在低地國的南方,薩克森 (Saxons) 和菲士蘭 (Frisians) 族則在北方定居下來。史家認為,凡是以 "thun" 作為結尾的地名,便是薩克森人在當時活動的地點;菲士蘭人則分布在萊茵河北部,形成今日荷蘭北方靠海地區的菲士蘭省。法蘭克族中的另一支,撒利安 (Salian) 法蘭克人最具潛力,不僅逐漸馴化了其他的法蘭克部落,並同時和羅馬保持良好的關係;再加上地利之便,也易於和羅馬從事文化上的交流,進而在相當程度上產生了涵化的現象。之後,隨著法蘭克人的南移,巴黎便成為他們日後的權力中心。406 年的冬季特別寒冷,萊茵河整個結冰,日耳曼蠻族渡冰而來,移居高盧,破壞城鎮並大肆搶劫;原來居住在較北地區的法蘭克人也跟著往南移,他們沿著須爾德河前進,首先在國王齊洛第 (Chlodis) 的領導下,於 430 年占領了圖爾內 (Tournai) 和康布萊 (Cambrai)。不久,阿拉斯 (Arras) 也被攻陷,一個小小的王國在此地建立起來。

在這個王國當中,來自羅馬的文化遺產依然延續著,特別在低地國的南部,即今比利時的南方一帶,羅馬化的情況更為深遠。這樣的結果,也解釋了現今在低

❶ 據凱撒在書中形容,境內分為三部分,其中之一住著比利時族,在所有的這些人當中,最勇悍的就是他們,因為他們離開行省的文明和教化最遠;而且他們離萊茵河對岸的日耳曼人最近,並和日耳曼人不斷作戰的緣故。

地國的語言區裡，羅曼語系（法語）和日耳曼語系（荷語）的分布，在南方仍使用法語，北方則是一直使用荷語。法蘭克人和日耳曼人的入侵，雖然結束了羅馬人在高盧比利時的統治，但與羅馬文化融合的結果，致使部落的領袖在日後也沿用了羅馬的行政、法律和財務系統，來管理他們自己的王國。

476 年，西羅馬帝國滅亡，法蘭克王國的勢力在萊茵河、繆思河和羅亞爾河之間逐漸擴張，不久塞納河流域也為他們所有。在克洛維 (Clovis) 的領導下，展開了大規模的發展，首都設在巴黎，這就是歷史上所稱的墨洛溫王朝 (Merovingian)。克洛維出生於今比利時法蘭德斯的西南方，因此，低地國也被納入他的統治範圍之內。大約在 500 年的時候，克洛維皈依了羅馬天主教，在他的影響下，一些法蘭克貴族也跟隨了他的腳步，相繼成為教徒。這樣的改變，不但促進了新王國上層階級和早先羅馬高盧菁英分子間的同化，也說明了日後世俗的政治權力和天主教會間的合作關係。天主教會，尤其是主教們，除了在基督教化的建立和過程上扮演了相當重要的角色，在政治上的影響力也非同小可。

墨洛溫王朝的組成甚為複雜，是由各日耳曼種族及一些羅馬高盧人融合而成。各族都有自己的習慣法，不論是評斷事情，或處罰罪犯，都依據自己的習俗而行。相較於羅馬法，日耳曼的習慣法實在既原始又簡陋，不過，兩者也就這樣相容並存下去。在社會等級上分為三個階層：貴族、自由人和奴隸。墨洛溫的貴族階層包含了日耳曼與羅馬高盧的貴族，但隨著時日漸長，他們也開始與自由人通婚，相互融合。奴隸則被視為個人財產或商品。宗教方面，傳教事業在低地國，大致上就兩種途徑去宣揚天主教，愛爾蘭和低地國南方的高盧人均貢獻良多。特別是愛爾蘭的修士們，聖阿曼德 (St. Amandus) 在今比利時的根特市 (Ghent) 建立了聖彼得及聖包博修道院，聖威利布洛德 (St. Willibrord) 則於安特衛普 (Antwerp) 和今荷蘭的于特列赫特 (Utrecht) 建蓋教堂及修道院，于特列赫特地區遂成為低地國日後主要的主教堂

區。聖威利布洛德又繼續在今盧森堡地區教化人民，在當地建立了著名的愛荷特拿赫 (Echternach) 本篤會修道院，這間修道院自此成為基督教化的中心。

　　初期的傳教事業並不容易，神學、教義、禮儀及宗教倫理，都需要漫長的歲月讓人們去了解。當時傳教事業的拓展，與法蘭克王國的領土擴張兩者並行，隨著王國的日益茁壯，傳教活動也足跡遍至。當中也發生過教士殉道事件，因而產生深遠的影響，例如包尼法提 (Bonifatius) 在菲士蘭遭到暗殺，成為早期天主教徒殉道的典型。隨著教士紛紛在各地建立起主教轄區，基督宗教生活也逐漸成為低地國人們生活的一部分。早期在各地如茂梅地 (Malmedy)、尼維 (Nijvel) 成立的修道院，至今依然可見，修士們也繼續過著他們虔誠的信仰生活。低地國人們的宗教虔誠，在進入中世紀時到達極致，已然成為日常生活的核心所在。

　　儘管墨洛溫王朝的權力中心在巴黎，許多法蘭克人仍然遷移到距離巴黎不遠的低地區定居。他們的生活習慣和文化，也因著各種族本身的習慣而有所不同，例如，菲士蘭和薩克森二族，都選擇居住在今荷蘭與德國北方靠海之地，不管文化或語言上，都較少受到核心地帶的影響，這便是為什麼今天荷蘭的菲士蘭人仍然寧可使用自己家鄉的方言，而不講標準荷蘭語。另外，在低地區，有些地方仍保留著以 "hille" 結尾的名詞，這些都是受到薩克森族的文化、語言影響所遺留至今的痕跡。

第三節　卡洛林王朝統治下的低地國

　　墨洛溫王朝的克洛維逝世之後，依照法蘭克族的撒利安法，由他的四個兒子分別繼承其領土。起初，由於王國繼續在擴張，尚未出現真正分裂的危機，他的子嗣甚至將王國疆域拓展到地中海地區。換言之，擴張和分裂是同時進行的。在克洛維的子孫當中，克洛達里

低地國（荷比盧）史

(Chlotarius) 和達戈貝爾特 (Dogobert I) 分別在低地國內建立起兩個小王國：位在須爾德河和塞納河之間的紐斯特里亞 (Neustria)，以及座落在萊茵河和繆思河間的奧斯特拉西亞 (Austrasia)。達戈貝爾特後來又征服了大部分的菲士蘭地區，並將沿海地區的多爾城 (Dorestad) 建立成一個貿易據點。在中世紀之初，這個貿易中心，促成了北海與波羅的海之間的往來發展。

到了第八世紀，奧斯特拉西亞的宮相家族，實力與財力兼具的丕平 (Pepin)，於 751 年成功地廢掉了墨洛溫的國王，自命為法蘭克國王，從此法蘭克王國進入一個嶄新紀元——卡洛林王朝 (Carolingian Dynasty)。在為教宗解決了倫巴底人 (Lombards) 的威脅後，丕平的王權得到了教宗的認可，這也開了一個先例，從此他的後代均接受由教宗所主持的塗油禮❷及加冕儀式。丕平死於 768 年，之後，其子嗣查理 (Charles) 繼承了亞奎丹 (Aquitain) 和低地國的領土；他的兄弟卡洛曼 (Carloman) 得到今日法國的東部地區。查理將他的首都遷到了奧斯特拉西亞的阿亨 (Aachen)，位於今比利時和德國的邊界處。在卡洛曼死後，查理於 771 年兼併了他的領地，並於 799 年幫助教宗李奧三世 (Leo III) 剷除異己，換取其支持。在 800 年，教宗為查理施塗油禮，正式加冕他為皇帝，並宣布他為羅馬帝國的繼承者。之後，查理又征服了菲士蘭人，並將整個低地國的版圖編入他的帝國之內，成為偉大的查理，即查理曼 (Charlemagne)。

查理曼帝國的版圖遼闊，從庇里牛斯 (Pyrenees) 地區到多瑙河 (Danube) 流域，菲士蘭到義大利中部，都在他的勢力範圍內。首都阿亨的設立，使得繆思河地區成

❷塗油禮是一種宗教儀式，象徵國王以宗教力量來加強其世俗地位。

為帝國的中心，換言之，低地國地區便是中心點。低地國地區也首度
被正式統合在帝國內。

在查理曼時期，由於羅馬天主教所扮演的重要角色，使得帝國不
只是一個龐大的世俗力量，更成為一個精神上的領導，也是文化上的
媒介。很多重要的羅馬經典文化，都先經由教會的介紹，被帝國接受
後再行傳播，其中包括了拉丁文的興起和使用。低地國地區的修道院
及教會也負起了教育的重任，在教士和學者的影響下，連手工藝匠也
有機會學習拉丁文。查理曼並在宮廷「養士」，推動文藝風氣，提高文
化素質；在皇宮、教堂周圍建立學校，教授文法、修辭、算術、幾何
學等。奧昆 (Alcuin of York) 是宮廷學者的首要領導者，受到大帝的器
重，兼任數個修道院的院長，並派遣修士到歐洲各區傳教，發揚基督
宗教文化。奧昆數次訪探今位於盧森堡的愛荷特拿赫修院，他也修訂
大量宗教書籍，並親自撰寫聖人傳記，提高了低地國地區的文化。當
時，在今比利時的列日 (Liège) 附近的銅製品和裝飾藝術，也在此時受
到鼓勵開始發展，進而成為著名的藝術中心。這些文化建設，史稱卡
洛林文藝復興 (Carolingian Cultural Renaissance)。

查理曼在 841 年死後，為了解決領土繼承問題，他的子孫訂下了
〈凡爾登條約〉(Treaty of Verdun)，將整個帝國分為三部分。帝國的分
裂不只對歐洲造成顯著影響，對低地國更有其歷史意義。在這分裂出
來的三個部分當中，相當於今天德國地區的東法蘭克王國 (Francia
Orientalis) 由路易繼承；屬於今法國地區的西法蘭克王國 (Francia
Occidentalis)，則由查理分得；而當中的領地中法蘭克王國 (Francia
Media) 是由洛泰爾一世 (Lothaire I) 繼承，其中包括了低地國的絕大部
分，介於萊茵河東岸到繆思河、隆河 (Rhône)、須爾德河西岸一帶，以
及北義大利地區，帝國的首都阿亨也包含其中。在名義上，洛泰爾繼
承了皇帝之名，羅馬文化的傳承在中法蘭克王國也保留得比較多，在
今天荷蘭的馬斯垂克 (Maastricht) 和比利時的列日地區，還可以看到相
當多當時的遺跡。

　　855 年，洛泰爾逝世，他的領地再度遭三個兒子所分割。其中次子分得中法蘭克王國的北方，包含低地國部分，稱為洛泰爾王國 (Lotharii Regnum)。880 年起，洛泰爾王國的北部漸遭到東方的日耳曼人入侵及兼併，在 959 年又被奧圖一世分割成上、下洛泰爾（或稱高、低洛泰爾），上洛泰爾是為法蘭西的洛林區，而下洛泰爾包含了大部分的低地國區。須爾德河成為日耳曼和法蘭西之間的分界河，河西之地如法蘭德斯 (Flanders) 和阿圖 (Artois) 等地，在十六世紀以前，名義上屬於法蘭西；而河東地區直到十九世紀皆屬神聖羅馬帝國所有。低地國處於雙方交界，但並沒有對它在中世紀時經濟、文化發展上造成阻礙，當日耳曼和法蘭西地區開始走向強而有力的「國家」之路，低地國依然保留了自己獨特的自治風格。在中世紀的封建制度下，低地國似乎總處於一個「邊界之地」的中間位置，但或許我們也可以這麼說，這裡是一個不受政治上疆界劃分所影響的「無邊界之地」。

第二章
中世紀的光與影

第一節　大小公國林立的世界

　　查理曼的帝國解體後，地方上的貴族、主教及修道院長的權力相對滋長，出沒於北海地區的維京人也趁機在沿岸掠奪打劫，這些不安的現象，在靠海的菲士蘭和法蘭德斯地區特別嚴重。早從第九世紀開始，法蘭德斯的伯爵便為了防禦維京人的屢番騷擾，不得不加強自己的實力，這都是因為帝國發生崩離後的卡洛林王朝，再無能力來遏止維京人的進犯。

　　在十世紀後，阿亨不再身居法蘭西的首都，所以距離阿亨不遠的法蘭德斯，也就不那麼受到「中央」的干涉，地方勢力因此得以擴張。862 年，法蘭德斯的伯爵鐵腕包德文 (Baldwin of the Iron Arm)，綁架了神聖羅馬帝國的王女茱蒂斯 (Judith) 並與之成婚，茱蒂斯不僅身為帝國皇帝兼西法蘭西國王禿頭查理的長女，也是西薩克森國王的遺孀，這樁婚姻讓包德文勢力大增，同時也使他合法地得到更多領地。法蘭德斯這個地區，從地理位置上看來，包含了今天比利時的東、西法蘭德斯，荷蘭的澤蘭 (Zeeland) 地區之法蘭德斯，以及法國東北部的法蘭德

斯區。從歷史角度來看，在當時的封建制度下，這個地區算是一塊範圍相當廣大的封地，由於地大，又有著因水上交通之便而帶來的貿易資源，它的重要性日益上升，同時當地的伯爵在地位和實力上也與日俱增，終於大到足以與中央相抗衡的地步。在包德文二世的時期，他所擁有的權勢儼然一個獨立王國的國王那般。因此可以這麼說，在西歐，第十世紀是屬於法蘭德斯的世紀。

法蘭德斯是第一個在低地國地區扮演重要角色的伯國。在名義上，雖然它只是屬於法蘭西王國的一個封區，但卻能從法蘭西王國的控制下脫身抽離。優厚的經濟條件助長了法蘭德斯的權力，這種地方和中央之間的「對峙」，雖然構成了政治上的張力，但法蘭德斯之所以能擁有如此強大的勢力，也是因為歷來出了好幾位大有能力的伯爵，以他們的遠見和家族本身所具有的雄厚實力，對當地加以積極建設的結果。例如：包德文五世興建城堡要塞以強化武裝力量，並且開鑿運河、荒地以促進地方繁榮。伯爵們並授予各城市特權及特許狀，使其免於當地一些貴族的干預，並藉由商業貿易，來增進城市之間的相互交流，增進彼此間的連結關係。

城鎮的發展，促進了商業的興起，市民們希望減少過去必須向封建主負擔的各項義務，並期待擁有獨立的政治權和立法權。當這些要求自治的目的受到法蘭西中央封建主的阻礙時，法蘭德斯的居民便採用實際的行動來自我爭取。當時在城鎮中流行一句話：城鎮的空氣是絕對的自由。打從十二世紀起，法蘭西王室也展開各種措施，希望能走上中央集權之路，削減法蘭德斯的自治權，在中央看來是理所當然之舉。但是，法蘭德斯的人民敢於抗拒這種「干涉」，而法蘭西王室也不甘示弱，對於其他的諸侯國、封臣，包括法蘭德斯在內，都加強了政治上的管束。1127 年，法蘭德斯的伯爵查理遭到暗殺，不過這起暗殺事件並沒有阻礙到當地自治的發展。

法蘭德斯的勢力在十二世紀時進入高峰期，在伯爵菲力浦 (Philip of Alsace) 掌權的時代，一躍成為法蘭西國王底下最大的封臣。仗著他

的權力和財富，他企圖成為實質上的國王。他的野心被法蘭西宮廷知悉，在他死後，法王曾以武力奪回一些他底下的領地，如阿圖地區的部分領土。1204 年的時候，法蘭西中央也逐漸試圖回收其他的封建領地，特別是自主權過高地方，如：布洛瓦 (Blois)、香檳區 (Champagne)、圖魯斯 (Toulouse)，唯獨對法蘭德斯這個勢力最大的封地無從下手。1204 年，法蘭德斯伯爵包德文九世，因為參加了十字軍東征並立下功績，在君士坦丁堡 (Constantinople) 加冕為皇帝。當他在 1205 年過世之後，法蘭德斯曾經一度發生群龍無首的危機，不過，新生的地方勢力很快便在各個主要城鎮發展起來。由於紡織業的發達，布魯日 (Bruges)、根特、伊佩爾 (Ypres) 都快速成為強而有力的自治區，並且，在往後的日子裡，也持續捍衛其所擁有的自治特權，抵抗法蘭西國王及其宗主國。而貴族們則分裂為兩派，一派支持法蘭西宗主國，另一派則選擇站在法蘭德斯這邊。

　　1302 年，法蘭西出動麾下最精銳的騎兵攻入法蘭德斯，想要收回在那裡的領地。當地居民在布魯日的紡織業領袖德克尼科 (Deconinck) 和布雷德 (Breydel) 的率領下，於克特雷克 (Kortrijk) 展開激烈的抗爭。約兩萬名由法蘭德斯各城鎮聚眾組成的臨時步兵隊，竟然在 7 月 11 日的時候，擊敗了法蘭西的菁英騎兵，和支持宗主國的貴族部隊，成功維護了他們的自治，史稱金馬刺之役 (The Battle of the Golden Spurs)❶。在往後的年代，法蘭西軍隊仍不時會入侵法蘭德斯，使得這個地區情勢動盪不已，不過基本上，這裡依然保持了相當程度的繁榮與自治。直到 1369 年，法蘭德斯與法蘭西的勃艮第公爵 (Duke of Burgundy) 聯姻，長年對峙的局面才告打

❶戰勝的法蘭德斯步兵，在戰敗者身上取得許多金製馬刺，故稱金馬刺之役。法蘭德斯步兵以其設備之不良，居然能擊敗對方騎兵，除了旺盛的戰鬥意志之外，地利之便也占了重要因素，他們將戰場設在四面環水之處，使得法蘭西騎兵無用武之地。

破。

東法蘭克王國（即日耳曼）的國王和皇帝們，在十世紀時仍然維持了己身的中央政權，相較於西法蘭克王國（即法蘭西）的情形，他們的中央集權顯得更具力量。再者，這個地區受到維京人的干擾少於法蘭德斯，地方上的防禦工作也較為忽略，自然也沒有形成像法蘭德斯那樣強大的諸侯國，直到十一世紀列日的親王主教 (Prince-Bishopric of Liège) 出現。早在八世紀時，列日便因當地的殉道者藍伯特 (Lambert) 之故，而成為一個著名的朝聖地點。在 980 年，列日的第一個親王主教諾特根 (Notger)，接受了日耳曼皇帝之命，到此管理宗教及行政事務，其權力才得以逐漸擴張。他在列日成立了聞名中世紀的主教座堂學校，視為學習及宗教生活的中心，並保有自治的特權。直到 1795 年，才與低地國南方一起短暫地併入法蘭西的政權之下。

洛泰爾王國的貴族們，於十一世紀中建立了一些公侯國，如不拉班公國 (Brabant Dukedom)、海諾伯國 (Hainault) 等。這些諸侯國的自治權，在十二世紀時，由於中央王室的權力不振，並沒有遭遇到很大的威脅，直到勃艮第時代才被納入其政治實體。其他的大小公侯國，如：荷蘭、澤蘭、拿慕兒 (Namur)、盧森堡、赫德蘭 (Gelderland)、菲士蘭等，大致上維持著獨立自治的局面，之後也被勃艮第王朝一一納入所屬版圖當中。

第二節　城鎮的形成與發展

城鎮的興起和發展，對人類歷史的經濟、政治和文化上之進程，帶來了很大的意義。在歐洲各地的城鎮，就其形成和演變來說，並沒有所謂的一致性，以低地國地區的歷史來看，城鎮的形成和發展大致上有幾個因素：

㈠地理及農業因素：中世紀的城鎮，多在須爾德河和繆思河谷地形成，因為這個地區的人口密度較大，農業等各項技術上表現得較為

先進。勞動力和環境同時促成了這個條件,而教會團體所屬的農地,在生產上表現得尤其領先,如修道團體西篤會 (Cistercian Order) 的修士們,在開墾森林、石南花荒野方面付出許多努力,因而造就了不少良田。他們不只改變了人類的精神生活層面,也促進了物質上的生活。新的農業技術——三耕制 (Three field system)❷——帶來較穩定的農收,人口的成長和土地的充分應用,也大大提高了生產力。此外,教會團體在沼澤區及沿海地區又修築海壩,填出海埔新生地加以利用。藉著對於土地的開發,修道院成為主要的農地主,教士們對向他們租用土地的農民徵收什一稅 (Tithes)❸。另一方面,由於農業上的多項改革,例如重犁的使用、以牛馬替代人工等等,使得農作物的收成增長,除了自足之外,還可以有多餘的利潤,原來替地主工作的農奴,也可以用其他的方式(如金錢給付)來代替自己的勞役。就勞力的運用上來說,顯得更有彈性,多出來的人力,則可以用來從事或激發出不同的工作。

這種結果,也可以說明,在低地國地區封建奴役的現象,何以比其他歐洲各地區要消失得早些。這種農業型態有助於農民取得較為自由的生活,例如可以選擇從事其他非農業的勞動。農產品的專業化種植,讓各地區有了自己的特產,推展了不同地區間的農業交易,讓市

❷在農耕時,採行以三分之一的土地輪流休耕的作業方式。例如在秋季,三分之一的土地用來種植小麥、大麥;在春季,則另有三分之一的農地種植在夏末即可收成的燕麥、大麥和豆類。豆類可由本身產生出來的固氮能力來增加土地的肥沃度,改善收成。同時,由於一年收成次數增加為兩次,發生饑荒的情形也相形減少。翻耕的步驟也使得作物產量加倍,具有實際上的功效,連休耕地也需要翻耕。春季多種燕麥可以拿來餵馬。另外又發明了馬用的墊頭套,讓馬可以取代動作緩慢的牛在田裡工作。

圖2: 因為發明了馬用墊頭套,所以馬匹可以取代動作緩慢的牛在田裡工作。

❸ 基督宗教教會所使用的稅制，信徒需按照教會的規矩，納本人總收入的十分之一，提供給宗教事業之用。什一稅可用農作物或牲口來抵納。自八世紀以來，歐洲的世俗法也支持這種原本由教會法所實行的稅制。在歐洲地區，大部分的什一稅於法國大革命後便已廢除。

場的買賣更行活絡。如此一來，農業的發達便連帶影響到工商業的發展和城市的形成，特別是在修道院的附近，有著較多的農產品出售，因而形成了市集。另一方面，領主們擴大其領地後，也需要更多的日用品。還有一個因素是，低地國地區的各大領主為了抵抗維京人的侵略，皆紛紛建造城牆和城堡，在其四周也形成了市集。人們群聚在此出售各式產品，在人潮聚集之處，開始有商人開張營業，工匠的職業也隨之出現，城鎮的雛形，此時已逐漸在形成當中。

（二）工業的發展：低地國地區經濟發展的主要原因，在於紡織業的發達。特別是在法蘭德斯地區，這裡的紡織業工人所生產出來的布匹、衣料、桌布以及相關產品，都已經是具有相當專業型態的製造業。在海埔新生地的牧羊業，也直接提供了羊毛作為紡織原料。雖然在十二世紀後，在英格蘭地區生產出更優良的羊毛原料，然而，在中世紀早期時所使用的羊毛原料，則一律由低地國本地來提供。

由於低地國地區的紡織工業能生產出質地優良的產品，也開拓了它在歐洲其他地區的市場。經濟上的需求不斷，商業組織跟著因應發展，其運作模式與近代「資本家」居然有頗為相似之處：一個有資本的商人，先從牧區或英格蘭買入羊毛原料，再將羊毛運到城鎮給紡織工人，支付工資，委託他們製造成品，然後將製造好的成品運到市場。在市場裡，來自各地的商人相互交易，貿易因此開始推動、發展起來。這樣的商業行為，已經具有兩種近代資本家的特性，其一，類似由企業家所經營領導的企業形式；其二，市場經濟。貨物的製造，不再只是為了自給自足，而是成為一種買賣，提供市場所

需要的商品。

低地國的紡織工業，註定要走向其專業之路，光是處理作為原料的羊毛，從剪羊毛、編織、染色，到製成各式不同的成品，就需經過三十道以上的分工程序，每種勞力都各自具有不同的專門技術。布魯日、根特、伊佩爾都是當時紡織業的中心，法蘭德斯布料則成為享譽歐洲的「名牌」。低地國地區的紡織業、進出口業，一直興盛到十七世紀。實際上，直到工業革命為止，紡織業一直都是低地國在經濟繁榮上一項不可缺少的主因。除了羊毛商品，這裡的麻織品也是首屈一指，主要的麻織工業中心，在魯汶 (Leuven) 及圖爾內，其他工業如黃銅工業，在列日和狄南 (Dinant) 也漸有發展。農工業的技術提升，造成進出口貿易的熱絡。在當時，低地國地區和翡冷翠 (Firenze)、威尼斯 (Venice)、熱那亞 (Genoa) 並列為歐洲最熱門，且具有領導地位的貿易中心。而打從十二世紀開始，香檳市集中最受歡迎且供不應求的商品，全都來自低地國地區的各種製造業，尤其是紡織品。頻繁的經濟活動，使得貿易商開始重視交通和運輸上的方便，同時也為了維護自己的利益，開始在城鎮裡設置他們自己的定點和專屬團體，這些因素都促使城鎮的形式快速發展起來。

低地國城鎮從出現到發展，乃經由下列幾個因素的配合而成：第一，貿易商選擇在距離幾個重要河流的交會區和重要的交通孔道附近定居；其次，農業的生產豐富，供過於求，使得其他非農業性質的職業人口得以興起，如手工業者、製造鞋子的鞋匠、烘烤麵包的師傅……等等。居住在定點的人口開始增多，緊接著在新社區裡成立了新的教堂和修道院。藉著保護人民的安全這個理由，地方領主同時開始加強、修建城堡和要塞，以增強自己的權勢。而領主提供的衛隊和城堡，也的確可以在遇到戰爭或盜匪搶劫等狀況下，提供有效的避難與保護。雖然在一開始的時候，這些貿易商團體、農業生產者、手工藝匠和當地領主的權力發展，往往都各自為政，但隨著時間漸長，彼此牽涉的利益日漸複雜，他們逐漸融合在這個讓他們定居下來的地方。加上城

牆和城門的修築，區隔了城內和城外，使一個個「真實」具體的城鎮出現了。當時的老城牆，如今在低地國地區仍然可見。

　　靠著在農、工、商各方面的興盛發展，從十一世紀到十四世紀，城鎮在低地國的經濟、社會、政治和文化上都扮演了非常重要的角色，而低地國地區的城市化程度，在全歐洲也是名列前茅。就以法蘭德斯和不拉班 (Brabant) 地區來看，約有三分之一的人口居住在城鎮中。根特市在 1350 年的時候，就已經有六萬五千多居民，若與其他人口密集的城市比較，也僅次於當年巴黎的七萬五千人。況且，巴黎是法蘭西的首都，而根特只不過是一個普通的商業城市。雖然這僅是就人口數字上來作簡單的比較，卻頗能突顯出低地國地區在城市化的表現上所具有的意義。

第三節　城鎮的政治和社會

　　低地國在經濟繁榮和城鎮化的影響下，於政治生活的層面上，傾向希望可以自主、獨立。其大大小小的公侯國，以及各個由封建領主統治的城鎮，在名義上分別臣屬於法蘭西王國和神聖羅馬帝國，但活躍於城鎮裡的主要人物，如大貿易商或銀錢商，無不想謀求政治上的權力。以根特市為例，這裡因紡織工業而致富，一舉成為歐洲中世紀的大城，當此地的富商要求政治上的「自由」。他們所謂的自由可不只是一個抽象的名詞，而是能夠保證自由貿易的先決條件。根特商人遊走在英格蘭、北德萊茵區以及法蘭西香檳區之間，平日生活忙碌，交遊見聞廣闊，加上經商得來的財富，使得他們的地位快速竄升，成為社會當中的菁英分子，能有機會左右城鎮裡的政治及法律。在根特市約有六成以上的居民，都在商人旗下的「企業」──紡織工業界──工作，這絕對是一股不可忽視的力量。這些握有實力的商人，為了達成在貿易上的競爭，便謀求透過制訂法律的方式，來保障自己的權益，對於城鎮裡的政治事務，也不吝提出意見和自己的看法。如此一來，

許多城鎮便慢慢地取得一些自治權。這些特權也需要有所保障，因此又演變成書面形式的城市特許狀 (town charter)，內容是有關地方統治者得保障城鎮居民自由權的狀子，例如居民可以免受不公道之逮捕及賦稅，行動可來去自由，不受干涉等等。歷史上最早關於特許狀的文獻紀錄，出現在 1066 年，保存於今比利時的徽市 (Huy) 鐘樓裡。這種保障城鎮市民自由的檔案，通常都仔細地被存放在設有保衛人員看管的鐘樓裡。

　　城鎮通常會受到當地的宗教或世俗方面的權力所管轄，當地居民則聯合組成代表與之交涉，來確保自己的權益。於此，城鎮中的同行工會，即基爾特 (guilds) 便應運而生。行會除了保障經濟利益和商品的品質管制，對政治層面也產生影響。在十三世紀中期以後，基爾特發展出一些軍事、宗教和社會方面的功能。到了十三世紀末，行會要求城鎮的行政當局給予更多的權力，有時在雙方相峙的局面下，會造成一些政治張力和衝突。除了對於經濟權益的爭取，行會也有針對其成員實行的福利措施。對老年、重病和死亡的行會人員給予照顧，有錢的工會甚至建立起輝煌巍峨的會堂，並在大教堂中設置自己所屬的小禮拜堂。

　　每個城鎮的經濟型態皆不盡相同，側重的商品製造也有差異，當這些微妙的人事互動，在社會上實際運作，自然也影響到城鎮本身的政治型態。一個城鎮的統治階層，有時由世家貴族所掌權，有時是富有的貿易商和貴族同時操控，或兩個團體共同聯手。在低地國的荷蘭地區，富有的大商人權力強大，他們往往也是實質上的掌權者。但不論如何，畢竟還是由少數有權勢的人，掌控了政治中最重要的職位。雖然如此，不過就總體來說，城鎮中的貧富差距，還不像鄉村來得那麼大。而且在十四世紀初，城鎮的商人新貴們，因為有廣大的社會人脈，頗有取代封建貴族的傾向。居民們因有特許狀作為保障，而擁有法律上的自治，導致城鎮的政府走向一種新的政治體系，即權力不是來自封建貴族或者國王，卻源自富裕的市民。在這點上，基爾特也扮

演了一種走向「前民主」社會的推動力。

在低地國的市民，比起歐洲其他地區來說，普遍有著較多的「民主」精神。藉著示威，道出大眾的聲音，不同的意見，或反對的力量，使得當權勢力下降。他們也會採取一種協議的、討論的方式，用來表達意見或者訴求希望。

在中世紀，一般人民不會有太多的反抗聲音。雖然在低地國，並不像在義大利地區的城市那般，有著較濃的「共和」氣氛，但是城鎮的法律系統也會不時受到監督。尤其在較大的城市，居民有自己的犯罪法、補償法、公共調停法等等。私人恩怨多採取公共調解，少用私法解決，也沒有恐怖的祕密逮捕，或者恐嚇式的法律。法律機制在中世紀，不只有世俗法庭和宗教法庭兩種，在世俗法庭中又可分出各式各樣的小法庭，例如莊園法庭、奴隸法庭等，每個法庭各自訂有其不同的規章。事實上，這樣的法庭形式，足以顯示出它們與人民生活間的密切性。另外，在制訂法律上，有很多低地國的法學家也扮演了積極的角色，如：萊登 (P. of Leiden) 寫成的大部頭法學著作，內容包括了關於貴族與平民間的權力平衡；不拉班的法律史學者赫森 (Hocsem) 則編輯了羅馬法與教會法的歷史，提供制訂法律時作為參考。

市民階級的提升，也就意味著市民參與政治的可能性相對提高了。例如在不拉班地區，封建貴族、教士和市民代表齊聚一堂，共同協議公共事務，商討稅務問題和經濟措施。這是一種「代議政體」式的聚會。這雖然稱不上一種「民主」體系，因為不是全部的人民都能夠參與政治，但至少這是一種機會，在一定的程度上，讓市民也可以投入城鎮的政治決策過程。

在經濟上以及商業貿易的發展上，低地國加入了「漢薩體系」。這是一個跨越地區的商業聯盟，由西北歐的各大商業城鎮共同組成，正式名稱為漢薩同盟 (Hanseatic League)，根特市在十二世紀時便是前漢薩同盟的一員❹。它不僅在商業貿易上達到貨暢其流的效果，也促進了歐洲各地區在文化和技術上的相互交流。

❹漢薩同盟的前身，是在萊茵地區和波羅的海地區組成的地方性商會。萊茵地區與低地國和英格蘭皆有貿易來往。

第四節　宗教、藝術和文化

　　談到文化層面，宗教生活在文化中扮演了相當重要的角色。在中世紀的歐洲，羅馬天主教絕對占據了當時文化的核心位置，幾乎所有的教育和文化工作，都是由教會來推動的，教會和大學教育均以拉丁文為共同的學術語言，大教堂的建築在不同的時期分別呈現出羅曼式 (Romanesque) 和哥德式風格 (Gothic style)。羅曼式的教堂起於第九世紀，它的主要特點之一，是以石頭砌成拱頂，但由於石塊的重量，必須由厚重的牆壁加以支撐，所以外觀看來類似城堡。內部則呈長方形，在中庭兩旁又蓋耳堂，成為整體為十字型的建築。教堂的門窗也做成拱形，內部的石柱皆有雕飾，教堂外面又設有鐘樓，時間規律的維持，公共活動的聯繫，都藉著鐘樓的功能來完成。

　　哥德式的教堂則自十二世紀初開始發展，因為使用交叉拱門式的屋頂建造技術，所以減輕了柱子和牆壁的壓力，較大的窗子可以讓更多的光線進入教堂內部，高聳的空間使信徒舉心向上，感覺與之向上飛騰，由衷產生虔敬之心，歌頌及榮耀上主。祭壇設計得較大，並在兩旁設置許多的小聖堂，可供信徒舉行個別彌撒。哥德式大教堂通常有很多個大門，門上放置雕像，以基督的救贖史為雕刻主題，彩色玻璃則以描述聖人事蹟為主，帶有宗教教育的功能。屋頂上的尖塔和鐘樓，象徵信徒的祈禱聲上達天庭。在低地國的哥德式教堂有須爾德哥德式 (Scheldt Gothic)、不拉班哥德式 (Brabant Gothic) 和石磚哥德式 (Brick Gothic)。典型的須爾德式教堂，內

圖 3：魯汶、安特衛普、麥赫倫地區的不拉班哥德式
教堂　安特衛普的主教座堂是「不拉班哥德式」教
堂中最宏偉的代表。

部有三條走道通往中央的祭壇，薄薄的塔形側翼，加上十字形的格局，
以及三面採光的窗戶。在海埔新生地，也常見由磚塊砌成的小型須爾
德哥德式教堂，矗立在比海平面還低的綠色草原上顯得十分獨特，這
種乃屬於石磚哥德式。

　　不拉班哥德式教堂除了外觀上宏偉高大，通常使用白色的沙石混
建，由於這種建材的質地較軟，更容易展現其雕刻技術，表現手法上
也更加細膩動人，裝飾也更加繁複。這種風格到十四世紀以後，在勃
艮第時代達到高峰。今天在比利時的幾個城市如魯汶、安特衛普、麥
赫倫 (Mechelen) 地區都可見到。

　　約在十世紀時，一種稱做「默滋藝術」(Mosan Art) 的文化自列日
開始發展起來，這是一種由羅曼式轉向哥德式風格的藝術。由於列日

圖 4:「默滋藝術」　默茲藝術金匠所雕之聖骨箱,這是為教宗亞力山大打造的,聖骨箱上有教宗的半身像。金匠用純熟的技巧融合各種不同的鍍金、鏤雕等創造出這件藝術品。

主教在十世紀的時候被封為公國的宗主,在主教諾特根的帶領下,手抄本聖書的藝術裝飾、象牙雕刻及金飾藝術,在繆思河谷展開。當時著名的金工藝術家如尼可拉德維登 (N. de Verdum),同時也是琺瑯藝術品和彩釉裝飾家,他們除了是藝術家之外,也有深厚的神學背景。因此作品的神韻及氣質充滿了複雜的知性,沒有絲毫匠氣,是種高難度的作品。

　　由於低地國地區的基督教化很深,中世紀之時,從公侯、伯爵、貴族、騎士到一般農民都熱中於參加十字軍東征。十字軍東征史上最著名的一個軼事,便是教宗烏爾班二世 (Urban II) 封德布隆家族 (G. de Bouillon) 為「教會的侍衛」(Guardian of the Church),這個美名是得自於由他所率領的軍隊,在 1099 年的 7 月 15 日收復了耶路撒冷。當時參加東征的人,不只是希望打贏聖戰,更盼望可以在聖地犧牲塵世的生命,以升天與上主同在。法蘭德斯的菲力浦亞爾撒斯伯爵就是這種愉悅地為聖戰而死的典型例子。隨他出征的三名超級武士,分別來自日耳曼、法蘭西和英格蘭地區,都在 1191 年於聖地戰死。另外像是低地國地區的提利亞爾撒斯伯爵 (Thierry of Alsace),其家族包括他與他的六個子孫都宣誓成為十字軍。於 1146 年出征到 1166 年,整整二十

❺教宗不希望世俗政權有任命神職人員的權力，此改革乃因於當時封建社會有很多附庸欲得到國王的保護，而向之宣誓效忠，宗主接受了宣誓，便封與領地，和象徵權勢的手杖。宗主也對主教和修道院長如法炮製，並授以權杖和戒指，象徵神權。這項改革確立了教宗的權力對天主教政權體制有決定性的影響。

❻十一世紀於法蘭西克呂尼修院為中心的改革運動。強調修道院組織和神職人員的守貞，及實踐脫離其原屬家庭的原則，以防止教會實權被教士的親屬所占。

年後才返回家園。而包德文伯爵出征建功，因此得到君士坦丁堡皇帝的頭銜，他的加冕禮在聖索菲亞大教堂舉行。

在宗教皈依的過程中，中世紀初期的人民對於其宗教信仰的教義並沒有很深的認識，大部分是經由神職人員對信徒的教化或感召，有時也出現強迫式的傳教行為，藉著教會有效率的組織，在各地加強人們的精神和道德信念，再將其內化轉為信仰。一些宗教上的改革運動也表現在教育方面，像是葛里果七世 (Gregory VII) 在 1073 年成為教宗，他實行了著名的葛里果改革 (Gregorian Reform)❺，以及克呂尼 (Clunny) 修道院的改革❻等等，這些改變也影響到低地國。但源自低地國之最重要的改革者為諾貝爾特 (Norebert of Xanten)，他原來是一個到處遊歷的傳道人，但在 1120 年建立普里孟特 (Prémontré) 修會，熱心傳教並興辦教育事業，而且呼籲支持當時他認為合法的教宗英諾森二世 (Innocent II)。此乃 1130 年，樞機主教團分成兩派，相繼選出兩位教宗，另一位是阿內克萊二世 (Anacletus II)，於是宗教界陷入混亂。諾貝爾特大力支持他認為沒有權力野心的英諾森二世，扭轉了在日耳曼地區教會的決定。

十三世紀，在低地國的宗教團體當中，出現女性修道組織，稱做比貞 (Beguinese)。她們是一群未發修女願的女性修道者，過著獨身、自立自主，但度著宗教虔誠生活的一群人。這個宗教團體自立更生，並居住在一起互相扶持，居所宛如城中之城，稱為「比貞院」(Begijnhof)。比貞修院內恬靜而有活力，古樸且藝術，院內有自己的教堂，如今在低地國地區依然被當作古蹟保留下來。不過在有些地區如魯汶，則僅保留其外觀，內部

加以改裝，如今成為魯汶大學客座教授最愛居所。聯合
國已將低地國的比貞修院列為世界文化遺產之一。

　　除了宗教影響下的文化和藝術外，低地國自 1200
年左右，相對於教會主導的文化層面，出現了「世俗文
化」。在文學上，不僅在相對於拉丁文而產生的「白話
文學」，即以當地語文寫成的文學，如諷刺文學《列拿
狐》系列 (Reynard the Fox)❼外，在建築上，也有美輪
美奐的「世俗建築」，如行會大樓、市政廳、和鐘樓等。
這些建築體現了城鎮文化脫離「神聖化」的象徵。

　　低地國地區，一般人民的識字率，相較於其他歐洲
地區較高，教會學校及修道院所屬的文教機構，在城鎮
中的學校都提供了居民識字的機會。在十三世紀，女性
的文學作品也出現，例如在不拉班地區的女作家碧特蕾
絲 (Beatrijs) 的《認識神聖之愛的方法》。哈德維克
(Hadewijcks)，一位比貞的領袖人物，也出版了多冊的靈
性詩和散文集。這兩位作家以情詩的風格方式來表達神
祕主義，此乃因神祕主義文學在低地國發達的緣故。神
祕主義文學通常描述人的虔誠信仰，如何透過純淨之
愛，經過神修，體驗到與上帝合一的幸福及愛的經驗。
也只有在與神合一的神祕經驗中，和不容易言喻的愛的
境界裡，才能真正認識上帝。

　　通常法律詔令及宗教禮儀的紀錄使用拉丁文，在教
會和教育界工作的人，需具備說寫拉丁文的能力。世俗
的商人則常有說寫數種不同語言的能力，以便利於和外
地商人洽談生意。十三世紀，荷蘭語已是重要的書寫文
字，一些當地的法律和宗教禮儀、通俗文學就以古荷蘭
文記載或書寫。

❼列拿狐是中世
紀諷刺文學動物
故事系列中的主
角，狐狸狡猾、怯
懦、不道德，都是
為了生存下去。最
先創作於十和十
一世紀間的法蘭
德斯地區。故事內
容詼諧諷刺，故事
遍及全世界，有多
種文字的版本。

第五節　危機與轉機

十四世紀，黑死病猖獗於歐洲各地，低地國也未能倖免。雖然經濟式微的現象普遍，但這種經濟衰退，並不是毀滅性的。在一片危機中，低地國的經濟有了一些轉機。農業方面，新開發的作物如蕪菁 (turnip) 大量的被種植，主要靠它來飼養牛隻，因而菲士蘭、法蘭德斯地區的乳酪及奶製品成為該地區的特產。肉用動物的大規模飼養也成為可能，並成為外銷歐洲其他地區的特產。

在城鎮發展起來的紡織業，於十四世紀時，大量遷往鄉村地區，因為鄉村的勞工工資比城鎮廉價。原本小規模的家庭工業，形成一個主要的經濟型態，家庭工業的維持，延續到工業革命的前夕。

在國際貿易方面，遭受到較大的衝擊。由於英國等地的紡織市場興盛，法蘭德斯的紡織品不再得天獨厚，城鎮的防禦設施，造成運輸業的不便，貿易商只得帶著他們的貨物，直接到北海地區的港口交易。再加上 1300 年左右，由義大利到布魯日之航海貿易路線建立，於是布魯日在十三、十四世紀成為國際貿易和財經中心。

布魯日地區的第一個港口在丹茉 (Damme)，後來多了史律司 (Sluis)，歐洲各地的船隻可以在此停泊，布魯日之所以成為重要的國際港都，主要原因有二，其一為歐洲各地商人非常喜歡定居在此，因為布魯日提供外國商人種種優惠的關稅，且有著如同市民般的便利。起初，外國商人居所的房東，扮演了貿易商和布魯日之間的仲介者，替他們辦事跑腿，提供資訊。漸漸地，一切有關貿易的事物，發展為專業，有了「代理商」般的據點。大量的貨品，也有地方儲存。當時在布魯日的商人，儼然如「聯合國」一般，其中以義大利、西班牙、葡萄牙、英、法及日耳曼地區的商人最多。這些商人定居於此，不僅造成經濟互動，也影響到文化上的互動多元性。其二，布魯日是歐洲貨物的主要集散地，各式各樣的貨品，都可在此地交易，如日耳曼漢薩

同盟城鎮的各式貨物，萊茵區的葡萄酒，波羅的海地區的魚貨、大麻、木頭、皮革、蠟、瀝青，英格蘭的羊毛，法蘭西的鹽和酒類，義大利地區的糖、水果，東方的絲織品及各種香料和藥品，葡萄牙的乾果、軟木，非洲的象牙，及熱帶區的各式產品，世界上最貴、最精緻的物品在這裡都可找到。年度最大的市集自 1277 年起開辦，這是一種有如一場貿易嘉年華般的熱鬧與炫麗的市集，每年的 4 月或 5 月，在復活節後的第一個禮拜天在布魯日舉行，吸引著成千上萬的人前來趕集。

低地國地區的教堂十分密集，這也是繁榮社會的象徵，外國商人可以在教堂內設立屬於自己的小教堂。此外，醫院也提供外商醫療上的方便。在布魯日，十二世紀就設立了聖若望醫院，內有一百五十個床位，今天仍可看到這座醫院的古蹟。醫院中的醫護人員接受了奧古斯丁會 (Augustinian Order) 神職人員所給予正規的訓練，醫術頗受好評。十三世紀，一些藥房也逐漸出現，多取名為「磨藥棒」或「小天堂」之類的店名。

圖 5：布魯日市政廳風采依舊，從市政廳的氣派來看，可想像當時此地的繁榮。

The Low Countries

第 II 篇
勃艮第和西班牙哈布斯堡時期

　　夾在強大的勃艮第和哈布斯堡王朝下，低地國扮演了歐洲史上的中心角色。一方面，在勃艮第伯爵們的推動下，經濟、藝術、文化各方面均繁榮璀璨；另一方面，這個地區的城鎮領袖在中央集權化的政府下，持續要求自治。這種抗衡在西班牙哈布斯堡王朝下達到高峰，終於導致公開「叛變」。再加上新教的興起，和其在低地國的快速發展，十六世紀的北方尼德蘭成功脫離天主教世界，進而成立荷蘭共和國。

第三章
勃艮第王朝下的低地國 (1369–1480)

第一節　金羊毛騎士之夢

　　十四世紀的低地國地區，仍然處於各個大小公侯國林立的局面，人民並沒有對自己所屬的「國」十分認同。政治上的忠誠只是針對公侯個人的效忠。當時幾個有權力的公侯國，如法蘭德斯、不拉班、勃艮第等大貴族，王公侯爵喜歡用聯姻的方式達到外交目的，其中又以勃艮第和法蘭德斯的聯姻最受矚目。

　　1369 年，法蘭德斯伯爵路易・梅爾 (Loius of Male) 之女瑪格麗特 (Margaret of Male) 與法蘭西國王瓦洛的簡二世 (Jean II de Valois) 之幼子大膽菲力 (Philip le Hardi) 成婚。菲力的封地即今法國勃艮第區，是謂勃艮第公爵。加上瑪格麗特繼承的領土，他擁有了法蘭德斯、阿圖、法蘭西孔泰 (French-Comté)、那維 (Never)，包括安特衛普、麥赫倫等地區。他意圖擴張中央本身的權力，於是在其統領時期 (1384–1404)，首先設立審計部與中央法庭，他的檢察官可以控制市鎮法庭，在財政和法律上展開中央集權。當時歐洲局勢方面，由於神聖羅馬帝國組織軟弱，英法忙於百年戰爭，無暇看管勃艮第，於是在整個勃艮第時期，

33

其四位掌權的公爵們，得以從容鞏固其勢力。大膽菲力、無畏的簡 (Jean sans Peur)、善良菲力 (Philip le Bon)、勇者查理 (Charles le Téméraire)，他們都冠以勇敢、俠義、善良君子的雅號。無畏的簡是菲力的長子，於 1404 年繼位，正如他的冠號「無畏」，是一位企圖心很強的公爵。由於他身上具有法蘭西的皇家血統，因此他更希望自己能成為法蘭西的主人，不只是一位封建制度下的公爵。然而在英法百年戰爭時，無畏的簡卻於 1419 年被暗殺，其爵位由兒子善良菲力繼承。

善良菲力應該是整個勃艮第王朝最重要的一位公爵。他在位的這段期間 (1419–1467) 是勃艮第的全盛時期，勢力和財富均達到高峰，可以和歐洲任何一個王國相比，儼然是一個王朝。在領土的擴張上，他於 1421 年買下了拿慕兒公國，1430 年占領了不拉班，在他的姪子林堡公爵猝死之後，菲力又以精明手段繼承了其領地。在 1433 年趁著巴伐里亞國 (Bavaria) 斷嗣，又兼併了其領地，乃至澤蘭、荷蘭及海諾也在其屬下。1441 年，從自己的姑母手中買下了盧森堡公國。因此，善良菲力除了在法蘭西的領地，還幾乎經營了所有今日低地國地區，並將其整合成一個政治上的實體；而且對於當時的三個親王主教區，列日、于特列赫特、康布萊具有保教權。當時，善良菲力的勢力大到可以不向法蘭西國王行使封建義務，他本人及其臣下也不必對巴黎的皇室負

圖 6：善良菲力的肖像　由范德韋登所繪。他是勃艮第王朝中最具有影響力的公爵，他在位時期，社會安定、文化藝術發達，造就了勃艮第的黃金時代。

責，只須對勃艮第的大參議院 (Burgundian Council) 負責即可。在當時，勃艮第已被歐洲王朝默認為一個獨立王國❶，善良菲力為了達到中央集權，設立了一個掌管立法和司法的「大參議院」，及兩個統理財政的「會議院」(Council Chambers)，分別設在里耳 (Lille) 和海牙 (The Hague)，而且在每一個省設立公爵庭，諮商政治事務。並於 1433 年建立了低地國的統一貨幣單位。

善良菲力的時代，在某種程度上，可以稱做低地國的「黃金時期」，經濟繁榮、低稅、炫麗的宮廷文化品味，勃艮第公爵們過著享樂風雅的生活方式。在他們的有意推動下，他們所統轄的貴族及市民的生活也受其影響。

勇者查理是善良菲力在他第三次婚姻時與其結褵的葡萄牙公主伊薩貝拉 (Isabella) 所生之子。1465 年，在皮卡地 (Picardy) 和法蘭西的戰役中，他的勇猛為自己贏得了「勇者查理」的稱號。在其任內擴張的領土包括赫爾德 (Guelders) 及亞爾撒斯 (Alsace)，勇者查理並企圖攻奪洛林 (Lorraine)，但卻不幸在 1477 年於與洛泰爾和其瑞士聯盟之南錫 (Nancy) 戰役中戰死。

勃艮第的公爵們於其名上所冠之雅號，增加了騎士般的傳奇色彩。善良菲力特別設立金羊毛騎士團的組織 (Order of the Golden Fleece)，這個騎士團的靈感來自亞瑟王和圓桌武士的傳奇，除了象徵勃艮第宮廷是一個王朝，更因騎士的精神，在於效忠領主、忠於教會。騎士團因而舉行宗教儀式般的禮儀，以示效忠勃艮第公爵及其王朝。騎士的美德，成為一種高貴的、英雄式的、具有浪漫色彩的理想。騎士們如同教士遵守神聖的會規一般，堅守騎士團的團規，保持個人道德上的完美；在個

❶1435 年，善良菲力與法蘭西代表在阿拉斯簽訂條約，結束與法蘭西之間的封建關係。

圖 7：金羊毛騎士團的騎士會議，如同宗教儀式一般。

人生活上，則過著優雅的騎士愛情生活。這樣的目的，在於使貴族和菁英們有著強烈的凝聚力，共同榮耀、效忠君主。金羊毛的騎士們，夢想著自己王國的偉大輝煌。

第二節　中央集權與反集權

在各地方的公侯國，向來有其傳統上的自治，很難接受統一的體制。善良菲力參酌了各公國的制度，定出一些方針，希望達成中央化的統治。他統合了行政的組織，並招募各地方人才一起治國，又建立四個代表中央的財政機構，一個設在第戎 (Dijon)，第戎本來就是勃艮第的中心；第二個設於里耳，以便將法蘭德斯、阿圖、海諾及皮卡地等地方稅收納入國庫；第三個則設於布魯塞爾，作為不拉班、林堡及

盧森堡地區的財收管理；最後一個設立在海牙，為方便管理荷蘭、澤蘭的稅收。但因各地方都有著自己傳統的簿記制度，較難達成統一的收入總額以作為中央的歲收，也不容易統計實質上的開銷，所以常有爭執。1433 年中央發行統一幣制，希望可以聯合各地貿易商業之便，以和其他如漢薩組織加以競爭。

在大參議院的組織下，設有檢察和審理制度，司法上走向專業化，執法人員皆有法律學位。成文法雖然是法庭的依據，但地方上的法庭常依其地方之習慣法和自然法來執法。

在官僚體系上，由於多方招募各地人才，形成外地官代替本地官的情形，但中央官吏還是具有最大勢力，也易發展成地位高權威大的大官。如當時最有地位的勃艮第大臣為羅林 (N. Rolin)，在他任職的三十五年間 (1422-1457)，不但掌握了權勢，擁有非凡的影響力，且為他賺進了大量的財富。像他這樣一個原非貴族出身的官員，得以竄升到最重要的掌璽大臣，又因為官場上的表現被封與爵位，且晉升到高級教士，這在當時代表了一種平等的用人標準，只要個人努力、有才，便有機會入仕。但另一方面，在勃艮第官僚系統中，公爵與臣下的利害關係在地方與中央上卻依然對立著。

中央集權的實施，需要削減地方的勢力才得以完成。但低地國的城市，尤其是法蘭德斯地區，早有自己深厚的政治傳統，不容易被整合在一起。例如布魯日從 1436 年到 1438 年就曾有叛變發生，以抵制中央的干涉，但並沒有成功。善良菲力以索取賠款，撤除其城市衛兵作為懲罰，用以宣示其主權。又如公爵開始徵收鹽稅時，他的提案卻在根特市議會中遭到以基爾特領袖為代表的人加以否決，於是善良菲力和根特市之間的關係呈現緊張。又因在地方官吏的人選任命上，地方也和公爵發生嚴重的衝突，根特市在 1449 年之後的反抗漸漸增多，結果導致中央和根特交戰，善良菲力出兵制服「暴動」，根特叛變失敗，善良菲力因而得到大筆賠款。在投降儀式中，根特代表身穿懺悔長袍，赤腳向善良菲力行臣服禮。總括來說，儘管各城鎮還是偶爾會發生抗

爭，勃艮第王朝終究還是走上了一個強而有力的中央化王朝之路。但相對的，在稅制上，因為這是一個低稅地區，在許多地方上還是得讓步。這種結果，早在勃艮第進入法蘭德斯、不拉班公國時早見端倪。因為公爵們曾對市民建立憲章，保證低地區的城鎮市民擁有選擇語言的自由、公平的法律，以及在沒有徵詢的情況下，不可任意徵稅的規章，這樣的協定，是謂〈喜悅的進入〉(Joyous Entry)。

第三節　璀璨的文化和藝術

由於勃艮第的統一，總歸來說，造成低地國地區平穩地發展，也提升了國際貿易的競爭力。小城市因為免受大封建勢力的脅迫，即使偶有一些暴動，甚至受到黑死病的威脅，事過之後，人口繼續穩定成長，經濟也恢復繁榮，很快地，人口密度便超過了法蘭西、義大利地區、英格蘭和神聖羅馬帝國等地。既然低地國成為一個人口聚集和高度城市化的地區，而安特衛普也發展為重要港都，與布魯日同時成為歐洲的貿易中心。經濟的繁榮、穩定的生活、消費能力的提高，加上公爵們對文化、藝術的鼓勵與贊助，勃艮第時期的文化，在 1440 以後的近四十年間達到頂峰，是謂勃艮第文化的黃金時代。

勃艮第的公爵們，都對知識生活和藝術抱有興趣，尤其是善良菲力。除了公爵們對藝術和文化活動大力支持以外，教士和貴族也委任藝術家為其創作，其中又以音樂創作備受矚目，或為教堂所用，或譜成世俗歌曲，於是漸成風氣，形成西方音樂史上重要的勃艮第樂派❷。

杜飛 (Dufay) 對教堂的禮儀音樂和世俗歌曲的發展均有重要貢獻，其作品流傳至今的有八十九首經文曲、四十二首彌撒曲及六十九首世俗歌曲。其使用多聲部的複調 (polyphony) 音樂，創造了典型的勃艮第作曲風格，開創了中世紀後期以降的優美樂風，也成為隆重節慶的演奏音樂。在杜飛的召集下，勃艮第的康布萊教堂成為歐洲複調音樂的中心。宮廷教堂的樂師班舒 (G. Binchois)，不止為勃艮第首府的第

戎教堂作曲，也譜了多首三聲部的世俗音樂，以裝飾音的使用而聞名。另外，奧克漢姆 (J. Ocheghem) 在音樂史上也具有重要地位，他創作出豐厚的四聲部複調音樂，莊嚴中不失音樂情感，其作曲風格隨著他在歐洲四處旅行，因而被推廣到歐洲各地，致使對文藝復興時期的音樂產生巨大的影響，現存的作品有十四首彌撒曲、十首經文歌和二十一首世俗歌曲，今日依然為人所演奏。在他逝世之後，荷蘭的人文主義大師伊拉斯莫斯 (D. Erasmus, 1469–1536) 特獻上哀悼文弔唁，以示對他的尊重和欣賞。海諾出生的德普雷 (J. des Prés) 則在教宗的聖堂任職，他除了強調複音的細微技巧，其作品表現出高度的器樂性，是為新式彌撒曲的創造者。

❷十四到十五世紀，財雄勢大的勃艮第公爵們，熱情贊助音樂文化和知名音樂家。除了資助教會音樂家，發展出彌撒的音樂形式，更獨特的是推廣了複調的世俗音樂。勃艮第樂派的多聲部作曲，對音樂史上貢獻良多，以精緻優雅見稱。

圖 8:「杜飛與班舒」　杜飛身旁有一架小風琴，顯示他擅長創作宗教禮儀曲。班舒手中持一豎琴，代表他以創作世俗歌曲聞名。豎琴在當時是世俗樂器，而風琴則是教堂樂器。

在繪畫藝術方面，享譽美術史上的法蘭德斯原始畫派 (School of Flemish primitives) 出現不少大師，多與勃艮第公爵的贊助有關。像是凡艾克 (Van Eyck) 兄弟、范德韋登 (Van der Weyden) 都是善良菲力和勇者查理所延攬的宮廷畫家，為公爵們完成了不少肖像畫。凡艾克兄弟最具代表性的畫作為「羔羊崇拜」(The Adoration of the Lamb)，這是為根特市聖巴封 (St. Bavon) 教堂所作的祭壇畫，畫在由板面折疊而成的屏風式畫板上，他們創新了具「現代」意義的立體畫作，用油作顏料，可以作出更精緻的描繪。在藝術上的表現，如聖母的形象轉為較世俗化，也更具透明感。赤身的亞當和裸體的夏娃，他們的面容流露出自然生動的情緒，看似心不在焉的表情，不由得引起人們的驚嘆；而亞當的雙腳竟像是要走出畫面般的生動。天主的羔羊，出現在中央的那面祭壇上，神父則正在誦讀：「免除世間罪惡的天主羔羊，請憐憫

圖 9：由凡艾克所繪的「羅林大臣的聖母景象」　大臣羅林「見到」聖母瑪麗亞與小耶穌的景象。

我們世人。」在勃艮第的藝術贊助者中,亦不乏王公貴族及富有的市民,因此具有神聖意涵的宗教畫,也會帶著一些世俗的意義。在「羅林大臣的聖母景象」這幅畫作中,背景展現了自然景色和城市風光,具有寫實的風格,大臣羅林的面孔,則表現出他倔強的個性。

范德韋登擅長肖像畫,每幅畫作,均能展現個人獨特的氣質,觀看者與畫中人物,似乎產生出一種神祕的相互牽絆。上述這些畫家的傑作及地位,幾乎沒有後繼者可以超越。

其他著名畫家如博次 (D. Bouts, 1415–1475)、范德格斯 (Van der Gose)、梅爾令 (H. Memling, 1430–1494) 也都有出色的畫作,其中梅爾令的神祕風格更是享譽歐洲。總結而言,法蘭德斯原始畫派,由於在技法和繪畫風格上都有其突破和創新之處,傑作比比皆是,在世界藝術史上的地位具有其重大貢獻及影響。

這個時期的雕刻藝術也如繪畫藝術般那麼令人驚嘆。來自荷蘭的斯呂特 (C. Sluter) 在第戎為大膽菲力從事雕刻創作,他為大膽菲力設計的陵墓雕刻,現存於第戎博物館。四十個送葬者的雕像,每一個表情都各自不同,栩栩如生地表現出哀悼之悲傷與靜穆的心情。公爵及其夫人的雕像,顯得極其尊貴精緻。另有基督受難像,則展現了其高貴的犧牲。除了石雕,木雕藝術也表現傑出,外銷歐洲各地區,成為一種「工業化」的規模。再者,由於低地國地區的紡織業興盛,於是發展出織錦藝術,掛毯的織錦畫,可以表達出王室的歷史事蹟和各種戰蹟,因此也深受世界各地的王公貴族喜愛,紛紛前來委託訂製,使得織錦畫成為珍貴的收藏品。如義大利的梅第奇家族,大量採用了低地國產的掛毯織錦畫來裝飾其宮殿。

在建築方面,勃艮第派強調精工細琢的風格,具有特色的市政廳和鐘樓建築,如同炫麗的藝術品般。荷蘭文化史家赫津哈 (J. Huizinga) 認為,勃艮第時代的建築藝術,其精緻複雜的程度簡直可比鑽石雕鑲一般。

在智識生活的發展上,由於當時對知識的提倡,低地國地區的第

一所大學——魯汶大學——成立於 1425 年。其後，圍繞著這所大學而發展出濃厚的學術氣氛，再加上魯汶本身優越的地理位置等因素，使得這所大學成為當時求學者的最佳選擇，即使相較於歐洲少數幾個古老名校如牛津、海德堡，仍有許多青年為了求知，不分遠近從歐洲各地來到魯汶。

不止善良菲力個人重視文化，其他低地國的教士和官吏也熱中於蒐集圖書手稿，因此在勃艮第還設有精緻宏偉的圖書館。他們鼓勵各種詩詞創作、成立修辭學會，雄辯演說團體相繼產生，加上吟詩和戲劇競賽等等活動，都在低地國各地頻繁舉行。詩人、作家的人才輩出，書寫文字多樣。勃艮第的公爵們雖然主要使用法文，但是像善良菲力也一度努力學習荷文，並親自參加地方的修辭學院，成為會員之一。其他修辭學院的成員們大多精通修辭學，對於文學發展具有推動力。在他們當中，莫利內 (T. Molinet) 就是一位詩人兼史家，他是宮廷史官，也是《修辭藝術》一書的作者。另外一位著名史家為夏斯特蘭 (G. Chastellain)，他用美妙的詞句記錄下勃艮第的歷史，特別是有關貴族和騎士的事蹟。至於市民和一般人民的歷史雖然較少紀錄，不過對於當代社會生活的諸般面貌，像是市集、遊行等，則有精彩著墨。

由於詩文、戲劇衍生出密集且普遍的競賽活動，進而發展為持續

圖 10：魯汶大學總圖書館

性的文化節慶。露天喜劇表演及各式遊行和宴會，營造出一種歡樂的文化氣氛，提高了舞文弄墨者的雅興。在日常生活中，勃艮第王室也喜歡舉行各種慶典宴會，於是宮廷文化和民間的節慶文化相互交錯，而一般市民也多少受到宮廷文化品味的影響。

第四節　宗教生活及其文化事業

在繁華的生活下，勃艮第時期的宗教文化及靈修生活也蓬勃發展。表面看來這種宗教生活方式應與世俗生活形成對比，事實上，此乃出於一些新興的宗教團體，他們不滿的對象，在於當時某些主教、教士們的「墮落」生活，如教士們為了汲取聲望和教會財富而售賣贖罪券，干預世俗政事，一些教士甚至納妾生子，過著奢侈揮霍的生活。所以，現代虔誠運動 (The Divitio Moderna Movement) 便具有其代表性，像是共生兄弟會 (The Brethren of Common Life) 的成員們，希望可以簡單純淨地度過宗教上的精神生活，他們受到部分神祕主義的影響，強調內心的體悟，不提倡經院哲學。但與神祕主義相異的是，他們不刻意追求孤獨中的隱密狂喜經驗。

修士作家坎比斯 (Thomas à Kempis)，終其一生居於滋沃勒 (Zwolle) 附近的修道院撰寫宗教書籍，以《效法基督》又稱《師主篇》(*Imitation of Christ*) 最為著名，並且還手抄經文，撰寫神學家赫魯特 (G. Groote) 的傳記。赫魯特是「共生兄弟會」的創立者，換言之，現代虔誠運動即由坎比斯所宣揚的赫魯特思想為中心，以回歸教會初期的質樸虔誠為宗旨，深度體驗基督信仰，要求真理，而不尚虛偽誇飾的詞藻或繁文縟節的儀式，鼓勵虔誠的情感，跟隨基督的腳印，不強調智性神學，不過度的貪求知識，在持續性的團體生活中默觀，過著虔敬的生活。現代虔誠運動在十五世紀之後，流行於歐洲各地，特別在低地國，對宗教生活影響甚鉅，尤其對初、中等教育上的推動頗具規模。其學校課程除了宗教課，也注重希臘文的教育，以便培養學生研究古

典作品、傳抄手稿的能力。印刷術出現後，「共生兄弟會」設立了自己專用的印刷廠，出版中小學課本，包括宗教、語文和古典作品。在十六世紀前，他們已經編印了九千多本書籍，很多低地國的人文學者都曾受教於共生兄弟會的學校，也受到「現代虔誠運動」思想上的影響，其中最著名的就是來自鹿特丹的伊拉斯莫斯。

就十五世紀歐洲文化史的脈絡來看，在勃艮第時期，低地國的文化發展成果非凡，不論宗教、文學、藝術及思想上都出現了很多傑出作品。如此炫麗的文化，在歐洲歷史上也並不多見。富裕的環境以及公爵們的推動是其主因，在低地國的各個文化名城如布魯日、根特、魯汶等地，至今仍可看到勃艮第文化當年燦爛的遺跡。

第四章
哈布斯堡王朝與低地國
(1482–1713)

第一節　從勃艮第到哈布斯堡

　　勃艮第王朝時期的低地國，基本上社會堪稱穩定、和平、繁榮。到勇者查理執政時，由於他的企圖心強，導致其不斷地擴張領地，想要直取法蘭西王國的地位。為了戰爭所需的經費，徵稅的諸商會議不斷，根特和麥赫倫地區皆幾度發起示威抗議。不僅如此，為了加強集權統治，他又將法語提升為唯一的官方行政語言，破壞了當初與地方所約定的語言使用自由。查理雄心萬丈，他不僅對法蘭西國王的屢屢干涉十分痛恨，且對於其某些所屬地區在名義上仍需向日耳曼皇帝服從也感到不滿。他勤於練兵，企圖結合部分法蘭西貴族來和法王路易十一對抗，但在 1477 年的南錫之戰，查理死於戰場，結束了金羊毛騎士的夢想，而勃艮第政權也隨著他的死亡而結束過去的輝煌，被路易十一收為封建領地之一。

　　查理沒有男嗣，他生前將女兒瑪麗 (Mary of Burgundy) 嫁給奧地利哈布斯堡的馬西米連一世 (Maximilian I of Habsburg)。馬西米連的父親是神聖羅馬帝國及日耳曼皇帝腓特烈三世 (Frederick III)，他們兩家

的聯姻，把勢力壯大的哈布斯堡家族就此引入了低地國地區。瑪麗在位時期，低地國的城鎮擔心瑪麗和其夫婿會改變原有的自治慣例，因此要求在 1477 年訂立〈大特權〉(The Great Privilege) 憲章。〈大特權〉主要的條文為保障地方自治、司法財政的權力、使用語言及貿易自由的保障等等。各大地區如法蘭德斯、不拉班、荷蘭、澤蘭、菲士蘭、拿慕兒等地，都在〈大特權〉的保障範圍之內。雖然馬西米連一直想要扭轉這種情況，但每當他有所動作，在以上城市裡便會發生大規模的示威暴動，尤其在法蘭德斯地區，一直不願意承認來自日耳曼方面的權力。1487 年時，馬西米連甚至被抗議的市民擄押到布魯日作人質，非得動用軍隊的力量才將他釋回。經過這個事件後，馬西米連有意削減布魯日的力量，改鼓勵外國貿易商轉移到安特衛普發展，布魯日原本所有的經貿中心地位因而受到巨大的影響。之後低地國的經貿中心從法蘭德斯地區轉移到不拉班地區，這便是重要原因之一。

1482 年，勃艮第的瑪麗過世，其夫馬西米連成為尼德蘭地區的攝政，後來又繼承了他父親的頭銜，成為日耳曼皇帝。他和瑪麗所生之子，美男菲力 (Philip the Handsome) 接著繼承了低地國地區。在 1506 年，美男菲力和西班牙公主瓊安 (Joan of Aragon) 結婚，因此也繼承了西班牙的王位，稱為菲力浦一世，從此，低地國被納入哈布斯堡的勢力範圍。他們的兒子查理五世，即西方歷史上赫赫有名的查理大帝 (Charles V)。查理的父親菲力浦一世過世之時，他只有六歲，由姑姑瑪格列特 (Margaret of Austria) 代為攝政於低地國，1515 年，查理已經是低地國的正式繼承人。1516 年他成為西班牙國王，統有拿坡里、西西里、撒丁尼亞 (Naples-Sicily-Sardinia) 和西屬美洲 (Spanish America)，1519 年又加冕為神聖羅馬帝國皇帝。瑪格列特在低地國的攝政時期分為兩個階段：從 1506 年到 1515 年時，因為查理年幼，代為攝政；從 1518 年到 1530 年時，則因查理分身乏術，瑪格列特再度代其管理低地國事務。她在位的時候，由於和法蘭西簽訂了〈康布萊和平條約〉(Peace Treaty of Cambrai)，所以境內維持和平、繁榮、安定，足以比美勃艮第

圖 11：查理五世——即查理大帝之肖
像　查理對低地國的情感很深。

的善良菲力所統治的時期。這位根特市出身的大帝，在他掌權的數十
年間，雖然在政治上實行大一統政策，然而對於低地國境內的自治傳
統，大抵來說，都能加以尊重，而低地國也在他的帶領下，參與了世
界性的政策發展。

隨著查理大帝的領土次第擴張，圖爾內這個在早期曾經被法蘭克
王國極重視的首府之地，一直在法蘭西王國的統治下，但在 1526 年卻
被查理大帝收回低地國的版圖之內。在與法蘭西國王法蘭西斯一世
(Francis I) 發生戰爭後，雙方簽訂了〈馬德里條約〉(Treaty of Madrid)，
法蘭西放棄了在阿圖的主權以及在法蘭德斯地區的封建權。而在 1524
年，查理已整合了菲士蘭地區，之後，1538 年，又獲得格羅寧根，1543
年將赫爾德 (Guelders)、康布萊納入版圖，1549 年，低地國地區正式被
命名為「十七聯省」。

查理在根特市出生，幼年在麥赫倫度過，在他成年後，由於其統
治的領土廣大，除了在西班牙宮廷外，他不得不經常到處奔波巡視，
堪稱歐洲歷史上旅行次數最多的君主。但他最關切的地方，始終是他
童年成長的低地國。在 1555 年，他將王位傳給其子菲力浦二世後，便

47

定居於此，直到他逝世的前一年，1558 年，才願意回到西班牙，在修道院中終其一生。今日的比利時，每年 7 月的第一個星期日，於首都布魯塞爾舉行大型的歐明罕節慶遊行 (Ommegang Procession)，由人民在遊行隊伍中扮演查理大帝及其宮廷成員，重溫當年的繁華場景。

查理大帝遜位後，其弟菲迪南 (Ferdinand I) 得到奧地利哈布斯堡的領土，其子菲力浦二世則繼承了西班牙帝國、低地國地區和法蘭西孔泰。從此以後，低地國的歷史進入了西屬尼德蘭 (Spanish Netherlands) 時代。

第二節　經濟與社會

十六世紀的尼德蘭地區，經濟繁榮在當時仍屬首屈一指，由於歐洲的貿易路線從地中海轉移到大西洋，有助於使安特衛普成為世界最重要的港都，同時也是國際市場的貨物集散地。來自葡萄牙、日耳曼、英國等地的貿易者都聚集在此，在這裡，同時可以看到來自英國的羊毛；由荷蘭、澤蘭的船隊從波羅的海地區所引進的木材、穀物；日耳曼地區的金屬和礦產；葡萄牙人帶來的香料、金子、象牙和鑽石；西班牙貿易商從美洲進口的金銀器具；不拉班地區的各種製品：掛毯、家具、鐘錶、樂器、工藝品、紡織品、刺繡、成衣。安特衛普的市場不僅提供來自世界各地的最高級貨物，並提供貸款等商業服務，很快地就成為整個歐洲的金融中心。隨著工商業組織的專業化，衍生出如同前資本主義式的型態，當地的造船業、武器製造、印刷業等都頗具規模。

隨著工商業的發展，低地國地區的城市化程度也日益提高，約有一半的人口居住在城鎮，就當時的情況來說，其城市化和商業化的程度是全歐比例最高的地區，居民的所得也是歐洲最高的地區之一。

然而如此繁榮的經濟，在十六世紀中期以後卻受到政策上的箝制。哈布斯堡的徵稅制和財政措施，給予低地國地區很大的壓力。在菲力

浦二世統治的時期，不但對尼德蘭地區的課稅加重，並制訂種種法令以限制商業自由，再加上與英國和日耳曼地區之間的貿易競爭日益激烈，以上種種因素，皆使得尼德蘭的經濟發展遇到空前的挫折。社會上則由於新教的傳入，也引發一連串劇烈的變動。

第三節　宗教改革的震盪及其影響

在低地國地區，有關馬丁·路德 (M. Luther) 宗教改革的著作，約在 1518 至 1519 年間流傳開來。魯汶大學神學院的教授曾經嚴厲批判過路德的主張，查理大帝也曾下令燒毀過相關書籍，並在低地國成立了宗教裁判所。1523 年，在布魯塞爾，就有兩名路德派的教徒受到火刑。然而，新教團體的數量，在低地國地區仍然不斷擴張，其中又以喀爾文教派 (Calvinism) 帶給此地的影響最為深遠。在 1540 年左右，喀爾文教派以法蘭西和日內瓦作為起點開始發展，隨後進入圖爾內和安特衛普，首先在今比利時境內散播開來。其教義帶有很高的自律性，教徒不得沉溺聲色娛樂，音樂、舞蹈、美食華服均列入禁忌，他們相信命定論 (predestination)，認為人是否能得到救贖，早為上帝所預定，其善行並不是得救與否的原因，而是結果。換言之，善行是得救的記號，是上帝恩寵的表示。儘管喀爾文教義中重視行善與自律，但當時的統治者菲力浦二世，對新教採取嚴厲的宗教鎮壓手段，因而引發了新教徒心中的懼怕和憤怒，社會上暴動也一再發生。

1566 年的 8 月，新教徒發起的聖像破壞運動 (Beeldenstorm) 於法蘭德斯展開，這是新教徒對於菲力浦二世下令執行宗教政策一事所衍生出來的反彈。當時在低地國內，為了抵制新教，增加了十四個天主教主教區，由手段嚴格的樞機主教如賀藍維勒 (A. P. Granvelle) 負責主持。賀藍維勒曾服務於查理大帝，在政治上也掌有相當權威，他以毫不留情的殘酷手段來執行鎮壓新教徒的政策，不僅激怒了一般市民，連信奉新教的低地國貴族也紛紛加以責難，特別是奧倫治 (Orange) 家

❶人文主義一詞，尚沒有學者能對此作出一個完善的定義。在西方，不同的時代、地區之下，不同的學者對其解釋都有所差異。但一般來說，人文主義 (Humanism) 一詞源自拉丁文 Humanus，概指以人為中心的意思。在歐洲，從十四世紀中葉以來，興起這種以理智與文化成就為主流的思想，對於中世紀的經院哲學加以批判。人文主義運動最早開始興起於義大利，重視對於古希臘和羅馬文化的經典研究，在文藝復興時期達到高峰。在西北歐，人文主義學者將基督宗教的虔敬與古典學術互相結合，使其帶有回歸《聖經》和信仰本質的目標，因而產生了基督教人

族。參與聖像破壞運動的群眾，於各個天主教堂內搗毀聖像、聖物及宗教雕刻，這樣的行為在低地國地區迅速蔓延開來，怨恨和暴戾之氣也瀰漫了社會各層面，政治和經濟層面上均隨之激盪，日後終於導致了尼德蘭革命的發生。

第四節　十六世紀的智識界、文化與藝術活動

當人文主義 (Humanism)❶於十五世紀由義大利地區初傳到低地國時，便迅速地發展起來。古典文化在此地受到歡迎，但與義大利不同的是，尼德蘭地區的人們，對於羅馬文化並不抱持那分懷舊之情。拉丁文的使用僅限於學術界，貴族和一般文人作品，相當頻繁地使用本地語文。最著名的人文學者為伊拉斯莫斯，他出生於鹿特丹，早年曾在高達 (Gouda)、德凡特 (Deventen) 以及登鮑士 (Den Bosch) 等地，於共生兄弟會所興辦的學校接受教育，之後又赴巴黎大學深造，並成為一名天主教教士。但他對於天主教會裡的一些僵化體制，和某些保守的作風，向來有所批判。在一趟英國之行後，他與托瑪斯‧摩兒 (T. Moore) 和克列特 (J. Colet) 等人文學者結交，成為終生摯友。他所提倡的是一種較為理性、人文式的、去教條化的基督宗教。在路德派和其他宗教改革人士遭到打擊和爭議時，他主張以和平寬容的方式來解決爭端，儘管他並不同意路德之言，但宗教寬容的思想，在他的著作中隨處可見。《愚人讚禮》(The Praise of Folly) 為其最著名的代表作品，在書中，他以幽默諷世、謔而不虐的筆法，來表達他的思想，文筆優美，不帶教條意味的說道，被視為人文主義作品中的經典巨作。他

的思想不只影響到後人對於《聖經》的研究，就認識古典文化的觀點來看，也貢獻良多。他曾在魯汶大學設立三語學院 (Collegium Trilingue)，提倡以拉丁文、希臘文和希伯來文來解讀《聖經》。而他的宗教寬容思想，被荷蘭史家赫津哈認為是十七世紀荷蘭共和國「宗教寬容」理念之原型。

　　在史學方面，史家巴藍德斯 (A. Barlandus) 所著之《尼德蘭的公爵》是典型的人文主義之作，歷史不再只為教會服務，其書敘述的重點放在城邦和政治史，歷史發展以人為主。換言之，史家寫的是人的歷史，而不是神的歷史。德梅爾 (De Meyere) 的作品《法蘭德斯史》則充分運用了檔案文獻，來敘述法蘭德斯地區的歷史演變，由於他和伊拉斯莫斯之間的交情，其著作亦深受伊氏的人文思想所影響。後世史家給予德梅爾的評價亦高，特別是對於他寫史的客觀性稱讚不已。

　　文學作品方面，也同樣感染到人文主義及宗教改革所造成的氣氛。作家卡斯特林 (de Castelein) 是法蘭德斯的詩人兼文學評論家，他的代表作是《修辭學的藝術》，這是第一本以荷蘭文寫成的文學理論著作。卡斯特林深受人文思想薰陶，他也特別推崇古典作品，尤其是希臘的悲喜劇和史詩，在他的評論集中，分析了大量的古典經典名作。詩人賽根塔斯 (J. Secundus) 擅長以拉丁文寫抒情詩，其詩體及風格，對另一個名揚十六世紀法蘭西的文社「七星社」有著深刻的影響。七星社的詩人，崇尚拉丁、希臘語詞，並認為詩文不能夠淪於俗凡，一定要寫出有創造性的個人抒情風格。在這樣的標準下，這些成員皆將賽根塔斯奉為明師。

　　十六世紀中期以後，低地國爆發尼德蘭革命，使得

文主義。尼德蘭的伊拉斯莫斯是當時最重要的人文思想家。

北方脫離西班牙，成為荷蘭共和國；而南方仍屬西班牙統治。於是很多信奉喀爾文教的新教徒，帶著他們的資產和文化傳承，移民北方。這樣的結果，也便造就了北尼德蘭的文化和經濟實力。然而，在文學界，宗教敵對的現象並不明顯，都是因為文學家始終懷抱人文思想中的寬容精神，例如散文家庫恩海 (P. Coornhert)，他以荷文寫成的散文集《道德是通往美好之路》，便道出一種基督教人文主義下的寬容哲學。同時庫恩海也將許多希臘羅馬的經典著作翻譯成荷蘭文，深深影響了荷蘭文學界。其他一些文人的作品，也展現了豐富的詩性語言，重視美感而無說教意味。另外一位詩人兼史學家范胡特 (J. van Hout)，曾任萊登市政府的祕書一職，他放棄了修辭派式的制式文體，重視個人的獨特性表現，對於開創荷蘭本土文學有著重要地位。

　　科學知識方面，十六世紀在低地國有著一群專業科學家和醫學家，他們在世界科學領域當中，扮演著先鋒的角色。魯汶大學在當時是學術界的牛耳，而北方尼德蘭於 1575 年也成立了喀爾文新教萊登大學，這兩所大學都以醫學、科學和神哲學聞名當時，也培養了不少科學界的人才。

　　出生於布魯塞爾的貝薩流斯 (A. Vesalius) 醫生，也身兼魯汶大學教授一職，他出版了《人體的結構》一書，圖文並茂的解析了解剖學的理論和方法，對於現代醫學的解剖學貢獻甚鉅，人稱為「解剖學之父」。法蘭德斯人東德斯 (R. Dodoens) 則是醫生兼植物學家，他先後出版的《植物誌》和《草藥誌》，都為植物學奠立了研究基礎，其著作被翻譯成英、法等各種文字，頗受學術肯定。

　　畢業於魯汶大學的地圖學家墨卡托 (G. Mercator)，是創用「地圖」(Atlas) 一詞的學者，更是世界地圖和天體儀的製造者。他研發了繪製精確地圖的科學方法，並且發明了圓標形投影法，世稱「墨卡托投影法」。他的學生歐特利斯 (A. Ortelius) 也是地圖繪製專家，在墨卡托的影響下，他繪製了第一部世界大地圖，取名為《世界概圖》，是當代最受歡迎的專業地圖集，為菲力浦二世時代不可一世的海上霸權及海外

擴張，提供了最準確的地理資訊。這批地圖集至今仍持續再版中。

　　荷蘭數學家史帝文 (S. Stevin) 將十進位小數點普及化，他所發明的「水閘防禦法」，即在軍事上以海水淹漫作為防禦的戰術，在尼德蘭對抗與西班牙的戰爭時提供了最佳效果。他的著作《流體靜力學》和《自由落體論》事實上比伽里略的自由落體論早出現了十七年。

　　低地國的音樂仍以複調教會音樂為主，在歐洲複調音樂的領域當中居於領導地位，其優美傑出的作品得到全歐肯定，也因此使得法蘭德斯成為歐洲樂譜出版及印刷的中心。著名音樂家如貢貝爾 (N. Combert)，他曾任查理大帝的教堂樂師，華麗而和諧的曲風，使他成為當時頂尖的教會音樂大師。不過，拉素 (O. Lassus) 才是十六世紀最著名的音樂家，在其兩千多首作品中，不論是義大利風格的牧歌、法蘭西式的香頌 (Chanson)，都表現出輕柔優雅的一面；宗教樂曲則莊重肅

圖 12：拉素的聖詠曲譜　這是十六世紀最華麗的聖詠手稿之一。

穆，經文歌充分表現出奧祕氣氛。音樂史家亨利朗 (P. Henry Lang) 則認為，在音樂史上，拉素在創作經文歌上所展現的才華，無人能出其右。他是這麼評論的：「拉素的音樂成就是如此具有美感，在音樂家中，只有在莫札特的音樂中曾經再現過。」

與拉素同期的作曲家德蒙特 (P. de Monte) 產量豐富，作品超過三千首，不論是經文歌或牧歌，皆展現出十分優雅的風格。他和拉素將尼德蘭的複調音樂發展推往高峰。由於當時音樂風氣的昌盛，安特衛普也成為製造大鍵琴和風琴的著名城市，是為歐洲最重要的鍵盤樂器製造中心。

在建築方面，因為文藝復興的影響，出現了新的建築形式。一些新的世俗建築，如安特衛普的市政廳，海牙和伊登 (Emden) 的行政大樓，都採取了充滿義大利風格的文藝復興樣式。當時最有名的建築師為弗洛里 (C. Floris)、德福林特 (De Vriendt) 及德弗里斯 (De Vries)。

藝術畫作則有兩種基本形式：其一為接受義大利風格影響而生的畫派，如潘替尼 (J. Patnir) 和莫西士 (O. Metsys)，其中，莫西士又結合了哥德式和文藝復興的風格，發展出安特衛普畫派，將法蘭德斯原有的畫風，成功地和義大利風格融合在一起。他善畫人物和《聖經》事蹟，背景用古建築的廢墟來陪襯衣著考究的《聖經》人物。另一種繪畫形式為由低地國本地發展出來的畫派，代表畫家為鮑許 (H. Bosch, 1450–1516) 和老布魯格爾 (P. Bruegel the Old, 1525?–1569)。鮑許的畫作可能是世界上最難解釋的作品之一，本人也是如同謎一般的畫家，後來的研究者對他的生平所知不多。其作品色彩鮮豔、明亮、複雜，主題帶有啟示性的意涵，也可以說他神祕、怪誕。他常畫一些奇異荒誕的動物，和有著奇異造型的植物，讓人感到時而滑稽，又有些驚悚。畫作的靈感也許來自民間傳說、宗教題材、神話故事或晚期的哥德藝術形式，但又頗具象徵意義，像是那些以神怪故事為題材，畫出近乎漫畫式的作品，來嘲諷人類的愚行。在「聖安東尼之誘惑」這幅畫中，鮑許畫了與妓女嬉戲的修行者，和騎著老鼠的巫婆。他也常藉由畫作

圖 13：「聖安東尼之誘惑」

來表現世間的人生百態，表現出人類的窮困、貪婪、恐懼等情緒，像是肥胖的教士在募款，庸醫正在兜售他自稱的靈藥等等。由於鮑許的作品主題特殊，因而得到廣泛流傳，尤其是其中一些帶有特別喻意的作品，被大量的複製，蔚為風潮。畫壇上對他的評語是：「對人性有著深沉的洞察力」、「在作品中表達抽象概念的第一人」、「獨創性之夢幻創造者」等等。

　　老布魯格爾是世界繪畫史上最重要的畫家之一，他的兩個兒子彼得 (Peter Bruegel) 和揚 (Jan Bruegel) 也是尼德蘭地區的著名畫家。老布魯格爾的作品主題非常多樣，舉凡人民生活、節日慶典、民俗風情、各種諺語的內容以及政治宗教事件等，都是他拿來入畫的題材。也正因此，他的繪畫，可作為研究十六世紀尼德蘭地區之社會、政治、宗教方面的重要參考史料。其中最特別的，就是他的諺語畫作。由於諺語在尼德蘭地區相當流行，自中世紀中葉以來，不論在文學、政治或

❷要了解老布魯格爾的畫作，需要具備一些當時的文學基礎，才能看出其象徵意涵。例如：他的諺語畫之一「大魚吃小魚」代表了弱肉強食，「餵豬吃玫瑰」則意謂對牛彈琴，白費心思。比較老布魯格爾和鮑許的作品，其不同處在於前者雖然也曾創作一些奇特的怪異畫作，但不像後者的作品那般令人驚嚇、震撼。

講道中都經常使用，所以老布魯格爾將其入畫，不僅傳達了很多隱喻的寓言式智慧，也反映了大眾人民的生活趣味，以及當地文化中詼諧式的警惕和反省。老布魯格爾之所以在繪畫上有如此傑出的表現，正因為他是一位文化人，讀過很多古典作品和伊拉斯莫斯這類人文主義者的著作，所以在他的作品中，就算看似一般的農林景象、村民生活，但其中常帶典故及幽默諷刺的意涵。老布魯格爾也有一些類似鮑許般風格怪異和滑稽的作品，作為諷世的象徵❷。但基本上，他所採取的角度，總是冷眼旁觀這個虛浮的俗世百態。又由於他的構圖常採取高視點，所以畫面呈現出遼闊的景象，填滿了鉅細靡遺的細節描繪。在畫壇上，人們經常把老布魯格爾歸入法蘭德斯畫派的大師之列。

圖14：老布魯格爾的「農人之舞會」 細節的繪圖如真實景象，但他保持一貫諷諭的作風，將農夫的貪圖酒色畫入圖中。

第五章
尼德蘭革命
——八十年戰爭

第一節　起　因

　　尼德蘭革命，通稱為荷蘭叛變 (Dutch Revolt)，或稱八十年戰爭。這場抗爭始於 1568 年，主要的原因在於政治和宗教上與西班牙之間的相互衝突。西班牙國王菲力浦二世，懷著支配整個歐洲的雄心大志，多次捲入歐洲的戰爭當中，例如：因支持法蘭西天主教徒而參與宗教戰爭，在地中海與土耳其展開海上爭霸，與英國和法蘭西之間的殖民地爭奪戰等等。但在他心中最在意的，就是尼德蘭地區的「叛變」。因為尼德蘭的一般所得，在歐洲要屬首屈一指，其財富和稅收所得，可以支援國王龐大的開銷。在菲力浦二世統治低地國的時期，行政上實行嚴格的中央集權制，不僅取消了當地傳統的自治特權，並不斷新增稅制。很快的，貴族和大商賈便發現自己的勢力越來越少，像是對於軍事權和徵稅法等事務上的參與，且又得聽命西班牙來的顧問。在宗教政策上，菲力浦二世立法壓制新教徒，設立多個宗教裁判所，嚴苛審判西班牙人口中的「異教徒」，即喀爾文宗、路德宗和一些猶太教徒。

　　菲力浦二世和其父查理大帝，對待低地國的態度有所不同，查理

對尼德蘭有著一分特殊的情感，因為根特市是他的出生地，布魯塞爾
又是他最喜歡的城市。查理在位期間，曾經多次親赴尼德蘭，探訪這
個他成長的地方。他習慣過勃艮第時代尼德蘭的生活方式，享受豪華
的宴會，參與文藝生活，畢竟查理要到二十二歲的時候，才真正從尼
德蘭返回西班牙，對於這塊陪他度過生命中青年時期的土地，他始終
十分眷戀。儘管他也不樂見歐洲各地新教徒漸增的現象，也對其採取
過鎮壓政策，但在 1555 年，他終究還是簽訂了〈奧格斯堡和約〉(The
Peace Treaty of Augsburg) 來解決宗教上的紛爭，承認各地區人民隨著
其親王的信仰，有權力決定自己所屬的宗教信仰。這個和約暫緩了當
時宗教上引起的衝突。

菲力浦二世的作風不像其父，本身不諳法語亦不懂荷文，其高傲
的態度，徒然讓人留下負面印象。他對低地國的認識不深，甚至根本
不願親訪尼德蘭，只將其視為一塊可以徵收大量財稅的領地，並以西
班牙人代替當地人出任總督，一切事務均由馬德里方面控制，而查理
大帝當年定都之地布魯塞爾，如今漸成邊陲。不管在經濟、政治、宗
教方面，尼德蘭處處都感到備受牽制與壓迫，最後終於爆發了歷史上
所謂的「荷蘭叛變」。這場動亂導致原來的十七聯省發生分裂，成為北
方的荷蘭共和國和南方的哈布斯堡尼德蘭，也就是今日的尼德蘭王國
（荷蘭）與比利時王國的雛形。

第二節　新教徒的激憤與西班牙人的狂怒

在八十年戰爭發生的前夕，西班牙境內的經濟狀況並不穩定，赤
字嚴重，農業欠收，部分地區甚至出現饑荒的狀況。於是之故，菲力
浦二世決定加重尼德蘭地區的稅收，剝奪其政治上和經濟上的自由與
自治，宗教的迫害更使得新教徒既害怕又痛恨。在 1566 年的 4 月，當
地的上層貴族約三百多人，不堪政治上的束縛之苦，決定向西班牙駐
尼德蘭的總督馬格烈特·帕瑪 (M. of Parma) 請願，其要求有二：廢除

宗教裁判所及減少稅收。帕瑪是菲力浦二世的異母妹妹，即查理大帝與尼德蘭女子的非婚生女兒，她曾建議菲力浦二世，不要忽視尼德蘭貴族的「請願表」，並企圖說服他能採取較溫和的態度來對待新教徒。菲力浦二世也曾一度允許撤銷宗教裁判所，並承諾找機會親訪尼德蘭，大赦他口中的「異教徒」領袖。然而對於尼德蘭貴族這次的請願，卻被西班牙方面譏為「乞丐們」❶，對於如此令人失望的回答，尼德蘭貴族們在心中，已經做出了關於叛變的準備。

　　另一方面，新教徒也欲藉此機會將以往只能祕密舉行的宗教集會轉為公開，並高喊「乞丐勝利」的口號，成千上萬的人們聚集在各地區參與布道或演說集會。在一次舉辦於天主教教區列日市的集會活動當中，貴族們要求帕瑪接受以威廉・奧倫治 (William of Orange, 1533–1584) 與愛格蒙 (Lamoral, Count of Egmond, 1522–1568) 等新教貴族菁英們所提出的訴求，並承認他們在當地的領導地位。菲力浦二世見狀立刻發表聲明，表示要重新考慮是否廢除宗教裁判所。但那些長期被壓迫的新教徒，心中憤怒已經到達頂點，遂首先在法蘭德斯地區如火如荼地燃燒起來。他們衝入各地的教堂裡，搗毀聖像、破壞祭壇和壁畫雕像，安特衛普的主教座堂也被占領，彩色玻璃和十字架基督苦像均遭毀損，管風琴及各式各樣大量的宗教藝術品，乃至於彌撒用的聖具等也無一保全。沉醉於激情中的群眾接著來到街頭，繼續踐踏大小聖堂三十餘所，修道院的圖書被燒毀，修士和修女遭到驅逐，甚至被毆傷。據估計，光是法蘭德斯地區就有四百多個聖堂遭到嚴重的破壞，這種「復仇」行動迅速延燒到阿姆斯特丹、萊登、于特列赫特等

❶尼德蘭貴族在提出請願時，帕瑪擔心不答應便馬上會引發暴動，試圖聆聽貴族們的部分請求。然而她的西班牙隨扈卻從旁煽動：「不要怕，他們這群人不過是乞丐而已。」從此西班牙人便稱這群「叛亂者」為乞丐，尼德蘭的革命者也自嘲為乞丐，並以托缽僧侶所配戴的旅行口袋，作為自身的象徵。

地，導致社會上嚴重的動盪不安，史稱這個事件為「新教徒的激憤」(Protestant Fury)。

因為情況嚴重，1567 年，菲力浦二世派遣阿爾巴 (F. Alva) 公爵領軍進駐低地國地區的首府布魯塞爾，坐鎮當地。帕瑪對菲力浦二世的決定則憂心忡忡，自行請辭尼德蘭的攝政總督一職，菲力浦便以阿爾巴為其繼任者。阿爾巴是一名慓悍武將，素以強悍、嚴厲見稱，新官上任，馬上訂出一套較過去更為嚴苛的新政策。在宗教方面，對反叛領袖施以嚴峻處罰，鎮壓「異端」；在行政上，將尼德蘭的統治權完全交由馬德里方面來掌控；在經濟上不僅實行增稅，並規定由尼德蘭人民來支付其軍隊的所有開銷，並負責提供其所需的一切資源。

阿爾巴還成立了一個「紛爭調解委員會」，九名委員中，雖然尼德蘭人有七個名額，西班牙人只占了兩個，但投票權的行使卻僅限於西班牙人。他又密設搜捕組織，偵察教徒，鼓勵密告，大量的新教徒遭到逮捕，在嚴格審判下被處極刑。這種恐怖政策使得尼德蘭人改稱「紛爭調解委員會」為「血腥委員會」，阿爾巴公爵則多了一個外號「殘忍的暴君」。據估計，約有一千零八十八人在委員會的調查懲處下遭到死刑，一萬兩千人的財產被加以沒收。

殘忍血腥的鎮壓行動，不出意料地引起了當地人民的反彈。貴族們推舉威廉・奧倫治（又稱「沉默者威廉」❷）為首，對抗西班牙的中央集權和其宗教政策。威廉是當時歐洲最富有的貴族之一，他出生於日耳曼的拿騷・狄倫堡 (Nassau-Dillenburg)，並擁有位在法蘭西的領地奧倫治侯國。他幼年時成長於一個路德教派的環境中，查理大帝欣賞他的才能，命他改宗為天主教徒，

❷ William the Silent，這個稱號來自他平時沉默寡言，謹言慎行的個人色彩，但亦可表示其處變不驚的性格，又或說是一種高深莫測、不動聲色的特質。

圖 15：沉默者威廉的肖像　由凱 (A. Key) 所繪，現藏於阿姆斯特丹國家博物館。

擔任荷蘭、澤蘭、于特列赫特的執政官，後來他又再次改宗成為喀爾文教徒。如此看來，他的宗教立場並不堅定，也因此他希望宗教上能夠達成寬容。但在政治主張上，他則堅持尼德蘭必須走向自治。早在 1559 到 1566 年間，威廉便與愛格蒙、荷恩 (Horn) 等貴族，發動過一場企圖消滅西班牙中央權力，增進地方自治的政治運動，然而他的願望並沒有達成。即使如此，他在眾多反抗者當中仍屬於保守穩健的一位。1567 年，阿爾巴進駐尼德蘭後，一些聚集在威廉身邊的支持者，如愛格蒙伯爵等人，紛紛遭到阿爾巴的處決，才使得威廉的態度轉為趨向激進。愛格蒙家族和威廉都曾經擁有金羊毛騎士的頭銜，在查理大帝統轄尼德蘭的時期，也都曾經在其手下擔任過執政官和顧問的職位，直到菲力浦二世統治期間，他們才轉而成為「反叛者」的領袖。

　　1567 年，阿爾巴逮捕了愛格蒙伯爵，並在隔年於布魯塞爾的大廣場上將他公開處死。以威廉為首的反叛者，終於在 1569 年展開主動攻擊。他們首先在海上發難，因此稱為「海上乞丐」，在沿岸一帶展開小規模的游擊戰，多次奪取西班牙的船隻。到了 1572 年，沿海小鎮登布里 (Den Briel) 被「乞丐們」意外奪下，反抗軍士氣大增，荷蘭和澤蘭，遂即成為「反叛者」的基地。他們充分利用了地理環境上的優勢，以

水溝作為抵禦西班牙軍隊的天然屏障。不過，除了軍事抗爭之外，威廉不希望其追隨群眾及「乞丐們」用暴烈手段破壞各大城市裡的天主教堂。在政治層面上，他力爭以地方的等級議會取代中央統治。

　　阿爾巴在 1573 年發動了一次猛烈的攻擊，收回了一些被占領的城市，但他的軍隊也因為對手利用海水以及在沼澤區實行的淹海戰術而有所損失，再加上菲力浦二世將他調去征服葡萄牙，阿爾巴便離開了尼德蘭，他的高壓政策也因此得到暫緩。新接任的總督為德·雷貴申 (De Requesens)，他取消了阿爾巴的恐怖政策和什一稅，希望以懷柔手段讓尼德蘭各省重新忠於西班牙。但是，菲力浦二世的對外擴張政策，使得他的國庫日漸空虛，居然連駐紮在尼德蘭的軍隊薪餉都發不下來，軍隊憤而兵變。在 1576 年，西班牙駐尼德蘭總督意外死於一場戰役當中，之後軍隊便陷入了混亂無序的狀態。這些領不到薪餉的西班牙軍隊，將一腔怨氣都發洩在燒殺劫掠上頭，在安特衛普約有七千五百多名居民被殺，城市也遭到空前的劫難。這個事件被稱為「西班牙人的狂怒」(Spanish Fury)。

第三節　威廉之死與十七聯省之分裂

　　尼德蘭的反叛運動，在遭受到西班牙人踐踏蹂躪之下，顯得越發激烈。新任總督奧地利的唐璜 (Don Juan of Austria) 為菲力浦二世的異母兄弟，在他的任內採取了一些比較溫和的手段，包括一個重要的協議。在 1576 年底，西班牙方面與尼德蘭達成〈根特協議〉(Pacification of Ghent)，內容包括：承諾對新教徒採取較為寬容的政策，中央政府必須取得等級議會的同意方可行事，也承認荷蘭和澤蘭這兩省為新教省分。事實上，當時在十七聯省中，除了盧森堡和拿慕兒地區外，其餘的省分都站在威廉這邊。這種較為緩和的狀況，一直維持到唐璜病死於拿慕兒。1578 年，來自西班牙的繼任總督法納茲 (A. Farnese)，靠著他的外交手腕和軍事才能，將尼德蘭南部從威廉手中奪回。法納茲為

菲力浦二世的外甥，也是前任總督帕瑪之子。在他任內，並沒有發生恐怖屠殺的行為，相反地，他提出以約法的方式，只要尼德蘭人願意重新歸化於西班牙之下，便給予人民安全和地方上特權的保證。在一些貴族拉攏下，南方諸省在 1579 年組成了阿拉斯聯盟 (Union of Arras)，宣布忠於西班牙國王，而位於北尼德蘭的七個聯省則組成了于特列赫特聯盟 (Union of Utrecht)，繼續反抗西班牙軍，其成員並約定互相牽制，不得與西班牙軍單獨媾和。于特列赫特聯盟的成員，在政治、經濟、軍事上均達成緊密合作，推動宗教自由和地方自治。對於北方七省的決定，菲力浦二世則是正式宣布威廉為叛國通緝罪犯。

　　1581 年的時候，尼德蘭的北方七省：荷蘭、澤蘭、于特列赫特、赫德蘭 (Gelderland)、艾瑟爾 (Ijssel)、菲士蘭、格羅寧根，宣布正式脫離西班牙政權。信奉喀爾文教的南方尼德蘭人，則展開了大規模遷移到北方的行動。這些由南方移民所帶來的財富和技術，使北方聯省受惠良多，南北分裂的情勢也漸成定局，原本同為一國的十七聯省，現在依其不同的宗教信仰，分裂為北方以喀爾文派為主的共和國，以及南方歸屬西班牙政權之下的天主教尼德蘭。

　　北方以威廉・奧倫治家族和等級議會為權力中心，繼續與西班牙政權相對峙，然而 1584 年，一位對菲力浦二世忠心耿耿的狂熱分子，謀殺了正在臺爾夫特 (Delft) 巡視的沉默者威廉。他的死亡，使他成為一名「殉國的烈士」，而他的臨終之言「祈求上帝憐憫這個國家及我的靈魂」，這句話頓時傳遍了北方各個省區，成為新教徒強而有力的精神支柱，威廉正是他們心中所景仰的民族英雄。

第四節　戰爭的延續

　　沉默者威廉去世後，由其姪威廉・路易拿騷和其子墨利斯 (Maurits, 1567–1625) 分掌執政官之職。雖然在 1588 年，北方尼德蘭各省已宣布獨立，成立荷蘭共和國，擺脫西班牙的統治，但雙方的戰爭並沒

有因此停止。共和國方面，其反攻勢力在 1590 年代多有進展，甚至越過了繆思河和須爾德河，大有企圖「解放」仍在西班牙手中的南尼德蘭之勢。墨利斯手握軍事大權，並自任為總司令，但他行事謹慎，並沒有貿然進軍，造成太大風險，所以戰事並不太激烈。但在 1600 年，墨利斯在法蘭德斯靠海的城鎮新港 (Nieuwpoort) 附近大勝西班牙軍，卻發現南尼德蘭的人民，對於他的軍事勝利並不表支持，也不因此感到高興。這個令人錯愕的結果，使得荷蘭共和國企圖「恢復」南方失土的熱情頓時減低許多。從此，北方不僅對於那些願意生活在西班牙統治下的南尼德蘭人多所輕視，更產生一種敵視態度。對於墨利斯和他的人民來說，其實是他們需要去努力克服心中那種「失去」南方的情緒。

在西班牙軍方面，由於此時和英、法的軍事外交關係暫呈緩和，可以無後顧之憂的投入與荷蘭間的戰爭，在新橋之役後，有多次進攻荷蘭的「越舉」。但總歸來說，基本上，由於西班牙的勢力已不如往昔，也就一直無法給予共和國致命性的攻擊。雙方對於連年的戰爭都感到相當疲憊，在 1609 年，他們共同簽訂了〈十二年休戰協定〉(Twelve Years' Truce)，不過，休戰歸休戰，彼此間的敵意依然存在，尤其最不能令他們釋懷的，便是新舊教之間的對立關係。

荷蘭境內的宗教政策，在當時可以算是比較寬容的，對於國內的天主教徒或猶太教都給予有限度的容忍範圍，唯獨對於西班牙的天主教一直無法釋懷。這應該是對往昔西班牙嚴苛鎮壓新教徒一事的情緒反彈。而在此時的歐洲，信奉天主教的國家與新教國家之間，在政治和宗教上的立場也糾纏不已。1618 年，歐洲爆發了以宗教衝突為基調的「三十年戰爭」，這場由日耳曼地區宗教改革所導致的戰事，因著各國之間的爭權奪利，將歐洲其他地區也一起捲入戰爭當中。西班牙與荷蘭自然也無法置身事外。

1621 年，隨著十二年的休戰協定終於期滿，荷蘭與西班牙雙方又再度恢復交戰狀態。此時的荷蘭，因為其海外貿易致富的成果，在國

際政治上的地位也隨其經濟地位而大大提高。1625 年的時候，墨利斯逝世，其弟韓力 (F. Henry) 接任執政官，他靠著外交手腕，與同樣參與三十年戰爭的法蘭西結為同盟，聯手對付西班牙並獲得勝利，荷蘭的勢力範圍進逼馬斯垂克。相反地，西班牙在歐洲的霸權已搖搖欲墜，在 1588 年的時候，菲力浦派遣手下的無敵艦隊 (Armada)，攻打同為新教國家且幫助荷蘭叛變的英國，卻意外地被大敗於愛爾蘭和蘇格蘭的西海沿岸的狂風暴雨中，而這場失敗，又為西班牙添一勁敵。1648 年，隨著歐洲三十年戰爭告一段落，各國合簽了〈西伐利亞條約〉(Treaty of Westphalia)，於包含在其中的〈明斯特條約〉(Treaty of Munster) 裡，西班牙正式承認荷蘭共和國的獨立地位，並宣告兩國間的戰事從此終止。須爾德河口也在荷蘭的要求之下關閉，阿圖則由西班牙割讓給法蘭西。

八十年戰爭的結束，同時也正式標示了尼德蘭的分裂。低地國的經濟與文化重心，由原本的法蘭德斯和不拉班地區，轉移到北方的荷蘭，荷蘭共和國的「黃金時代」從此開始了。從南方大量湧入的移民，在這個意義上，扮演了具有深遠影響的角色；再者，在西班牙和尼德蘭戰爭的過程當中，南北雙方不論在宗教信仰上，或是社會結構、政治發展的方向上，所選擇的道路都是不一樣的。因此，我們可以說，南北尼德蘭之間的分界，不只是因軍事力量所造成的結果，在文化上與宗教上的區分，也是同樣重要的因素。這解釋了為什麼墨利斯在新橋之戰中，發現南尼德蘭的居民並不歡迎他所帶來的軍事勝利這件事。

The Low Countries

第 III 篇
北方荷蘭共和國與南方哈布斯堡尼德蘭

　　分裂後的南北尼德蘭，在政治、社會、經濟、宗教和文化上各自發展。北方的荷蘭共和國，在十七世紀前半期，經濟繁榮堪稱歐洲之冠，其成果也提供了發展文化的沃土，特別在藝術領域上成就非凡。在政治上，雖然名為共和國，實際上是以奧倫治家族為中心的寡頭政治。然而到了十八世紀以後，荷蘭的中產階級起而挑戰原本的社會型態，隨著歐洲各國的強力競爭，原本的經濟盛況也告停滯，「黃金時代」漸成歷史。另一方面，南方出現了跟原本不同的政治發展，西班牙的王位繼承戰結束後，在〈于特列赫特條約〉中，神聖羅馬帝國皇帝查理六世從西班牙哈布斯堡家族的手中，取得南尼德蘭的統治權。之後，於奧地利女皇瑪莉亞・德瑞莎在位期間，南尼德蘭在各方面得以穩定發展。但是在奧皇若瑟夫二世的若干「啟蒙」改革中，由於教士和貴族對其改革強烈抗拒，因而爆發了不拉班革命。在宗教和文化發展上，相對於北方的新教文化，南尼德蘭是以天主教思想為中心的巴洛克文化為主流。

第六章
北方尼德蘭
——荷蘭共和國

第一節　共和寡頭政治

　　1588 年，北尼德蘭發出了獨立宣言，但與西班牙仍持續戰爭，政局也還不穩定。在沉默者威廉遇刺之後，其子墨利斯掌握了主要的執政官 (Stadholder)❶權力；其姪威廉‧路易拿騷則握有菲士蘭、格羅寧根二省的執政權；聯省的法律顧問，則由奧登巴納維特 (J. Van Oldenbarnevelt, 1547–1610) 擔任，職位名稱為大法議長 (Grand pensionary)❷，是一個非常重要的職務。但墨利斯、威廉‧路易拿騷和奧登巴納維特之間，由於對宗教事務、教義問題的看法不同，對政治外交上採取的觀點也有所歧異，導致彼此間無法相互信任。法議長基於宗教自由的理念，希望以和平的外交政策，取代與西班牙之間的戰爭；墨利斯等則主張軍事為重，且以正統喀爾文主義為優先。以墨利斯為首的軍事派一干人等，誤以為奧登巴納維特欲和信奉天主教的西班牙和好，甚至懷

❶執政官原本為「荷蘭叛變」前的省總督之職，在荷蘭共和國成立後，沿用其名。

❷法議長原本為城鎮中領薪的法律顧問，漸漸演變成在當地最有力量的官員。大法議長一職，在荷蘭省具有很大的政治權力。

69

疑他有通敵之嫌，故在 1619 年處死了這位一手組織東印度公司，對於共和國具有重大貢獻的人物。

1625 年墨利斯逝世，其弟韓力 (F. Henry) 接替他成為新一任的執政官。他在位期間，因其卓越的外交能力，在歐洲各國爭取到不少支持，進而將西班牙的勢力逼退到馬斯垂克城以南的地點，奠定了後來南北尼德蘭的永久分界線。此時的法議長由德維特 (J. De Witt, 1625–1672) 擔任，他是一位具有遠大眼光的法學家，其任內推崇憲政落實，對外則主張和平，以促進商業發展。

荷蘭雖然號稱共和，其政治體制卻屬於寡頭政治，聯省不設國王，也沒有絕對專制的獨裁領袖，以聯省議會 (States General) 為最高的權力機構。議會由各省代表及其相關人士組成，當共和國發生需要共同商議的重大事務時，如決議財政、商討主權問題等等，就得召開會議，並針對開戰、休戰、外交政策等項目上具有決策權。聯省議會的設立地點則是在海牙。議會中的表決權，不論其省分大小，都只有一票，各省也都有否決權。決議的達成，必須全體一致通過，方可行使。因此聯省議會開會的目的，往往是在為各省間做出協調，真正的權力則在於各省獨立的省議會。各省的省議會由其城市當中最有權力的人物所組成，形成明顯的寡頭政治，共和國則形同七省各自為政的「聯邦」國家。七個省分當中，又以荷蘭省最具影響力，荷蘭省獨自提供了共和國近百分之六十的財經費用，這也是為什麼一般稱北尼德蘭為荷蘭的原因。其他省分則視其經濟狀況和地理因素等，適度分擔國家財務。再者，由於主要的大城鎮也多位於荷蘭省境內，所以，其執政者的地位也顯得最為重要。在每個省又分別設有兩個最重要的政治領袖，即執政官與法議長，兩種官職都需要由具有執政才能和出身良好門第的人物方能擔任。由於荷蘭省的富裕和其具有的領導地位，其政治領袖也就順理成章的成為全國最有勢力的統治者，即荷蘭省的奧倫治家族。

在共和國中，富裕商人也擁有一些政治地位和權力，他們成為社會中的新興階級，為了自身利益而傾向政治自由，不主張中央集權。

在各省的城鎮當中，有權力的人亦形成一種寡頭政治，這些被稱為「攝政者」(Regent)❸的貴族、仕紳階級，在地方上的力量延伸至中央，具有一定程度的政治影響力。

　　共和國的外交政策，向來重視國家安全和貿易發展。經濟因素往往成為對外關係上的首要考量，不像歐洲其他各國，雖然也重視商業貿易，但更強調軍事和領土擴張。在十七世紀前半期，共和政府憑著經濟上的豐厚實力，在國際間與其他大國平起平坐。雖然與西班牙的戰爭在 1621 年重新開始，但基本上與經濟發展並行，荷蘭並沒有因為戰爭而影響其商業活動。在 1625 到 1648 年間，其成就在國際上令人刮目相看，文化與藝術上的燦爛光芒，經濟成就帶來社會繁榮，宗教政策上也有著一定程度的寬容，在世界史上，十七世紀被稱為荷蘭的黃金時代。直到 1652 年爆發英荷戰爭，及 1670 年代以後的荷法戰爭，對其經濟發展才造成相當的打擊。

第二節　通往世界的經濟之路

　　荷蘭共和國在十七世紀的經濟發展順利，有多重原因：第一，它的地理位置優越，須爾德河、馬斯河和萊茵河都在其境內入海，形成面向大西洋的良港。第二，因為當時歐洲在政治和宗教上的變遷，使得具備經濟條件和技術實力的人口，大量從南尼德蘭遷移到北方去發展。這些知識分子、手工藝匠和貿易人才，都成為荷蘭共和國雄厚的人力資源。再者，1602 年創立的東印度公司，挑戰了葡萄牙在東方的貿易優勢，其後設置的西印度公司❹，也不讓法蘭西和英國的經濟勢力在美洲和西

❸這是由貴族、社會顯要、地方仕紳共同組成的政治團體，他們組織地方或城鎮的議會，在十七、十八世紀時，透過內部互選的方式，形成了地方上的寡頭政治。亦被視為社會上的一個「階級」，為了維護自身的利益，攝政家族通常互相通婚，成為一種相當「封閉」的階級。省長也通常由攝政者中來挑選官員，聯省議會的代表也從這個圈內推選而出。隨著中產階級的勢力增長，漸也開始有人具備進入攝政者團體的資格。在十七世紀以後，攝政者逐漸脫離以「經濟」實力作靠山，轉型成以職務津貼為主的專業官僚。

非等地專美於前。荷蘭等於建立了一個世界性的貿易網。

荷蘭聯合東印度公司，荷文簡稱 VOC (Vereniged Oosindische Compagnie)。這個公司主要的業務，在於協調荷蘭商人在東印度所進行的商業活動。它的特許狀經由聯省議會的保障，總部設在阿姆斯特丹。特許狀中，明載其對於東好望角和西麥哲倫海峽地區的貿易壟斷權，並有設置法官、訂立條約、宣戰、修築堡壘以及武裝艦隊設備等重大權力。公司的董事會由七十六人組成，但一般事務由一個十七人組成的理事會來管理，被稱為「十七個紳士」(Heren XVII)，其中甚至包括執政官也有投資持股。東印度公司的管理集中，先後與葡萄牙、西班牙進行香料群島爭奪戰，又與英國爭奪長達三十年的香料貿易壟斷權。為了實現貿易壟斷及海外「荷蘭殖民帝國」的美夢，東印度公司擴張了對東印度群島的殖民活動。早期主要的目標訂在壟斷胡椒、荳蔲、丁香之類的香料上，並限制香料的種植量，避免造成產量過剩，反而壓低價格；甚至還規定特定香料只能在某些島上種植，以便管理。在爪哇島上則以強迫的手段來種植咖啡，以低價賣給東印度公司，為了自己的利益，不惜減少當地農民在其他穀物上的種植面積。

因為農業技術改良，而造成有多餘的人口可以改行從事其他行業，特別是在沿海省分，尤其以荷蘭省內的城市化密集，成長快速，可以容納這些由農業轉移出來的勞動人口。沿海地區的鯡魚業產量豐富，成為共和國出口的大宗。因著漁業發達而相應興起的其他產業，像是裝魚貨所需用到的木桶業、造船業，以及為了保存魚貨的鹽漬業，都有著蓬勃的成長。值得一提的是在造船

圖 16：東印度公司總部門口的中庭　在當時常會展出一
些從殖民地進口的貨品如咖啡、香料等。

技術上的改良，荷蘭人用材質良好的木材來製造船隻，率先發展出專
為商業營運而用的三桅商船，這是一種平底船，載運量多，造價便宜，
與以往可作軍事和運輸兩用的船艦並不相同。

　　造船業和航運的發達，使得波羅的海區域的穀物貿易得以開拓。
歐洲地區如法國、地中海國家，都以荷蘭的阿姆斯特丹作為其貨物轉
運港，為荷蘭提供了無限的商機。阿姆斯特丹成為市場集散地，貨物
琳瑯滿目，來自全世界各地，要什麼都可在這裡找得到。基於如此，
阿姆斯特丹的銀行業也發展得極為出色，1609 年設立的城市銀行
(Amsterdam Wisselbank)，標示了共和國的金融貿易時代來臨。它提供
商人資金上所需的調度及匯兌服務。隨著金融業的發達，保險業也應
運興起，為荷蘭人從事海上貿易時所需面臨的風險而提供保障。

　　荷蘭的經濟政策屬於開放性的政策，政府對於商業的限制很少。
因此，像是東印度公司的成功，並非全靠其有效率的組織，也多虧了
政府對它的限制不多。

圖 17： 東印度公司的商船　旗幟上有 VOC 記
號，為荷蘭東印度公司之縮寫，A 代表阿姆斯
特丹總公司。

　　在十七世紀下半期，荷蘭的經濟達到頂峰之後，就開始出現衰退
的跡象。1672 年是一個由盛到衰的關鍵年代，當時因為第三次英荷戰
爭爆發，造成社會動盪，共和國的人口成長率在此時也出現了下降的
情況，各種產品的需求量相對減少。再者，由於共和國的經濟型態是
一種屬於仲介商式的轉口貿易經濟，雖然荷蘭曾因此造就了貿易上的
繁榮，並發展出周邊的相關商業，但當其他歐洲地區也開始實行重商
政策，各國又為了保護自己的產業而加重關稅，而荷蘭方面，則因為
其商業已經高度發展，造成了高報酬、高工資的局面，因此當海外市
場受到高成本的牽連，原本屬於仲介商形式的經濟，在歐洲其他地區
不再需要這樣一個中介市場也可以達成交易的時候，荷蘭立即失去了

其商業價值。總括來說，荷蘭經濟上的衰退是結構性的問題。以殖民事業方面來看，共和國將其視為貿易經濟發展的一部分，但當其他國家如英法的海外移民也正快速且多元地發展，使得競爭力提高，荷蘭共和國獨霸貿易的時光也就不復存在。

第三節　社會生活──花香與銅臭之間

　　從十七世紀荷蘭人的日常生活，可見其人民所持有的價值觀。在以喀爾文教徒占多數的荷蘭城鎮中，教徒們是否因著經濟繁榮而帶來的普遍富裕，影響到其生活方式？在虔誠且嚴謹的新教倫理與世俗的商業行為之間，究竟產生出何等的張力？在學界中，探討其二者的緊密關係，並歸結出資本主義精神的發展，以韋伯 (M. Weber) 所著《新教倫理與資本主義》一書最為經典。

　　韋伯認為，喀爾文教義中的「預定論」(predestination)❺和其勤勞工作的倫理，構成了近代資本主義的精神。天主教徒認為「善行」可以使人有得救的機會，但喀爾文的「預定論」則認為人的得救與否，是上帝早就預定了的恩寵，究竟誰是選民，人類則無法知道。可以確定的是，人做善行，在於神選擇了他，神應許人能行善。新教又將《聖經》中的「召喚」(calling) 解釋為「在塵世之工作」，因此，教徒重視工作。在不知自己是否為選民的情況下，做好應該是選民的外在行為，讓自己相信自己也許是選民，可以從中得到安心。相反的，倘若一旦偷懶，這個人不是選民便不證自明，因此人人不敢懈怠。在這樣的觀點下，人努力工作並不為錢，而是為了榮耀上帝；有了錢不能任意消費，就轉成為投資的

❺即人能否得救，進入永生，此事早已經註定，決定權操在上帝手中。個人能否成為選民，得到救贖，不是因為做善事的多寡，或者信仰有多虔誠，就可以得到恩寵。相反的，人之所以有善行，是因為上帝揀選了他。換言之，人的善行即選民的標誌，是註定得救的結果，而不是原因。教徒在俗世的有生之年，並不知道自己是否為上帝的選民，在這種不確定的狀態下，喀爾文教徒只好努力工作、行善，來證明自己是預定的得救者；更何況，身為一個選民也必定被祝福，而過著不虞匱乏的世俗生活。

資金。有了錢也更可以去濟貧做善工，因此在十七世紀，荷蘭市民普遍樂於濟弱扶貧，或許也和喀爾文主義有關。與歐洲其他地區相較，荷蘭共和國的慈善事業確實更為彰顯。但另一方面，也因為如此，不僅歐洲地區受到宗教迫害的人民大量移入荷蘭，更有很多希望得到慈善機構幫忙的流民聚集於此。

根據史家夏瑪 (S. Schama) 在《富人的尷尬——黃金時期的荷蘭文化解釋》一書中的看法，荷蘭人在當時，簡直有錢有到不好意思的地步。換言之，富裕的物質生活帶給這些喀爾文教徒的是一種面對精神和物質文明時的「尷尬」。人性的物慾貪婪和慈善捐款的合理處理，或許從荷蘭人當時熱中於購買公益彩券一事中可以看出。1606 年，在哈倫市，為了建造一所貧苦老人院而發行公益彩券，沒想到造成了一股搶購熱潮。在荷蘭發行的所有彩券，其收入都由省議會和教會出面擔保，以用於公益事業之上。提供的獎品也都非常豪華豐富，往往包括整套的銀製餐具、燭臺和各式金銀首飾，且附加現金，使得購買彩券者趨之若鶩。不論商賈、畫家、手工藝匠或者農夫，這樣的行為遍見於社會各個階層。到底購買彩券是為了公益還是耀眼的獎品？反省自問，或許這也是一種窘態下的尷尬。

當時一位牧師西蒙德 (J. Simendes) 就曾批評荷蘭人的行為，他認為，人們只有在教堂的大門內，才保有一些對上帝的虔敬之心，只要一出教堂門口，就將神的聖言忘得一乾二淨。平常也不祈禱，而是把時間拿來計算利息；連在主日都寧願思考自己的錢財，而不是反省自己的罪惡。一些基督教人文主義者，也寫詩著文來諷諭荷蘭人已改信「金錢教」。雖然教徒們還是認為，以正當手段得來的財富是理所當然。不過，投資和投機之間的分寸何在，就只能靠自己的判斷，去訂出個人的標準了。

1608 年，在阿姆斯特丹，歐洲第一個室內股票交易所正式誕生，不再僅是露天市場式的吵雜交易場所。在這間美輪美奐的交易廳內，有著專業的股票經紀人，替投資者選股、做出理財規劃。其中大股東

多半是富商，而小股東多半是小商人及一般的手工藝匠等，他們早就在以股票價格波動上的多變性，來賺取短期的利潤。

　　十七世紀，荷蘭人最熱門的投資是鬱金香。花的原產地來自中亞、土耳其，約在 1570 年時傳到荷蘭。因為它耐寒又容易栽培，花色鮮豔，隨著配種改良使得顏色變幻無窮，很快就成為歐洲人最喜愛的花，尤其是以擁有珍貴的品種為傲。花商們為了在花季可以有足夠的貨源，就得在花還沒有開之前，先向花農預定。從訂單到取貨之間的時間，要經過一段誰也不能確定、沒有保證的風險期，因為沒有人能夠明確知道花的採收量，以及開花之後的色彩和形狀。距離開花時間越長，價格越便宜，反之則上揚。因此隨著採收期的接近，獲利的機會就越大，往往訂單一轉手就可以賺到很好的利潤，甚至可以在兩、三個月內飆漲到十二倍。這種「一夜致富」的美夢，誘使許多荷蘭人投資在鬱金香尚未開花的球莖上，熱烈期待著手上的球莖能開出不尋常的花色與花香，想像著將會有大把銀子因此而落入口袋。事實上有很多人根本沒看到花開的樣子，就將其轉手以賺取暴利了，這就像是今日的期貨貿易。喀爾文教徒的儲蓄投資美德，加上賭博般的投機慾望，兩

圖 18：品種配色的鬱金香叫價極高，有些投資者賺進大把鈔票，但也有投資失利的風險，失敗的時候，往往會傾家蕩產。

種力量相互交錯，在花香與銅臭之間你來我往。

在戴許 (M. Dash) 所著的《鬱金香熱》一書中有這樣的一段描寫：「1636 年，一朵價值三千荷盾的鬱金香，可以交換到八隻肥豬、四隻肥公牛、十二隻肥羊、二十四噸小麥、四十八噸裸麥、兩大桶葡萄酒、四桶啤酒、兩噸奶油、一千磅乳酪、一個銀製杯子、一包衣服、一張附有床墊的床，外加一艘船。」林布蘭特 (Rembrandt van Rijn, 1606–1669) 在 1632 年所畫的名作「杜勒普醫生的解剖課」，畫中的主人翁本名叫做查理・比德茲 (C. Pietersz)，這位醫生由於對鬱金香的狂戀，在 1621 年改名換姓為尼可拉・杜勒普 (N. Tulp)。Tulp 就是鬱金香的荷文寫法，因此，倘若直譯這幅畫的畫名，便成了「鬱金香醫生的解剖課」了。

當時沉醉在鬱金香發財夢的人儘管很多，但倒也有著一些抱持「眾人皆醉，我獨醒」的聲音出現。1637 年的報紙就刊載了多幅諷刺畫，調侃這群趕流行的投機者，其中最有名的是「愚人的花車」(Floraes Mallewage) 及「瘋人帽之花」(Floraes Geks-kap)。其實，荷蘭人自己也

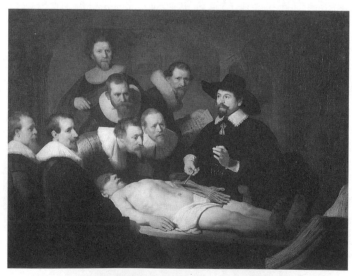

圖 19：「杜勒普醫生的解剖課」　林布蘭特作品。

圖 20：荷蘭人在十七世紀的投資或投機行為引來一些衛道人士
之諷刺　在這幅畫中，人們崇拜的「金錢女王」之座車由「危
險」和「恐懼」駕著，她的護衛正在搶劫，身後的「愚人們」
也正在她的披風下忙著尋找金錢。

愛看這類諷刺畫，就像是旁觀自己與別人的瘋狂。然而，大多數人還
是寧可繼續尷尬的在投資和投機之間，找尋其合理性。

　　十七世紀荷蘭人在城市裡的住宅，外表看來不甚起眼，但是屋內
的裝飾擺設卻極為富麗堂皇。以商人巴羅第 (Bartolotti) 為例，在他的
住宅裡，一進門就看到寬敞的客廳中，懸掛著一張巨幅的東印度地圖
作為裝飾，在會客室和其他房間也掛滿了大大小小的各式畫作，連傭
人房都布置了一些畫。在家庭演奏廳裡擺了一架大鍵琴、鏡子和高級
胡桃木製成的家具，非常氣派。屋內的土耳其地毯和法蘭德斯掛毯，
價值九百荷盾，這樣的價值在當時可以買到一棟中型房子。裁縫師胡
文 (Hoeven) 的家中，每個廳堂裡裝飾著五幅畫作，以及來自臺爾夫特
的瓷器和磁磚。他擁有個人專用的紡織機、兩張大床及橡木製的桌子、
椅子和衣櫃，還有兩個鏡子。要知道，鏡子是當時的流行奢侈品，但

以胡文的收入來說，只能說是一個小康家庭，而這樣的住家條件和其他歐洲地區相比，已經算得上是相當舒適了。

一般來說，荷蘭人對自己的社會相當滿意。詩人惠更斯 (C. Huygens) 曾著詩作以描繪阿姆斯特丹的物質生活：「這裡有著世界上所有的東西，不只是法國和西班牙的酒，連在印度的所有東西，都可以在這裡擁有。古代的應許之地流著奶和蜜，那麼就是荷蘭。因為在阿姆斯特丹，正是流著奶和起士。」不過，荷蘭共和國的富裕，以及荷蘭人的自我肯定，卻常招致外國人的冷嘲熱諷，法國人就以譏誚的口吻回敬惠更斯的詩作：那裡的確是所謂的「應許之地」，只不過是位於沼澤上的應許之地，流的是奶和水，卻看不到半滴蜜。英國人則認為「荷蘭人狡猾如鰻魚」、「荷蘭人不明是非，只懂得唯利是圖」。

不過，儘管十七世紀的荷蘭人忙於賺錢，但他們對於家庭的重視，卻也是有目共睹。藝術史家布朗 (C. Brown) 就曾這麼說：「家庭是共和國的根。」在此時，荷蘭家庭就已經發展成現代模式的小型核心家庭，僅由父母和孩子組成。教會認為，人格培育最重要的地方就是家庭，基督教的美德也在家庭中得到發展。男人除了養家之外，也要負起教育之責，女人的職責則是整理家務、養育小孩。女孩被教育成端莊、有耐心、個性祥和、服從丈夫、愛家、愛乾淨的好妻子，男孩則被教導成要負起照顧整個家庭之責，要做個忠實的好丈夫。兒童在家中備

圖 21：荷蘭畫作中的孩童主題　荷蘭人對兒童寵愛有加，除了畫作常以兒童、家庭作為主題，連瓷磚、花瓶也以小孩作為印花。這是十七世紀臺爾夫特的藍白瓷磚「兒童遊戲」系列中的一片。

受寵愛，社會上嚴禁虐待小孩，傷害或殺害兒童的行為，都會被判重刑或死刑。從很多荷蘭畫作中，都可以看出孩子們在家庭中所占的地位，以及存在於親子關係間那種和樂歡欣的氣氛。史家赫津哈則認為，在荷蘭人的文化中固然缺少英雄崇拜，但更重視家庭生活及社會和諧。

第四節　宗教寬容

與歐洲其他各國相較，一直以來，荷蘭共和國的宗教政策被公認為較具寬容性。雖然羅馬天主教、路德教派、再洗禮派，以及猶太教等其他信仰，並沒有像喀爾文新教般受到公開認同，但在相當程度上都被社會所容忍。比方說，國家規定非喀爾文教徒不能擔任正式的公職，但這種規定從來也沒有被嚴格遵守，在某些靠南方的省分，依然有天主教徒任職於法官、市政府職員等公職。荷蘭的宗教寬容政策，是在建國之初就表明了的態度。1579 年訂定的于特列赫特聯盟，在其第十三條文件宣稱：不會有人因為宗教信仰而遭受逮捕或迫害。這份聲明並不能與現代法律保障下的個人信仰自由同等視之，但仍然吸引了歐洲各地的其他教徒，如法國新教徒的胡格諾 (Huguenots) 派、葡萄牙的猶太教徒等，都移往共和國來逃避宗教迫害。思想家笛卡兒 (R. Descartes) 和洛克 (J. Lock) 也因仰慕其自由氣氛而來到荷蘭。洛克並在荷蘭完成了他有關寬容方面的著作。

造成十七世紀荷蘭社會實行宗教寬容的因素，可分為下列幾點：第一，荷蘭獨立的主要原因，有一部分就是為了脫離西班牙天主教對新教的迫害。第二，荷蘭人並不想因為宗教上的紛爭，使得共和國陷入政治混亂和社會不安的局面。第三，既然荷蘭社會是商業為重的經濟結構，唯有保持宗教立場的中立和寬容，才能和諧的與「異教徒」達成商業上的交易。第四，共和國的領袖們，如沉默者威廉、艾格蒙伯爵等對於宗教迫害一事都深感痛恨，因此荷蘭的統治階層並不頑強地逼迫人民公開去認同、甚至追隨其領袖的宗教信仰。在這點上，比

起當時路易十四反而廢除〈南特詔書〉，改主張一個國家、一個宗教信仰的政策，相較於法蘭西的作法，荷蘭的宗教政策便顯得寬容許多。最後一點，在荷蘭傳統中蘊含著深厚的人文主義，如伊拉斯莫斯的基督教人文思想，便富有寬容精神，這點也深深影響了荷蘭的宗教政策。

喀爾文教會是共和國建國以來最具勢力的宗派，雖然它不像天主教會那樣，自中世紀以來便兼具了神聖性和世俗性的絕對權力，不過，荷蘭的官員都是喀爾文教徒，或是由天主教改宗的人士，並且它也的確在監視其他教會的活動。但如果從另一面來解釋，可以說，這意味著對於其他教會的「默許」，只要其下教徒不特意去張揚、公開他們的宗教儀式。

喀爾文教派在十七世紀之初，內部曾發生對於教義上的爭執，連帶影響到政治層面。著名的神學家、萊登大學教授阿明尼伍斯 (J. Arminius, 1560–1609) 對於喀爾文教義中的「預定論」在解釋上產生不同看法，他認為，人的行善作惡以及能否得到救贖乃均由上帝所預定，這種說法是有缺失的，並就此提出了新的詮釋。在他新的看法裡，認為上帝的本意是讓人人都認罪悔改，如此才能說明上帝已經在永恆中預見了哪些人將會悔改行善，哪些人卻永遠執迷不悟。支持阿明尼伍斯說法的追隨者，與之掀起一股「抗議派」(Remonstrants) 的勢力，但阿明尼伍斯的同事，神學教授格瑪伍斯 (F. Gomarus) 卻以正統喀爾文教義的維護者自居，形成「反抗議派」(Counter-Remonstrants)。1618 年到 1619 年，在多德雷赫特 (Dordrecht) 舉行的國家及宗教會議中，一些曾經接受抗議派洗禮並支持其學說的政治家，如奧登巴納維特和格老修斯，均在會議中遭到指責；這兩位都是主張宗教寬容的人士。而奧倫治的執政者墨利斯卻袒護反抗議派，並質疑奧登巴納維特的政治立場有親西班牙的傾向，因而宣布了他的死刑；格老修斯則被迫流亡到瑞典。從這個事件看來，喀爾文教派似乎不能容忍自己內部的教義出現不同的聲音，而政治力量也介入了宗教問題。

在經過這個教義爭議的事件之後，便開始有一些人，特別是知識

分子，不再對自己的宗教信仰公開表態。宗教迫害的例子在荷蘭雖然非常少見，之後也不再聽聞有類似事件影響到政治局面，但所謂的宗教寬容，即使是在十七世紀的荷蘭，應該也只是有限度的寬容而已。喀爾文正統教會仍然是荷蘭的「特權教會」，天主教徒則常被視為「不能信賴的人」。這乃是他們與天主教國家西班牙、法蘭西戰事的延伸。天主教徒的彌撒原則上不能在公開場合舉行，不過在靠近南方的省分，就比較沒有那麼多顧慮。再者，因為天主教徒的慈善濟貧工作對於社會有著很大的貢獻，官方也就給予比較多的「寬容」。

　　至於對待猶太教方面，荷蘭社會也給予相當的容忍。不過在十七世紀中期以後，出現大量的猶太教徒從東歐一帶，特別是波蘭地區移入荷蘭，他們本身的經濟情況在一開始的時候並不是很好，一度增加了共和國的社會負擔，導致社會上出現輕視猶太教徒的情形。相對的，來自西班牙、葡萄牙地區的猶太教徒，則因為經濟背景較為富裕，所以並未受到特別的歧視。

　　綜合以上的分析，我們可以發現，荷蘭人所秉持的宗教寬容原則，在遇到政治危機或社會問題爆發時，就會顯得較為嚴苛而不寬容。因此，可以說在某種程度上，荷蘭共和國的宗教寬容頗具功利性。至於十七世紀，在歐洲其他地區仍屬常見的「女巫審判」和「巫術迫害」，在荷蘭則不見發生。

第五節　藝術與文化的光環

　　十七世紀的荷蘭，之所以在當時的世界中顯得特別耀眼，除了憑藉其強大的經濟實力所造成的富裕社會之外，在藝術、文化和各個知識領域中均展現出閃閃發亮的成果，令人留下極其深刻的印象，不負其「黃金時代」之美名。

　　繪畫藝術是荷蘭人的驕傲。黃金時代的畫作，不管就題材或風格上都呈現出十分多樣的面貌。典型的荷蘭風情如描繪風車、運河、鬱

❻風俗畫旨在描繪日常生活場景，如忙碌的市場、快樂的婚宴等，而不在於表現歷史的、英雄的王朝，或者宗教教義等傳統主題。在十七世紀的荷蘭，風俗畫占有很重要的地位，滿足了荷蘭中產階級對於繪畫的要求，希望能反映出他們的日常生活，及其世俗的、商業的慾望。

金香和木鞋，旨在刻畫出人民在日常生活上的一面，其形式從靜物畫、各種人物的肖像畫，到富含隱喻和象徵的風俗畫 (Genre Painting)❻等等，產量十分驚人。一個蕞爾小國，卻能有數以百萬計的藝術作品在市場的廣大需求下產生，實在不可思議。

在十七世紀中葉時，荷蘭約有七百五十名專業畫家，每年生產出七萬幅作品。當然這些作品不見得每張都是傑作，畫家們也不全然稱得上大師。但從藝術史的脈絡來看，荷蘭出身的美術大師們仍然人數眾多，所獲得的評價也極高。特別在風俗畫方面，在尼德蘭地區的發展最早，也最具代表性，在作品題材的選擇上，已經完全脫離宗教和歷史畫的範疇，圓熟地表現出各種多元面貌。

在荷蘭，名列世界級的藝術大師，首推林布蘭特。他的一生曲折，從躊躇滿志到孤獨末路，從聲名顯赫到富貴煙雲，有誰不知道林布蘭特呢？他畫作中所包含的豐富性，舉凡對於光影的捕捉對比，以及構圖空間上的布局，肖像畫蘊藏的內涵精神，宗教畫所展現的超越性，這些卓越的表現證明了那促使他成為一個偉大畫家的本質。在其眾多的作品中，或許是最受人矚目，也同樣令人費解的一幅畫，就是一般稱為「夜巡」的作品。畫家雖已然落款，但畫面中這些身帶兵器、走上街頭的人物，究竟是準備去練習射擊，還是正要去檢閱或辦案？當時的時間到底是白天抑或黑夜？因為林布蘭特慣常以暗影來表示明亮，而在這幅畫中所展現的明暗對比法，構成了其藝術性所在。在眾多肖像的整合布局上，展現出一種戲劇性，畫中的活動有狗吠、鳴鼓、兒童穿梭於人群間，許多不同的人，各有其不同的姿勢和表情，一

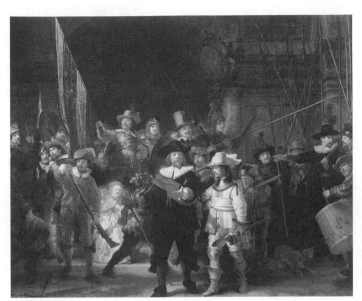

圖22：林布蘭特的「夜巡」　原名為「柯克上尉及一行人」。
圖中人物原本幾乎為真人大小，畫布尺寸也比現今所見大。
1715年，這幅畫被移往市政廳時，外行人將其每一邊都裁切
以適合掛畫場地，也損壞背景中的建築物，因而呈現出畫面
不對稱之現象。

同處在如此複雜的空間裡，讓觀看者感受到一種忙亂的
氣氛。畫的核心在於中央身著黑衣、披著橘色肩帶的隊
長，和穿黃衣的副隊長，他們站在畫中，顯得閃閃發亮。

維梅爾 (J. Vermeer, 1632–1675)❼這位信仰天主教
的畫家，最擅長運用柔和的光線，手法細膩，呈現出一
種極為典雅、靜謐的場景，卻也帶著一種神祕氣氛。在
色彩使用上他偏好藍與黃，畫作常以女性人物為主題。
比起林布蘭特，維梅爾的創作量甚少，兩者風格不同，
在維梅爾的畫面上，焦點相當平均，畫風也較為安詳，

❼維梅爾生於
1632年，死於
1675年，這段時
間正值共和國的
黃金年代。他是一
位土生土長的荷
蘭畫家，後人對其
生平所知甚少，在
當時亦不如林布
蘭特般出名，概因
他的作品風格被
當時人視為冷僻
難解之故。直到十
九世紀，他的作品
才被法國藝評家
重新發掘，給予其
在世界藝術史上
應有的肯定與地
位。如今，維梅爾
與林布蘭特和其
他的荷蘭繪畫大
師齊名，同為荷蘭
黃金時期最具代
表性的畫家之一。

圖 23：維梅爾「倒牛奶的女僕」

　　從寧靜中引發觀者的心中遐思。「倒牛奶的女僕」一畫中，女僕以相當
專注的神情將牛奶注入桌上的器皿，予人一種在剎那時光陰停止的感
覺。維梅爾的另一幅作品「臺爾夫特的一景」，則是另一位荷蘭大師梵
谷 (V. van Gogh, 1853–1890) 畢生最愛的畫作。一位近乎瘋狂的激情畫
家，他最欣賞的藝術創作者，居然是維梅爾這位向來表現婉約氣質的
畫家，這點頗為耐人尋味。

　　史提恩 (J. Steen, 1625–1679) 是一位具有喜感的畫家，他最喜歡描
繪的題材，出自於荷蘭家庭的日常生活，像是親子圖、嬉戲的場景，
以及魚貨市場。他甚至把自己也一併構入畫面當中。每幅作品中的史
提恩，常以滑稽的表情出現，整個人從頭到腳，由裡到外，身上的每
一個細胞都在開懷大笑。一張他的自畫像中，史提恩正邊彈著魯特琴
(Lute)，邊享用新鮮的啤酒，圓鼓鼓的臉上，堆滿洋洋得意的笑容，連
畫面外的觀看者都可以感染到他的快樂。

圖 24：史提恩的畫作「十七世紀萊頓城之魚市」

　　十七世紀的時候，在荷蘭的名畫家多不勝數。除了上述的三位大師，另外像擅於表現當代人物的畫家阿勒司 (F. Hals, 1585–1666)，其畫面中不論是達官顯要，或者市民階級，不管是氣勢凌人的表情、熱情洋溢的態度，還是神色肅穆的面容，無不栩栩如生，令觀者駐足。擅長風景畫的果顏 (J. van Goyen) 和邱依普 (A. Cuyp)，以花卉畫而著名的女性畫家路西 (R. Ruysch)，以及名畫「求婚」的創作者雷斯特 (J. Leyster) 等等，都是黃金時代的大畫家。在世界藝術史上，很少有一個國家像荷蘭那樣，它的社會、歷史，甚至地理，都對藝術家有著直接密切的影響。成千的畫家能夠在社會上靠賣畫為生，乃是基於當時人們對於美術的喜愛和購買力，一般市民都熱中於買畫來增添室內氣氛，因此藝術市場應運而生。這便是在荷蘭，藝術與經濟相結合的一種特色。有了畫市，專業的畫商也就成為一種新興行業，他們從替顧客選畫，到請畫家作畫，有著一套專業的流程和嚴謹的組織，像是一條藝

術「生產線」。荷蘭的繪畫事業聞名國際，畫商不僅服務國內客戶，更專門替歐洲各王室、貴族操作藝術作品的買賣。世俗化的主題像是靜物、魚貨、鮮花、風景等蔚為風氣，傳統的宗教和歷史畫相對減少。這點與荷蘭的喀爾文教徒不用替聖人畫像裝飾，也不行莊嚴的聖禮有關。畫家人數在十七世紀的荷蘭暴增，因此也成立了畫家工會，很多年輕人投入這門行業。在當時，一名普通畫家的收入，可達工匠所得的四倍，這種現象可能也只有在十七世紀的荷蘭社會才會發生。除了繪畫藝術，其他如瓷器、銀器和各種家具設計，表現也極為出色。特別是臺爾夫特生產的藍白瓷，仿自中國的青花瓷，但卻能發展出自己的風格。

在建築方面，由於喀爾文教徒不尚華麗的巴洛克風，加上市區裡運河交錯，也不適合大型的古典風格，荷蘭的建築大體上呈現出簡單精巧的外觀，最常見的是山形牆式的造型。以阿姆斯特丹為例，由於市區內人口稠密，土地和地形均受限制，因此房屋多呈狹長形，但內部卻裝潢得舒適整潔。新教堂的建築和設計，不像老教堂那樣壯麗，但依然顯示出教堂建築應有的莊嚴和優雅。建築師兼雕刻家凱瑟 (H.

圖25：山形牆式的荷蘭建築造型　運河畔的山形牆建築在荷蘭處處可見。

de Keyser)，在臺爾夫特教堂的高壇上為沉默者威廉所建造的陵墓，相當具有創意，他把陵墓四周的石塔與內部原有的哥德式建築相連，形成了一種十分別緻的形式。阿姆斯特丹的南教堂和西教堂的建築也頗具特色。一般世俗的大型公共建築，如由坎培 (J. van Campen) 所設計的市政廳，則具有古典風格。商業工會的建築，則多在理性風格中又加上大方華麗的一面。

在音樂方面，在喀爾文新教主義的影響下，共和國音樂的發展，沒有走上像法國等其他歐洲地區的宮廷文化風格，或巴洛克式的華麗音樂，作曲家也沒有來自宮廷給付的俸祿。因此業餘作曲家眾多，作品也多為小品，約有一千多種歌謠集在聯省出版，其音樂特色為旋律單純，是為歐洲地區的另一種音樂形式。除了風琴演奏盛行，也常使用魯特琴來演奏，在音色上帶有一種朦朧之美。由於風琴在新教禮儀中，扮演重要的角色，因此發展出較多的風琴曲作品。喀爾文宗教儀式中的讚美頌多以風琴為主奏，因此，在荷蘭教堂中，風琴音色發展也較豐富。史威林克 (J. P. Sweelinck) 是歐洲知名的風琴演奏家和編曲者，他的貢獻包括了創作出新穎的作品，並將義大利的風琴曲改編為具有現代風格的聲樂曲。

在其他知識領域部分，哲學方面，荷蘭有史賓諾沙 (B. de Spinoza, 1632–1677) 這位出生在阿姆斯特丹的猶太裔大師。他曾因為反對猶太教而被猶太教會除籍，但他的神哲學思想巨著《神學政治論》及其倫理學名著，都對西方哲學界影響甚深。他以科學和幾何學的演繹法，建構了他的知識論體系，是謂近代哲學體系的建立者。這位淡泊名利的哲人，大部分的時間花在研究哲學上，僅以磨鏡維持其基本生活。

法學方面，荷蘭有揚譽世界，被譽為國際法和戰爭法始祖的格老修斯 (H. Grotius, 1583–1645)，其著作《戰爭與和平法》確實為現代國際法奠定了基礎。他也是十七世紀荷蘭的文化菁英和精神導師，荷蘭人公認他不管在德行、人格、寬容、智力、博學各方面都近乎完美。但是這位備受後人崇敬的學者，卻因支持阿明尼伍斯教派而被捕成囚，

不得不以漂泊日子度過餘生。如今在他的出生地臺爾夫特，於廣場中央豎立了紀念他的雕像，在海牙的國際法庭，也為他設立了紀念碑。

在荷蘭學界裡堪稱傑出的法學人才，還有活躍於十七世紀上半期的海因斯 (D. Heinsius)，他同時身兼史學家與詩人。由於他精通拉丁文，對於荷蘭學界在古典文化、法律和基督教文化三者的交流上貢獻甚大。他在演講時不僅雄辯滔滔且風度優雅，其演說詞也傳頌後世。

在科技領域方面，惠更斯 (C. Huygens, 1629–1695) 創立了光的波動理論，被世人稱為「惠更斯原理」。他並用自己設計的新式望遠鏡，發現了土星光環的形狀及其衛星。單擺時鐘也是他的發明之一。但他的才華不僅限於科學方面，同時還是個作曲家。法國人也肯定他的才華，禮聘他為法蘭西國家科學院的院士。列文虎克 (A. van Leeuwenhoek) 則是世界上第一個使用他自製的顯微鏡觀察微生物細菌的生物學家。細菌學之所以成立，都是因為他的貢獻。

在史學和文學方面的成就，雖然不如繪畫藝術般絢麗燦爛，但也稱得上人才輩出。萊登大學在十六、十七世紀，已經成為尼德蘭地區研究中世紀的文史中心，其豐碩的成果包括：凡・登・杜斯 (J. van der Does) 寫成的《巴達維亞和荷蘭年鑑史》，《十三世紀編年史》則出版於1601 年。波華 (P. Bor) 的堂堂三十七大冊《尼德蘭戰爭史料彙編》，不只是一部戰爭史，同時包括了對當時的宗教、政治、社會、各種天災人禍發生的觀察，是研究尼德蘭史的重要參考資料。

在文學方面，一般來說，在荷蘭，文學家不比法國，有宮廷可以贊助其寫作，文人通常沒有什麼贊助團體或友情經費加以支持，又不像畫家可以靠賣畫維生。因此，大部分活躍於文壇的人士，其實都屬於已擁有相當的社會地位，過著富裕生活的人，如凱茨、惠更斯等人都是出仕的世家子弟。這種情況直到十七世紀下半期以後，才開始有所轉變。凱茨 (J. Cats, 1577–1770) 是十七世紀首屈一指的暢銷作家，其著作受歡迎的程度，只有《聖經》可以與之相比。加上書中皆附有折圖，時人評價甚高。他是一位多產的作家，常著文諷刺偽善分子，

他所寫的道德詩為荷蘭人最佳的座右銘，而他的《婚姻》一書也是膾炙人口的名作。雖然凱茨是一位虔誠的喀爾文教徒，但他絕非教條主義者，他用筆相當活潑，其文句在荷蘭是家喻戶曉，人人均能琅琅上口的名句。

馮德爾 (Van den Vondel) 這位長壽的作家，文采華麗，風格和諧，且帶著豐富的韻律感，史家赫津哈便形容朗誦其詩作的感覺，宛如聆聽一首交響樂那樣地美妙。他的劇本《被放逐的亞當》和《諾亞》，當中流露出對喀爾文主義的批判，而他日後果真也從新教徒改宗為天主教徒。

康士坦丁・惠更斯 (Constantijn Huygens) 是前述天文學家克里斯汀・惠更斯的父親，他擅長多種語言，翻譯了不少外國文學作品，並將荷蘭本土文學翻譯成英、法等語文的版本，企圖將荷蘭文學推向國際化。其詩作兼具諷刺性和象徵意涵，重要作品有《流亡的牧羊人》、《昂貴的蠢事》等等。事實上，他不只是文學家，更像是文藝復興時期典型的全才人物，舉凡科學、繪畫、音樂、天文地理等無所不曉。

霍福特 (P. C. Hooft, 1581–1647) 是詩人兼史學家，他的代表作品有《荷蘭史》和詩集《愛情的象徵》。其筆下充滿對於專制的鄙棄，在宗教事務上，他則主張教會應該作為一個精神領導，而不應參與政治事務。

總而觀之，在十七世紀，小小的荷蘭共和國，卻是一個在經濟、文化、藝術上都成就非凡的泱泱大國，於整個世界來說具有舉足輕重的地位。

第七章
哈布斯堡王朝下的
南方尼德蘭

第一節　從西屬尼德蘭到奧屬尼德蘭

　　哈布斯堡王朝，也就是奧地利王朝，曾經是歐洲最強大的勢力之一，又被稱為「鷹之堡」。1477 年，馬西米連與勃艮第的瑪麗彼此聯姻，他們的兒子美男菲力又與西班牙哈布斯堡的公主結婚，順理成章地繼承了西班牙的王位與其在美洲所有之領地。其子查理五世又繼承了西班牙王位，及勃艮第尼德蘭。查理之子菲力浦二世自從北方尼德蘭宣布獨立後，統一南北尼德蘭的企圖宣告破滅，在 1589 年於臨終前將南方尼德蘭贈與女兒伊薩貝拉 (Isabella) 和女婿奧地利的阿伯特大公。大公和公主在南尼德蘭擁有相當大的權力，西班牙與荷蘭共和國之間的〈十二年休戰協定〉，即由他們兩位和奧登巴納維特協商訂約。深受大公信任的畫家兼外交家魯本斯 (P. Rubens, 1577–1640)，曾經努力想要延長休戰條約的期限，但並未成功；而荷蘭想要「收復」的企圖也未能達成。此時南方在大公夫婦的治理下，經濟漸有起色，安特衛普依然是一個良好的港口和金融中心。1621 年大公過世，膝下無嗣，於是南尼德蘭被西班牙重新收回，而與荷蘭之間的戰爭也重新開打。

　　歐洲地區捲入三十年戰爭的時候，西班牙和法蘭西之間的戰事也於 1635 年正式爆發。換言之，這場是哈布斯堡王朝和波旁王朝之間的戰爭，隸屬哈布斯堡統治下的南方尼德蘭也遭到波及。法王路易十四有稱霸歐洲的野心，西屬尼德蘭正是他垂涎的目標之一。1659 年，法蘭西和西班牙訂定〈庇利牛斯條約〉(Treaty of Pyrenees)，西班牙的菲力浦四世同意將其女瑪麗亞公主嫁給路易，但以付給路易五十萬克朗 (crowns) 作為交換條件，要求公主和路易放棄他們在西班牙的繼承權。

　　菲力浦四世死後，由年方四歲的太子查理二世即位。此時路易十四卻以五十萬克朗未付清為理由，向西班牙提出繼承尼德蘭的要求，遭到西班牙方面的拒絕，點燃了法、西之間的一場繼承戰。

　　法蘭西軍隊進軍尼德蘭的時候，由路易本人御駕親征，在里耳 (Lille)、圖爾內和布魯日的戰事都告捷。法軍在南尼德蘭的軍事行動，為荷蘭共和國帶來威脅，因此，荷蘭聯合英國與瑞典，欲共同阻止法蘭西的勢力擴張。在 1688 年，路易十四在〈阿亨條約〉(Treaty of Aachen) 中，讓西班牙承認里耳、圖爾內歸入法蘭西的版圖，而法蘭西孔泰則讓給西班牙。不過這場戰爭仍未告止。

　　由於路易十四痛恨荷蘭干擾他征服南尼德蘭的行動，加上對新教徒的厭惡，在宣稱「荷蘭為傲慢無禮之徒」後，他立刻在 1672 到 1678 年間發動了對荷蘭的戰爭。首先在外交政策上，促使英國和瑞典退出與荷蘭的聯盟，然後揮軍大舉入侵，使荷蘭遭到挫敗；接著他又南下西屬尼德蘭，占領了伊佩爾 (Ypres)。荷蘭不得不開啟堤防，以決堤作為最後的絕招來水淹法軍，迫使法方暫時調走軍隊。然而在 1672 年時，法軍又重新攻下馬斯垂克，荷蘭人心惶惶。荷蘭當時的外交大臣兼大議長德維特 (J. De Witt) 在暴動中被暴民謀殺，奧倫治・拿騷的威廉三世就任執政，繼續與法軍抗戰，並沿用外交手段，拉攏歐洲其他國家共組反法聯盟，英國、西班牙、丹麥等國相繼加入。這一連串的反制，才使得法蘭西的軍事行動暫時停止，雙方簽訂了〈尼威根條約〉(Treaty of Nimwegen)，法荷戰爭終止。

　　1688 年，英國國王詹姆士二世為政不得人心，被迫流亡。荷蘭的威廉三世因其母為英國公主，本身又是約克公爵的女婿，且與英國人同屬新教徒，所以同時接下英國國王一職。在他登基之後，立刻要求英國參與對法戰爭。英國國會方面，認為威廉三世的要求主要是為了保障荷蘭之舉，一時間無法決定，但最後因擔心法國勢力過大，終究還是參與了反法的奧格斯堡同盟 (The League of Augsburg)。

　　路易十四為了西班牙王位繼承問題，再度引發國際間的戰爭。當時西班牙國王查理二世身體不佳，既無子嗣，又無兄弟，在王位繼承者出現懸空狀況之下，西班牙皇室的旁戚，希望能夠爭取機會合法繼承王位。但路易十四的母親是西班牙菲力浦三世的長女安妮，他又和查理二世的姊姊瑪麗聯姻，因此路易認為自己的孫子安茹公爵，即西班牙菲力浦四世的曾孫，最有資格繼承王位。

　　此時，在歐洲另有一位圖謀西班牙王位的國王，即神聖羅馬帝國兼奧地利國王的李奧波多一世 (Leopold I)，他是查理二世的妹妹瑪格麗特的丈夫，藉此姻親關係，希望能安排自己的兒子查理繼位為西班牙王。儘管西班牙並不喜歡波旁王朝，但在種種考量下，1700 年時，查理二世還是宣布安茹公爵為他的繼承者。奧地利方面對於這樣的結果表達強烈的不滿，積極策動反法，並指出在查理二世彌留之際，神智不清，因此安茹公爵的即位乃屬不當之舉，更無法律上的正當性。其他的歐洲國家，因為害怕法蘭西的勢力和路易十四的野心，特別是英國跟荷蘭，因此相繼加入奧地利的反法行動，並在海牙成立聯盟，隨後丹麥和普魯士也宣誓加入。但南尼德蘭便在這種非自願的情況下，淪為歐洲戰場。1705 年，反法同盟擁護奧地利的查理，在馬德里繼承了西班牙王位，而戰爭持續燃燒，直到 1713 年，才在于特列赫特訂立和約，這是一個歐陸均勢條約。在和約中，有關尼德蘭部分的爭議，是在翌年所訂的〈瑞斯達和巴登條約〉(Treaty of Restatt and Baden) 中得到解決。〈于特列赫特條約〉中，奧地利哈布斯堡沒有取得西班牙王位的繼承權，但在〈瑞斯達和巴登條約〉中得到了西屬尼德蘭，而南

方尼德蘭也就從西屬轉為奧屬尼德蘭。另一方面，荷蘭共和國則得到奧屬尼德蘭的駐守權，以便設下壘防，好制止法蘭西的勢力入侵尼德蘭。法國則得到法蘭德斯濱海的城市敦克爾克 (Dunguerque)，而南方尼德蘭和法蘭西之間的邊界，也在此條約簽訂後，成為現代比利時與法國的永久國界。

第二節　政治體系的轉型

過去，南方尼德蘭在西班牙專制體系下，由阿伯特大公夫婦管理一切，但大公仍然給予地方相當的政治權利。然而在西班牙王位繼承戰時，曾有一段時間，由前述之法蘭西的安茹公爵菲力浦所統治，於是法式的中央集權政治，取代了尼德蘭的傳統自治型態，特別是在戰爭期間，由軍事政府來管理一切事務，使得尼德蘭人民非常沮喪。戰後，這種軍事政治形式不再，但中央集權的政治模式，提供了日後奧地利哈布斯堡王朝在南方尼德蘭建立起君主政治的方向。

十七、十八世紀的哈布斯堡王朝，其駐尼德蘭的統治者，更換過許多不同的名稱，但不論稱作總督、執政或全權代表，綜觀來說，在哈布斯堡近兩百年來的統治下，南方尼德蘭雖然在一方面仍保有一些地方三級會議的自治體系，但最終、最高的權力，仍歸於設在馬德里或維也納的中央政府。

南方尼德蘭一直在為爭取自治而付出努力。在歐洲各國爭霸期間，這個地方一度淪為其他國家的戰場，並且為了支付哈布斯堡王朝龐大的戰爭給付，在財政上面臨了重大壓力，尼德蘭的城市居民，需要繳納重稅來提供其軍費支出。為了增加國庫收入，菲力浦四世也曾出售官職，在一些有錢的大商賈和較富有的中產階級當中，就有不少人成了新興貴族，可以參與部分的政治事務。

政權轉移到奧地利之後，政府也沒有什麼能力採取立即改變其重稅制度的解決措施。但一般來說，奧屬尼德蘭時期，特別是在瑪莉亞·

德瑞莎 (M. Theresa) 女皇在位的時候，有相當長的一段安定時期。當時駐尼德蘭的全權代表為查理公爵 (Duke Charles of Lorraine)，在他的管理下，政治穩定、社會和平，經濟也有復甦。1757 年，在尼德蘭貴族的要求下，女皇廢除了其父查理六世設立在維也納用以管理南方尼德蘭的最高議會，地方上三級會議式的自治仍然延續，而女皇若欲對南尼德蘭做出任何決定，必需取得地方議會的同意，這個協議被稱為〈德瑞莎妥協〉(Theresian Compromise)。

1780 年女皇過世之後，其子若瑟夫二世即位為奧皇。在十八世紀的歐洲歷史上，他堪稱為一位深受啟蒙思想所影響的「開明君主」(Enlightened despot)。1871 年，若瑟夫曾親自微服出巡南尼德蘭，發現當地的政治機構老舊過時，於是在各方面企圖改革。回到維也納之後，這位悄然出巡的新皇帝，為了人民共同的「福祉」，做出了大刀闊斧的各項改革。他首先取消了〈德瑞莎妥協〉，因為現有的三級會議和社會現實脫節，以致多數人民不能擁有真正的代表。若瑟夫的希望是改以「中央管理」的方式，不再以各省的地方勢力為主，並能將政治與司法間的權限劃分清楚，建立起一個較理性的體系和政府機構。於是他在布魯塞爾設置了行政院，削減三級會議的力量，並建立社會安全福利制度、窮困救濟法等等。

在法治上，若瑟夫建立民事法、婚姻法等等，欲將一些原本隸屬於教會法的權力轉移到世俗的範圍。如：婚姻、喪葬、墓地管理等，都歸入新的民事法，且解除了天主教徒不准訴求離婚的這項教會法。宗教事務上，則解除了大小修院培育教士的權力，改由先經一般學校培訓的制度，並取消教士免徵稅收的優惠，開放新教徒和猶太教徒的宗教自由權。

若瑟夫的改革，引起南尼德蘭貴族和教士的不滿。階級會議的代表，曾試著延緩改革的執行，於是，若瑟夫決定廢除三級會議。而南尼德蘭的教士、貴族及一些社會上的保守分子，也就醞釀了反抗其統治的想法。

第三節　不拉班革命

　　1789 年是法國大革命的年代，就在當年 10 月，於南方尼德蘭地區，也受到這股革命氣氛的感染。不拉班地區的保守勢力，大部分為貴族、教士或者親保守派的人士，以及一些反中央集權的分子。在他們的號召之下，組成了一支軍團，在貴族出身的教士范得諾特 (H. van der Noot) 和較為積極的改革派分子馮克 (F. Vonck) 帶領下，擊敗了奧地利駐守在圖浩特 (Turnhout) 的駐軍。范得諾特並前往北尼德蘭尋求援助，呼籲其支持他的理念。布魯塞爾漸成為反抗奧地利的基地，各地的教會人士也響應抵制若瑟夫的改革，同時也吸引到一些不滿奧皇專制的中產階級。於是，以上述分子為主的反奧行動展開，他們發表〈不拉班人民宣言〉，希望可以獨立。當時，除了盧森堡地區以外，其他省分都紛紛跟進，宣示不承認若瑟夫的主權。在 1790 年，革命者宣布成立「比利時合眾國」(Confédération des Etats Belges Unis)，推選范得諾特成為新政府的領袖，並建立各項新的行政、國防、外交、法律體系，恢復並修正三級會議，以防止類似法國大革命的情形發生。

　　以馮克為主的改革派，則主張採行以啟蒙理性精神為中心，建立較革命新政府更為進步的體制。若瑟夫二世見狀，轉而支持馮克派的理念，使得原本相互合作的革命派人士，因雙方理念不同而產生衝突。同年不久，若瑟夫二世過世，李奧波多二世即位。他一方面繼續若瑟夫的改革計畫，另一方面出兵鎮壓革命，最後成功解散了「比利時合眾國」。

　　這個只維持了短暫時間的合眾國，很快便宣告解體，不拉班革命 (Brabant Revolution, 1789–1790) 也只是一個未能成功的「小革命」，但它的意義遠超過實質的革命行動。我們可以把它看做日後比利時在 1830 年革命成功的前奏曲。因為南方尼德蘭在 1787 年以前，對於過去統治過他們的君主如查理大帝、勃艮第公爵等，並沒有因為堅持自己

的自治，而發生過不效忠其統治者的情形。但在若瑟夫二世企圖具體實踐其中央式管理的情況下，卻興起了一種欲護衛「比利時人的自由」的意識，亦即對於「比利時人」的認同開始公開的表現。1830 年的「比利時民族自覺」運動，或許也就在不拉班革命的失敗中，顯示出端倪。

第四節　社會與經濟

荷蘭與西班牙的八十年戰爭，造成南方尼德蘭人口大遷移，其中多半為新教徒。他們帶著財富和技藝離開家園，到新成立的共和國去發展。一些知識分子和人文主義者，也遠離自己居住的南方城鎮，前往北方。於是南方尼德蘭原本發達的經濟，轉而被北方所取代，戰爭、人口下滑等因素交相影響之下，南方尼德蘭的社會和經濟開始出現疲軟的狀況。

1690 年代，農作物普遍收成不好，造成穀物短缺，加上頻繁的軍事活動，人民在身心上都受到創傷。原本興盛的織錦工業，也因關稅的影響，而漸告式微。工人們的生活入不敷出，低工資不足以維持日益上漲的物價，再加上國際間經濟上展開的競爭，也使得南尼德蘭的產業受到波及，於是在經濟政策上只得採取保護措施，以支撐日顯凋零的商業。有些情況較好的城鎮，如安特衛普的海港，因為戰爭大部分都在陸地上進行，因而並沒有遭受破壞，就各方面來說，安特衛普仍保有其重要性和其繁榮。另外像列日地區，則因為教堂的需要，當地如金銅業、鐵工業等也一直維持運作，得以持續發展。

社會上則由於失業人口增多，加上部分無法得到照顧的退伍軍人，導致一批無業遊民的出現。儘管政府當局曾想針對現況加以改善，可是效果不彰。不過，大多數人依然恪守本分，並無特別發生社會動亂的跡象，人民也還是保持對天主教的宗教熱忱。

在奧屬尼德蘭時期，特別是德瑞莎女皇在位時，她所施行的幾項經濟政策，如將法蘭德斯地區的港口奧斯坦 (Ostend) 加以改建，拓展

根特市的水運工程，加上海關倉庫的建立等等，使得海上貿易及轉口業務變得較有進展。這也導致麥赫倫和魯汶城一帶成為新的轉運點，刺激了貿易的活力。1730年以後，南尼德蘭的貿易再度領先。

在十八世紀之初，棉花紡織業開始大受歡迎，到了十八世紀中葉以後，發展出軋棉工廠，使得棉花產量更豐富，帶來新的商機。白色的蕾絲花邊廣受仕女和貴族們的喜愛，當時普遍的作法是交由坊間以家庭代工的方式來生產手工蕾絲花邊，仲介者到鄉間去收集由婦女製成的蕾絲織品，再將其銷售至歐洲各大城或地方上的市集去販賣。

陶瓷器類的製品如餐具等，也在歐洲各地銷售發展，尤其是來自圖爾內的產品，頗受買家青睞。啤酒釀造業更是廣受國際肯定，各式各樣的啤酒，從水果啤酒到黑啤酒，其口味和品質都是世界第一。特別是不拉班地區的啤酒最受讚美，替當地賺進大把鈔票。在農產方面，由於適合農耕的農地不多，農民在海埔新生地上種植牧草以便放牧，所以奶油、乳酪、肉類成為出口品。

煤礦工業方面，在蒸汽機尚未問世之前，礦區技師無法將新礦區的地下積水抽除，因此產業停滯。但到了1720年以後，因為新機器的

圖26：手工蕾絲花邊　手織精緻蕾絲花邊自中世紀以來就受歐洲貴族喜愛，自十六世紀後半葉以來，很多比利時婦女都投入這個行業，十八世紀時達到頂峰。

發明和技術上的突破，解決了此一困難，冶鐵便成為工人甚或部分農民的收入來源。1750 年左右，夏洛華 (Charleroi) 由於煤礦業的興起，加上交通系統發達，因此成為一個重要的工業區。列日主教區的玻璃產業也有很好的發展。由於道路修築，以及修道院和教堂的修建需要用到大量的石頭，使得海諾和瓦隆地區 (Waloon) 的石頭工業跟著起飛，房子和堤防的建設也需要各種石材，造成了供不應求的局面。

第五節　天主教改革與巴洛克文化

天主教文化在南方尼德蘭成為主流文化，是因天主教改革的影響。在宗教改革後，曾經有很長的一段時間，新教和天主教彼此間互相對立。天主教受到新教的挑戰，於是在 1545 年，於奧地利的特蘭托 (Trent) 召開會議，對教會內部進行改革，史稱為特蘭托大公會議 (Council of Trent)❶。在十七世紀到十八世紀中葉以前的南方尼德蘭，其濃厚的天主教氣氛乃是深受特蘭托會議的影響，特別是在耶穌會 (Jesuit, Society of Jesus) 建立後，這個教會團體成為天主教反宗教改革 (Counter-Reformation) 的重要組織。

天主教會所參與的學術和文化領域，影響到當代知識分子的思想，也引發對於神學思想的研究風氣。在神學思想運動中，出現了由楊森主義 (Jansenism) 所造成的楊森爭議 (Jansenist Controversy)。被稱為楊森主義創始者的楊森 (C. Otto Jansen) 本人，於 1602 年就讀魯汶大學時，就勤於研究奧古斯丁 (St. Augustin) 的著作，1617 年與魯汶大學的學生一起反對耶穌會❷，曾撰寫

❶特蘭托會議 (1545-1563) 歷時十八年，第一階段會議在 1547 年結束，主旨在譴責馬丁·路德的主張，肯定原罪及「聖傳」。第二階段舉行於 1551 至 1552 年，旨在對於「聖體」的肯定，以確認聖事符合《聖經》。最後階段的會議從 1562 年到 1563 年，會中確定教宗的地位，決定增設修院，訓練神職人員。此一會議為天主教教義及其體制重新奠定了鞏固的基礎。

❷耶穌會士雖傳教成功，但反耶穌會的力量認為，他們為了傳教，往往離經叛道，做出許多妥協，對於人的自由意志也太過樂觀。

《奧古斯丁書》，因爭議性過大，在他死後才由其追隨者付梓出版。他
在伊佩爾擔任主教時，便強調回歸奧古斯丁的聖寵論，認為人類由於
原罪，本性已惡，因此無力行善避惡，要靠天主的聖寵才能得救。楊
森主教的書，在其死後出版，依然造成很大的轟動。不只是在任教職
者之間流傳，就連世俗的信徒也發言要追隨他的說法。他認為人性因
原罪的軟弱，以致喪失自由意志，如果沒有特別的聖寵，連十誡也會
無法遵守；教會的最高權力不在於教宗，應該是宗教會議。但是，根
據早先在特蘭托會議中的說法，強調人的自由意志和聖寵是兩者並重
的。對於與之相悖的楊森主義，被教宗判為異端，並禁止其著作的印
行。

　　這樁天主教內的紛爭越演越烈，甚至在宗教信仰的爭議中，又牽
扯到政治問題。由於楊森派的主張不只在低地國地區流行，在法蘭西
和義大利也有人發揚，路易十四對其譴責取締，十八世紀時，連巴黎
高等法院也參與了這場爭論。最後，竟演變成楊森主義和「教宗至上
論」(Ultramontanisme) 兩相對立的局面。楊森派持續受到教廷方面的責
難，但卻大受知識分子的支持，他們反對教宗權力絕對至上的說法，
以及特蘭托會議後被加以「誇大」的教會。楊森主義的後繼者，更強
調以人民為主的國家，以及政教分離的政策，他們打算要調整傳統的
天主教教義。這樣的言論和想法，與歐洲十八世紀的啟蒙哲士，在思
想上不謀而合。

　　楊森爭議延續了一個世紀之久，至今荷蘭境內仍有荷蘭楊森派教
會，這個團體於 1713 年成立，由于特列赫特的主教和神父所領導，抗
議羅馬教宗對楊森的處罰。他們自稱「古羅馬公教會」(Old Roman
Catholic Church)，不承認「教宗至上論」。羅馬教廷也不承認此派教會，
但不否認其神職和其所行聖事之有效性。

　　天主教的文化運動，也推廣在以藝術和視覺來表達宗教情感的巴
洛克風格 (Baroque Style) 上。巴洛克，在原初的意義上就有些奇特。在
十六世紀，義大利文的巴洛克 (Barocco) 意指像中世紀教士般的賣弄學

問；在葡萄牙文 (Barrocco) 中，則是意謂著不規則的珍珠。到了十八世紀的時候，這個名稱不再具有貶抑之意，而是指稱起於十七世紀具有明顯宗教情感的華麗裝飾藝術。在一些出自於天主教與新教之爭的說法裡，將巴洛克藝術看成是帶有傳教意味的耶穌會風格。與其這麼認為，不如說是建立在天主教表達內心的宗教情懷之外在表現上。但這兩者之間的關係究竟如何？不容否認，的確，巴洛克文化從羅馬起一直風行到歐洲所有的天主教地區，甚至到達歐洲在世界各地的殖民地，不管從建築、雕刻、音樂、繪畫各方面來看，巴洛克藝術為天主教帶來絕大的勝利。視覺上的感受，使人對華麗的教堂產生強烈情感，讓信仰心更為堅固，而巴洛克教堂建築，乃是融合了傑出的建築家、雕

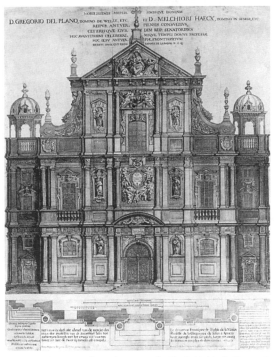

圖27：安特衛普的卡洛‧波羅孟斯教堂的正面裝飾，是典型的巴洛克風格建築。

刻家、金匠和藝術家的技藝結晶，孕育出獨一無二的風格。第一個在
南尼德蘭建立的巴洛克教堂位於杜愛 (Douai)，而安特衛普的教堂卡
洛・波羅孟斯 (Carolus Bouromeus Church)，是最美的巴洛克教堂之一。
著名的耶穌會士，建築家法蘭卡特 (J. Francart) 曾出版《建築》一書，
將其建築風格和原則廣傳各地。惠森斯 (P. Huyssens) 的建築作品有安
特衛普的耶穌會教堂，以及根特市的聖彼得教堂。世俗性的巴洛克建
築則以布魯塞爾大廣場的工會大樓為代表，事實上，此乃巴洛克和古
典主義兩相融合而成的風格，同於法王路易十四修建凡爾賽宮時所採
行的巴洛克古典風格。除此之外，也有巴洛克、洛可可 (Rococo)、古
典主義三種風格相結合的建築，如布魯塞爾的皇宮和國會大樓。

在繪畫上的表現，以歐洲最著名的畫家之一，魯本斯 (P. P. Rubens)
為代表。他不只是一位傑出的畫家，也是在當時非常活躍的外交官。
魯本斯出身世家，接受了完整的古典教育及禮儀訓練，在義大利習畫
有成之後，成為南尼德蘭阿伯特大公的畫師兼外交官，而且很快地成
為備受歐洲各地讚揚的大畫家。在表現巴洛克藝術雄渾富麗的風格上，
以他的成就為最高，無論是神話或者宗教主題，在描繪人物上他筆下
那種充滿活力的肉體表現，乃是試著從人類的經驗中及理解中去表達
所謂的超越性。魯本斯的一些宗教畫作品是為了耶穌會教會而畫，如

圖 28：布魯塞爾大廣場中的工會大樓，是獨一無二融
合巴洛克與古典風格的建築。

圖 29：魯本斯的自畫像

著名的「聖方濟・沙勿略的奇蹟」，這幅大型畫描繪出聖人在世界各地傳教的情景，或許也表現出一種以歐洲基督教文化為中心的世界觀。在肖像畫和風景畫方面，魯本斯也相當擅長，尤其是他的自畫像和法蘭德斯地區的景色，其代表作為「有彩虹的風景」。畫作中表現出雨後的陽光，明亮閃爍，天空上的拱形彩虹，色彩繽紛，陽光照射在樹梢與乾草堆上，體態豐腴的婦女正趕牛回棚，而男人正在整理收割下來的牧草。

　　另一位傑出的畫家是范戴克 (A. van Dijck)，他是魯本斯的學生，除了擅長宗教、歷史畫之外，還以肖像畫而聞名遐邇，曾被任命為英國國王查理一世的宮廷畫師，並受封為聖・喬治騎士。約旦斯 (J. Jordaens) 也是魯本斯畫風的追隨者，最擅長祭壇畫與日常生活的光景。上述三位法蘭德斯的大師，在安特衛普市皆立有他們的雕像。

　　文學上，則以辭藻大會堂舉辦的徵文競賽等活動，在文壇上領導了大眾文化。然而一些世俗性的作品，時而遭到大主教的譴責。詩人

哈杜文 (J. de Harduwijn) 及劇作家斯旺 (M. de Swaen) 為當代文壇的代表人物。

　　歷史著作方面，也受到修辭學派的影響，對於詞藻相當重視。葛拉美 (J. B. Gramayle) 是魯汶大學的法律教授，但他最著名的作品，是《比利時上古史》。維里 (Olivier de Wree) 和山德魯斯 (A. Sanderus) 分別出版了有關法蘭德斯的歷史和地方誌。由布魯塞爾皇家學術機構出版的《低地國的上古和中世紀史》，則是維葛文 (F. Vergoeven) 的作品，書中的史料蒐集豐富，並註明資料出處，是一本考據學名著。羅謝 (J. Roches) 所執筆的《奧屬尼德蘭史》雖然並未完成，但將歷史的領域推轉至研究人民的生活史範疇，使歷史不再僅止於描述政治外交方面的活動。

The Low Countries

第 IV 篇
革命的時代

　　十八世紀末以來，荷蘭共和國發生內戰，法國介入並支持主張改革的革命派分子，由「愛國者」所建立的「巴達維亞共和國」因之成為法國的附屬。不久拿破崙勢力崛起，南北尼德蘭同時遭其併吞，納入成為法國版圖的一部分。另一方面，由於工業革命帶來的刺激，使得南方尼德蘭靠著天然資源及手工業傳統，社會與經濟上逐漸有了良好的發展，成為歐陸最現代化的地區。北方尼德蘭的商業卻因為戰爭和社會轉型而重挫，呈現衰退的狀態。

　　拿破崙失敗後，歐洲列強在維也納會議中，將南北尼德蘭合併為一，名為尼德蘭聯合王國。但因南北雙方在過去長時間的分割下，各自在文化、宗教、政治、社會各方面均有不同的發展，遂造成無法統一的局面。再加上國際情勢的動盪，以及民族主義高漲，南方尼德蘭終於起而革命，成功建立比利時王國。

第八章
法國大革命對低地國之影響

第一節　「愛國者」與巴達維亞共和國

　　十八世紀末的時候，在歐洲發生了兩個革命，影響了大部分歐洲人的命運：法國大革命改變了政治體系，而工業革命則改變了經濟和社會。身為歐洲的一分子，低地國也不能自外於這股風暴，但其後南北尼德蘭在政治和經濟上的轉變，卻不盡相同。

　　低地國在舊體制 (Ancien Régime) 下，主要的政治權力掌握在各個省分手裡，中央政府的力量顯得較鬆弛。以貴族、教士和第三階級共同構成的三級會議，並沒有真正將社會與現實狀況結合一致。由於沒有真正的選舉制度，大多數的民意，不能落實在政治結構當中。啟蒙時代所發展出的一些新思想，例如對理性、科學的重視，對自由、平等、宗教寬容的宣揚，基於此地較歐洲其他歐陸地區更為寬容的出版自由，荷蘭在這方面已然遙遙領先，成為啟蒙運動的重鎮。早在 1648 年開始，荷蘭便是國際上書籍和出版的交易中心，啟蒙的觀念和文化，得以由此傳播到歐洲各個地區，荷蘭本土也吸收了不少法國啟蒙哲士的想法，特別是中產階級和知識分子，他們的聲音日漸強烈。在政治

上，他們不滿意當時的寡頭制度和攝政；在經濟和社會層面上，由於英荷戰爭使得荷蘭受到重挫，和法蘭西的戰爭中，經濟又蒙受損失，再加上共和國原本的經濟型態屬於一種中介貿易，但在歐洲其他地區的經濟競爭下，已經漸漸失去其原先的優勢地位，以上種種，致使社會上人心不安。於是，荷蘭人開始有了改革的念頭。當時在共和國內，就出現了很多宣傳改革的小冊子，造成了荷蘭當局的政治壓力。改革人士自號為「愛國者」，他們的基本訴求包括：恢復荷蘭共和國過去的國際地位，希望由中產階級掌權，加強啟蒙精神和倫理道德，降低執政官的政治權力，外交上反英親法。「愛國者」也受到美國〈獨立宣言〉的精神所影響，猛烈批判寡頭政權，以及不滿當時在位的執政者，奧倫治家族的威廉五世，及親奧倫治派所支持的親英外交路線。

在 1780 年到 1784 年間的英荷戰爭時期，愛國者的勢力發展甚速，他們自組的自由軍團 (Free Corps)，想要實現其對於公民保衛國家和家庭的責任。威廉五世的地位因此顯得搖搖欲墜。此時，普魯士的軍事力量於 1787 年從旁介入，企圖幫助威廉恢復權力，成千名的「愛國者」不得已只好流亡法國。

法國大革命後，「愛國者」與法國革命軍人重回荷蘭，並於 1795 年發動革命成功，威廉五世逃亡到英國，是謂巴達維亞革命 (Batavian Revolution)，並同時成立了巴達維亞共和國 (Batavian Republic)，終結了荷蘭長久以來寡頭政體和執政官的政治傳統。聯省議會也於 1796 年被法式的國民會議 (National Assembly) 所取代，其用意在於希望以代議制度及男子普選產生出來的政府運作，來代替老式的聯省議會。不過，當時的男子普選仍然將貧民身分排除在外。

然而巴達維亞政府內部也有不同派系，主要分成三個勢力：一為要求中央集權的統一派，二為希望地方分權之聯邦派，三為希望中央和地方權力相互平衡，組成單一政府的溫和派。經過兩次的草擬憲法，溫和派取得大多數人的認同，於是在新憲法中，明確訂立了政教關係的分離，和基爾特的廢除。新的政府設有五人執政 (directors) 委員會，

其下又設八個部長協助行政。1800 年以後，一些具有啟蒙精神的奧倫治派也加入新政府，並再度修憲，達成在行政、司法上的權力制衡，以及中央和地方上的權力平衡。在教育上，強調荷蘭標準語的推廣，在貿易和航運業也漸有起色。就在此時，法國因拿破崙的崛起和對外擴張，由解放者的立場搖身一變為占領者的角色。1806 年，拿破崙派其弟路易・拿破崙 (Louis Napoléon) 為荷蘭「國王」，使荷蘭成為法國的附庸傀儡國。1810 年，正式被納入法國拿破崙帝國的政治體系當中。

　　在法國統治期間，阿姆斯特丹是帝國的第三個首府，地位僅次於巴黎和羅馬。荷蘭的行政系統與法國統一，司法、戶籍、軍事、土地法等也依照法國模式來運作。1812 年，拿破崙遠征莫斯科遭到慘敗，其中約有一萬五千名的荷蘭軍人陣亡。1813 年，拿破崙在萊比錫之役 (Battle of Leipzig) 再度戰敗，荷蘭政局跟著陷入混亂，原在路易手下做事的福克 (A. R. Falck) 在阿姆斯特丹組成臨時政府，希望恢復國家秩序。然而另一方面，在海牙，奧倫治派以荷亨多普 (G. K. van Hogendorp) 為首，意圖將荷蘭重新交回奧倫治家族手中。1813 年的 11 月，威廉六世（其父威廉五世於 1806 年死於英國）從英國返回荷蘭，並以威廉一

圖 30：由佩克林 (J. Paelinck) 所繪之威廉一世肖像　被比利時人稱作「商人國王」的威廉一世，終究未能達成他統一尼德蘭聯合王國之心願。

世 (William I) 的身分，宣布為荷蘭國王。

第二節　南方的農民革命與法式生活

在比利時合眾國宣告失敗後，奧地利的李奧波多二世重新入主尼德蘭，繼續若瑟夫二世的改革。不久，在 1792 年，李奧波多逝世，法國則分別在 1792 年的約馬普戰役 (Battle of Jemappers) 和 1794 年的弗勒魯之役 (Battle of Fleurus) 中擊敗奧地利。法國革命黨本欲在此扶持一個共和國，宣傳其革命理念，但後來還是決定將南尼德蘭併入法國共和之下。1795 年，奧屬尼德蘭、列日主教區以及盧森堡都被納入了法國版圖。其中較為特別的是與列日主教區的合併，列日雖然在南尼德蘭境內，但由於它是列日主教區，在早先的時候，既不屬十七聯省管轄，亦不屬於南方尼德蘭的範圍。它是神聖羅馬帝國下的一個教會諸侯國。在尼德蘭叛變的時候，列日主教區一直保持中立狀態。但在西班牙王位繼承戰中，則打破中立，支持法蘭西方面。在啟蒙運動時期，此地的一些理性主義分子，開始接受百科全書派的影響，到了法國大革命爆發之前，這裡已是一個受法國啟蒙文化洗禮的地方。因此，在 1789 年，列日也發生了一個類似革命的行動，希望推翻舊有的主教諸侯國體制，但並未真正成功。其革命分子流亡到法國，直到 1794 年。在 1795 年時列日主教區結束了它長達八個世紀的獨立，與南尼德蘭永久合併為一。

南方尼德蘭的人民，並不像荷蘭的「愛國者」那樣與法國有著較密切的關係，相反的，很多人對於法國式的法律，對貴族和行會的壓制，取締修道院，反教權意識等作為產生反感。天主教教士和支持天主教團體的法蘭德斯地區人民，終於在 1798 年，打著「為了祭壇和爐灶」(For Altar and Hearth) 的口號，發動了一場武裝抗爭，史稱「農民戰爭」(Peasants' War)。由於他們根本缺乏良好的武器，又沒有接受過正統軍事訓練，很快便被法軍鎮壓下來，數百人遭到逮捕，並受判極刑。

拿破崙執政後，拉攏了一些舊貴族來支持新政權，在治理上為求安定秩序，也盡量任用尼德蘭人，擔任一些不甚重要卻看似有地位的公職，給予他們一些政治上的權力。1801 年，在與教廷簽訂了政教協定後，與教會的關係也暫時平穩下來。拿破崙並開放須爾德河，積極發展南尼德蘭地區的經濟。工業開始起飛，人民生活也堪稱穩定，因此社會上沒有引發什麼政治動盪。1804 年時拿破崙稱帝，這件事使得部分民主派人士感到失望，南方尼德蘭終究還是成為了法國的一省。其行政區被劃分為九個區 (departments)，四個說荷蘭語的法蘭德斯區，以及四個說法語的瓦隆區，另加一個採行雙語的不拉班區，盧森堡則被稱為森林區 (Department of Forests)。在法國統治下的南方尼德蘭，法律上以《拿破崙法典》為依據，文化及知識生活上則以法文為主。回顧過去，先有中世紀法式勃艮第文化對南尼德蘭造成的影響，再加上1795 年到 1815 年的二十年間與法國文化的深切融合，這一切說明了南方尼德蘭人民何以在生活、文化、品味上都與法國相近的原因。

第三節　工業革命在低地國造成的不同發展

十八世紀最先經歷工業革命的國家首為英國，而其在歐陸，則以南方尼德蘭，也就是日後的比利時，工業革命的發展最速。換言之，比利時是歐陸首先產生工業革命的地區，英國的工業革命便是經由這個門戶傳入歐陸。以地理位置來看，南尼德蘭面向法國、英國和德意志地區的廣大市場，並且它擁有對當時工業發展來說最重要的兩個生原料——煤和鐵，分別產於夏洛華、蒙斯 (Mons) 和列日地區。雖然就產量上而言不算是特別豐盛，但絕對可以自給自足。從夏洛華到盧森堡地區，水勢激盪的河川，又可以供應充分的動力讓水磨坊運作。自古以來的傳統紡織工業和冶金技術，為此地培訓了熟練的勞動力。交通網密布，區內運河和公路發達，且有良好的港口和金融中心。在被法國兼併的時期，這裡的工業便受到政府鼓勵，法國廣大的市場，讓

南尼德蘭賺取了大筆利潤。在尼德蘭聯合王國時期 (1815–1830)，又再度得到國王威廉一世對其工業發展鼎力支持。毛織工業是比利時第一個進入工業化的產業，在根特市的棉花工業也十分發達，夏洛華地區則以冶鐵為主，列日則以煤業著稱。由克可里 (J. Cockerill) 創立用來生產工業機械的工廠，有兩千多名工人同時在裡面工作，是十九世紀歐陸當時最大的工廠。

反觀北方的荷蘭，它的商業性經濟在十八世紀時已經走下坡，英荷戰爭阻礙了其對美洲和東方的貿易活動，商船、航運和殖民地也都減少了。原先的大宗商品：鯡魚、香料、糖等在經濟上的地位，被煤鐵等工業原料所取代，而荷蘭商人卻一直固守在過去十七世紀黃金時代的商業型態。荷蘭沒有什麼蒸汽機，但南方尼德蘭早在十八世紀初就開始使用紐康門蒸汽機，瓦特蒸汽機也很快被購入引進。荷蘭最早的一部工業用蒸汽機，乃是裝設在布恩 (Boon) 的麵粉工廠。在法國占領時期，南方的工業迅速起飛，北方卻忙於政治變革，經濟上明顯衰退。在尼德蘭聯合王國時期，威廉一世的經濟方針是將南方發展成工業區，將工業產品運到北方荷蘭，由北方的船運輸至國外，因此也沒有對北方的工業加以鼓勵。

在 1830 年的時候，南方發生了比利時革命，一些比利時的工業公司，因為擔心被東印度群島市場排擠，才將事業遷到荷蘭發展，如威爾遜 (Wilson) 在哈倫 (Haarlem) 所建的棉布工廠，就是荷蘭第一個機械化的紡織工廠。綜觀十七世紀以來，荷蘭從一開始的經濟發展到後來的工業發展，來自南方尼德蘭人的貢獻不容忽視。

南北相較，單以數字而論，在 1830 年代，荷蘭只有七十二部蒸汽機，但南方卻有一千零四十九部。鐵路方面，在 1850 年代，荷蘭只有一百七十公里的鐵路線，但比利時已有八百六十一公里。如此看來，工業革命對南北尼德蘭所帶來的影響確實大不相同。荷蘭的工業發展比南尼德蘭要晚了六十年左右，直到 1870 年代，才進入工業發展期。

第九章
尼德蘭聯合王國及
比利時革命

第一節 威廉國王的願望

在維也納會議中，歐洲列強決議將位在重要戰略入海口的前荷蘭共和國，與前奧屬尼德蘭加以合併，是為尼德蘭聯合王國 (The United Kingdom of the Netherlands)，以便成為一道堅固的緩衝界線，共同防範法國擴張分子的意圖，阻擋其對歐洲所造成的威脅。這兩個地區，在歷史上有很長的一段時間相互交融在一起，但由於尼德蘭地區在西班牙統治時曾發生所謂的「尼德蘭革命」，使得北方尼德蘭得以先行獨立為荷蘭共和國。另一方面，南尼德蘭歷經西班牙、奧地利和法國的統治，在雙方於 1815 年再度聯合為一國時，中間已然相隔二個世紀之久。在這麼長的時間當中，雙方各自發展成南北不同的文化、生活方式、政治體系、宗教信仰、語言差異及價值觀等等。當聯合王國的國王威廉一世欲以荷蘭方式來同化南方時，便遭遇了極大的困難並招致南方人民對他的反抗。南方尼德蘭在 1830 年再度革命成功，脫離北方而建立了比利時王國。

威廉一世是荷蘭共和國最後一位執政官，威廉五世的長子。1813

年，在歐洲列強的幫助下，接收了法國自荷蘭撤退後的政權。之前他流亡英國，回國之後，他本人也期望能有一番作為，重整奧倫治家族的政治地位。因此，他採取了所謂「原諒和遺忘」的政策，不去計較之前任何對奧倫治責難的親法「愛國者」，以開放接納的態度來治理國家。由於奧地利放棄了過去對南尼德蘭的主權，因此威廉一世想要利用此一時機，重新統一南北，而其他歐洲列強也害怕法國勢力將再擴大，便極力支持威廉一世。於是，在 1814 年 6 月，於〈倫敦草約〉(The Protocol of London) 中，針對尼德蘭問題的「倫敦八個條款」(The Eight Articles of London) 確定了一個新的政體，並在維也納會議中決議將南北尼德蘭合併為尼德蘭聯合王國，由威廉一世出任國王。這項決定完全由歐洲強權高層逕行通過，並沒有徵得尼德蘭地區人民的同意。

威廉一世的作風被視為一位開明專制的君主。根據荷蘭史家柯斯曼 (Kossmann) 的說法，威廉是一位布爾喬亞式的生意人，也是一個社會改革者和具有民族主義思想的混合體。他的個性有時顯得有些矛盾，其實威廉並不善於代表權力，也不習慣與人溝通合作，他對自己的內閣不夠尊重，重要大事經常由自己作主決定，一方面很希望整合南北，但往往又陷入兩難的痛苦局面。他說：「當我只管理北方時，比我現在作南北的國王快樂百倍。」身為一個新教徒荷蘭人，想要統合南方的天主教徒，他必須克服在心理上所預設的那層自我恐懼與惴惴不安的困難。事實上，他一點兒都不喜歡深受法國文化影響的南方生活品味，正如他的南方子民也很難信任他這個喀爾文教派的荷蘭商人國王。

新王國的憲法中，國會採行的是兩院制，上議院是國王的代言人，下議院的代表選舉制度尚不完備。當時南方各省有近四百五十萬人口，北方荷蘭有二百五十萬人，代表議員卻一樣各占五十五人，內閣又只對國王負責，不向議會負責。這種情形無疑說明了國王的專制。

在經濟政策上，威廉國王是一個積極的建設者，他希望南方的工業和北方的商業能夠同時進展，因此他建立信貸、擴建運河、鋪路、成立工會、設立國家工業基金會、尼德蘭貿易協會，以提供國外經濟

資訊。舉凡船業、工業、貿易、漁農業等，全都受到國家鼓勵。尤其是工業的發展，特別受到威廉的關心，他讓國家發放貸款，提供工業資金，不論是煤鐵或紡織工業，尼德蘭在歐陸都是首屈一指。他又將工業和信貸透過銀行聯合起來，這項措施對於工業發展甚具意義。不過，北方人還希望能再降低關稅，以此為手段來恢復過去的商業繁榮，南方卻想要提高關稅來維護新工業產品。而威廉一世的策略是，將南方的工業產品運到北方，再由北方的船運將貨物輸至國外或殖民地，再將殖民地的原料和資金以同樣的方式和路線送回國內。他這套經濟方針相當成功，促使尼德蘭再次成為歐洲的經濟「大國」。

　　在教育和文化政策上，威廉一世希望建立國家教育制度，但是國王的腳步卻站在一個敏感的地方，因為南方的教育機構一向都是由天主教會掌管。北方早在 1806 年時就以啟蒙精神為基礎，對初等教育做了非教條主義式的全面改革。國王認為教會的教育體制和現代國家的理念並不相符，應該由國家來負起教育的責任，減弱宗教教義對教育的影響。他也希望藉由教育來提高王國的「大尼德蘭」意識和民族情感。威廉重新開放了在 1797 年被法國關閉的魯汶大學，並開辦根特和列日大學，在其中設立哲學院，對神職人員加以訓練。換言之，政府想要控制教士的培訓過程。於是在 1825 年，南方原有的小修院遭到關閉。小修院本來是為了那些準備度神職生涯的人員，在進入主教管區神學院之前而設立的預備學院，威廉一世命令準教士們必須先在公立學校進修後才能進入魯汶的哲學院，完成哲學院的課程後才能進入神學院就讀。他並提出另一項規定，使在國外受教育的神職人員不能在國內擔任神職。在中等教育的師資方面，也規定要由公立學校培養的人才方能在學校裡任課，並停止對學生施予教條式教育。在只有國家訓練的老師才能任課的這項規定下，南方的神職人員均感到極度不安。

　　新教徒國王對於教會發展甚為重視，他成立了有關宗教事務的部門，辦理新舊教所有相關事宜。借重法國國王參與推選主教的模式，並參考日耳曼地區的「開明政教結合」體制，威廉希望能夠藉此掌握

教會的機制。

在語言政策上，威廉一世大力推動標準荷蘭語，以作為唯一的正式官方語言，理由是加速南北整合的順利，以及兼顧南方法蘭德斯地區的人民，因其原本便使用十分接近荷語的弗萊明語 (Flemish)。他規定自 1823 年起，東西法蘭德斯必須只以荷語為正式語言，1826 年開始在不拉班省，包括布魯塞爾和魯汶，也都跟進使用唯一的標準荷文❶。威廉一世並沒有尊重南方瓦隆地區使用法語的人民，以及其布爾喬亞階層長久以來視法文為交際文化語言的這項傳統。

出版與新聞的檢查尺度，一直以來都受到雙重標準的價值判斷，特別是以法文出版，內容表達對國王政策有意見的南方報刊，經常受到當局的壓制和懲罰。

第二節　不可能的願望

尼德蘭聯合王國在表面上看來似乎是一個民族國家，人民大部分都使用相同的語言，曾經擁有共同的歷史和文化，有一個政治和經濟實體，而國王威廉一世也請來史家如托北克 (Thorbecke) 等撰寫南北尼德蘭的共同歷史，以便促進「大尼德蘭」意識。但是「大尼德蘭」運動並不如預期般成功，真正浪漫派的史家反而是最反對「大尼德蘭」主義的。例如一位對文學、音樂、語言和歷史都有著深厚造詣的布魯日神父學者德弗勒 (Leo de Foere)，他編寫了一套二十四大冊的《比利時的目睹者》(*Le Spectateur Belge*)，在書中提出法蘭德斯語及其文學和歷史等起源，與荷蘭語文和其文學歷史之間，兩者的相異性。

❶所謂的標準荷蘭語，是在十七世紀荷蘭共和國的時代逐漸形成。當時在荷蘭境內，大多數人仍然使用荷蘭方言，當一些社會地位較高的南方人民（即比利時人）及新教徒移入共和國時，也依然使用弗萊明語。後來經過協調，一種以荷蘭省方言和弗萊明方言綜合而成的文化語言就此誕生，並為其他各省的人接受且推動，這便是荷蘭標準語的形成由來。

　　事實上，聯合王國掌握國內外政策大權的國務大臣，荷蘭出身的福克，早就察覺了南北整合的不可能。這位冷靜的觀察者因而提出南北分治的想法，但因和國王的夢想不符，只好作罷。在十九世紀初時，尼德蘭南方的自由派分子，多多少少帶有一些烏托邦色彩，這些自由派的布爾喬亞階級提出要求，希望至少在第二院的選舉是直接選舉，議員不兼其他公職，內閣對國會而不對國王負責。1815 年左右的自由主義，若以現代認知的自由主義來看，它只是在某種程度上的一種反教權及反貴族傾向的人士，所提出的政治和社會改革。在當時，南方有著不少屬於自由派的布爾喬亞階級，他們是法語區的知識分子，受到法國如貢斯當 (Constant) 等人的影響。特別有意思的是反教權的這些人，居然和天主教領袖之間合作聯手，一致反對起威廉一世的政策，這樣的結果使得國王十分詫異。在天主教會方面，如根特市主教，一開始就不打算支持這位新教徒國王，再加上一些年輕的天主教徒受到自由思想的影響，形成所謂的「自由天主教派」，並以麥赫倫主教德美恩 (De Meon) 為領導，將宗教與自由思想結合，也開始要求教育、出版、結社和信仰自由。

　　在梵諦岡教廷方面，雖然不滿意自由主義分子的主張，但更不喜歡讓一個喀爾文教派的國王來決定主教的陶養過程，更別說參與主教的任命權力。經過多次的談判，終於在 1827 年達成協議：主教座堂的教士們在開會決定主教候選人時，必須向國王徵詢，國王有權力可以表示自己對候選人的看法及接受與否；相對地，教廷方面則提出恢復主教的等級制。如此一來，名義上兩邊有了政教協定，但事實上，這個協定在王國內卻沒有真正地被實行過。天主教會仍然嫌政府對其干涉過多，國王及新教徒也強烈反對一度被廢除的主教等級制。1827 年之後，天主教教士和自由主義者之間的合作關係轉為密切，自由派分子討厭威廉一世的專制，教士們則不喜歡他的喀爾文教徒身分。因此，原本不同的「族群」，為了共同的「敵人」而展開聯手；為了自由的價值，而超越了彼此間的不同。

　　語言的同文政策是布爾喬亞和知識分子最不想跟進的。瓦隆地區的居民全都使用法語，並已有千年以上的古老傳統，法蘭德斯和不拉班地區的知識階層也說法文，再加上二十多年來和法國的合併，法文早就是一般社交場所使用的語言。在鄉間的農民雖然使用極為接近荷語的弗萊明語，但他們也沒有任何意願改學標準荷蘭語。政府卻規定不懂或不用荷語就不能擔任任何公職，這點引起人民強烈的不滿。而較平常的工作也寧可優先錄用北方荷蘭人，造成對南方人心理和實質上的雙重傷害。

　　經濟改革上的成就對整個王國來說十分有利，由於威廉一世很看重工業發展，用南方的工業基礎養國，但是南北二方的經濟型態造成需求不同，北方走商業貿易取向，想要降低關稅，南方則需要保護工業而提高關稅。南方在法國兼併時期工業便已起飛，又有多項礦產原料，再加上早在中世紀便已發達的紡織工業，被視為歐陸最早工業進步的領先地區。而北方的商業優勢早在十八世紀即已式微，又逐漸失去殖民地和船艦，儘管如此，荷蘭人仍然希望能重回過去十七世紀的黃金時代。1815 年時，南方人民的收入是北方的雙倍，不僅工業成長快速，國王又越來越看重工業，使得南北形成強烈對比。北方人心中不是滋味，南方人則不甘心拿更多的錢給政府養北方人。

第三節　激情詠嘆

　　在 1828 年的秋天，天主教會和自由派人士已經組成了「反對聯盟」(Union des Oppositions)，公開對威廉一世的政策進行反抗。其最主要的訴求是：希望議會改革，以及要求出版、信仰、結社、教育和語言自由。政府願意在宗教和語言政策上讓步，但反對放寬對出版及教育上的限制。此時，在《低地國通信報》發表新聞批評政府言論的記者德波特 (De Potter) 被判罪遭罰入獄，這件事反而使他成為南方的「民族英雄」。針對新聞自由的論戰也更加激烈，使得政府不得不做出承諾，

答應在出版上稍微開放限制，這一回合的勝利使得南方人民氣勢大增，於是，自由派的報紙便更進一步提出南北分治的構想。當離布魯塞爾不遠的巴黎傳出 1830 年七月革命的消息時，革命氣氛感染到布魯塞爾，再加上之前 1829 年時，由於適逢嚴冬，造成農作物欠收，工業產品滯銷，失業率提高因而帶來社會不安，反對政府成為大眾共同的情緒。1830 年的夏天，就在 8 月 25 日，議論紛紛的群眾聚集在布魯塞爾廣場。原本看似尚不至於發生示威或抗爭的程度，就在此時，布魯塞爾歌劇院傳來一陣音樂聲，大歌劇「波第奇的啞女」(La Muette de Portici) 正在此上演。此劇為歐貝爾 (Aubier) 的作品，在 1828 年於巴黎發表時一度遭到禁止，但還是繼續以不同的名字在一些大城市上演。歌劇劇本是由斯克里伯 (Scribe) 和德拉偉 (Delavigne) 合編，內容描述 1648 年發生於拿坡里反抗西班牙的事蹟。劇中的主角啞女是位英雄人物，她只能以手語表達自己，但透過音樂向觀眾傳達了她的心聲。男主角的部分則是以歌詞和音樂來呈現其浪漫式的民族情感，再配合上大歌劇獨有的特色和形式，具有十分壯觀的大合唱、群眾遊行場面、浩大的軍樂式進行曲和芭蕾舞場景。當劇中的男高音以宏亮又抒情的聲音，唱出詠嘆調「我對祖國神聖的愛」，全場的觀眾熱烈鼓掌，巨大的掌聲自歌劇院傳到場外，裡外的群眾情感同時燃起。情緒較為激動的人開始騷動，打破劇院的玻璃，此刻每個人似乎都成了「愛國者」。

威廉一世的軍隊聞訊連忙前往制止，且與群眾間發生小規模的開火，在街頭喧囂的人民將衛隊趕至皇宮附近，此時狀況已告失控。但威廉一世尚未察覺事態嚴重，僅在四天後的 9 月 3 日，派遣王子至布魯塞爾察看。應群眾的要求，王子答應向父王溝通表達民意，但卻沒有具體結果。同時，南方各省的人民也大量湧入布魯塞爾支持抗議行動。在 9 月 23 日到 27 日這段期間發生了更激烈的抗議示威，憤怒的群眾丟石頭砸東西，於是政府派出軍隊駐守各區，這段經過在尼德蘭史上稱為「九月天」(The September Days)。連農民也在教區的允許下加入反抗活動，在法蘭德斯地區展開示威，列日地區的工人也在當地

圖 31：瓦普的油畫「九月天」　　1830 年 9 月，比利時人民群起反抗威廉一世。

進行抗爭。荷蘭軍隊並沒有真正採取開火還擊的鎮壓行動，因為國王不想造成血腥鎮壓，甚或演變為戰爭。但是事情越鬧越大，9 月 25 日時，南方在羅傑 (Rogier) 的領導下組成臨時政府，荷蘭軍隊於是在安特衛普向抗議活動展開還擊。10 月 3 日，有三萬人參與成立議會和立法機構；10 月 4 日，臨時政府宣布獨立，宣稱其為一個君主立憲的比利時國。

　　原本比利時要推舉法國路易菲力的次子拿慕大公 (Duke of Nemours) 為國王，但未能通過國會決議，後來改由英國維多利亞女王的叔父，李奧波多親王 (Prince Leopold of Saxe-Coburg-Saal) 為比利時第一任國王。雖然瓦隆地區的親法派依然反對，不過基於他為法王女兒路易‧瑪麗的丈夫，最後終於同意李奧波多為國王，在英法的共同支持下，1831 年 7 月 21 日宣誓就職，並公稱為永久中立國。但威廉一世一直不肯承認比利時的獨立，直到 1839 年為止。

第四節　民族和國家認同

　　法國政治兼外交家塔里蘭 (Talleyrand) 在 1830 年說:「這世界上沒有比利時,以前不曾存在,以後也不存在。所謂的比利時,只是一群法國人、法蘭德斯人、荷蘭人(他們是同種人)、德國人。」比利時人沒有一個共同使用的語言,在歷史上,被一個接一個的外國政權如西班牙、奧地利、法國和荷蘭所兼併。塔里蘭認為「比利時人」沒有國族意識,是人造的國家,比利時只是一個被國際外交政策所創造出來的人工產品。

　　事實上,比利時這個名稱早在十六世紀的時候,一些人文主義者就從凱撒的《高盧戰記》中找到一個代表勇敢又強悍的拉丁文族名:比利其。這個名稱讓當時在南方尼德蘭的居民產生了認同感,因此,比利時在拉丁文和法語語系中,已經成為南尼德蘭的代名詞。雖然當地人民在那個時期並沒有自稱為比利時人,但是比利時這個詞已經在人民的歷史中留下記憶。在中世紀的時候,比利時這個地區,林立著一些大大小小的公侯國,如法蘭德斯伯國、不拉班公國等。到了十四世紀末,這個地方逐漸被勃艮第的公爵們整合,但各地區仍然保有相當的自治權,就算在查理大帝統治的時期,比利時人也沒有認同自己是哈布斯堡下的西班牙人或日耳曼人,他們依然是法蘭德斯人或不拉班人。十六世紀末,北方尼德蘭經過一番抗爭,從西班牙的統治下脫離而出,建立了荷蘭共和國;而南方仍在西班牙的手裡,前後歷經了西屬和奧屬尼德蘭管轄時期。從那時起,這個地方成了歐洲列強爭權的緩衝地,常淪為戰場。在宗教和文化上,則充滿了反宗教改革與巴洛克的文化氣氛。十八世紀末,法國勢力介入此地,統合了從勃艮第時期一直到奧屬尼德蘭時期都未能整合的列日主教管轄區,但這塊地方上的人民始終沒有認同任何統治者,他們依然是法蘭德斯人或列日人。具有意義的是,在奧屬尼德蘭和法國兼併時,此地都曾經發生過

「革命」。

　　奧皇若瑟夫二世統治時，由於他以「開明君主的專制」形象，對其領地進行對各種制度的大幅改革，威脅到南尼德蘭的自治傳統，特別是挑戰了向來享有特權的教士和貴族的權利，使得在不拉班地區的保守勢力聯合起來，組織了一個反抗團體，在圖浩特 (Turnhout) 抗議若瑟夫二世的政策。另一方面，一群受到啟蒙思想和美國獨立革命精神影響的人士，也起而反對奧皇的中央集權專制。這兩派反抗團體共同的要求，便是南方尼德蘭各省的自治特權，而當時對南方各省的人民來說，「省」的意義就等同於「國」。反抗團體由貴族教士范得諾特與民主進步人士馮克領頭，組成了一個聯合的小型「軍隊」和駐守在南方的奧軍進行開戰，爆發了不拉班革命，不再承認奧地利對南方尼德蘭的主權，進而宣布獨立，於 1790 年組成「比利時合眾國」。可是，這場革命由於時機尚未成熟，後來在兩派領導人之間，就理念上也沒有達成共識，比利時合眾國只維持了七個月就消失了，奧地利重新取回了對南尼德蘭的控制權。革命雖未成功，但它的意義對於「比利時」作為一個國家的自我認同，是非常深遠的。那是一種由比利時人的自我覺醒，而具體成形的「民族主義」。

　　1795 年，法國占領奧屬尼德蘭之後，基於統治方便，整個地區重新被劃分為九個區，廢除了所有的大小公侯國名稱以及列日主教區，語言政策上也以法語為正式的官方語文，大力推動所謂的「法國化」。以弗萊明語書寫的作品，在當時幾乎沒有被正式出版的機會。對於布爾喬亞階層來說，法語是象徵了自由、平等、博愛的語言，而瓦隆地區原來就視法語為母語，因此，法國化政策並未造成社會上的大問題。

　　不過，當時在各區由地方上的「辭藻大會堂」(Chambre de Rhetorique) 舉辦的詩文比賽，有時會出現以「比利時人」為主題的徵文競賽活動，詩文內容多為讚美比利時的作品，並未受到法國當局的禁止。比利時人有資格紀念自己歷史中的光榮，或許對法國來說，比利時人歌頌比利時，就像不列塔尼人讚美不列塔尼 (Brittany) 一樣。事

實上，這便是「比利時意識」的浮現。

在法國兼併之下，政治上實施中央集權，法治上則使用《拿破崙法典》，教會不被重視。於是之故，除了一些十分認同法國大革命的親法分子，大多數的比利時人，一般說來並不喜歡被法國統治。特別是教士和與教區神父們關係密切的教友們，而比利時人有百分之九十五是天主教徒。法國的反教權主義引發了天主教神職人員的不安和憤怒，他們在廣大的法蘭德斯地區可是擁有大量的農民支持者，「為了祭壇和家庭（爐灶）」的口號開始在很多地方出現，終於在 1798 年，發生了反抗法國的「農民革命」。革命很快就被法國軍隊鎮壓下來，但從此之後，法國對於出版及地方詩文比賽的內容上，便實行較過去更為嚴厲的檢查制度。1799 年後，比利時的工業起飛，教會和政府之間的關係也重新修好，一般人民生活穩定，無特別不滿，社會進步也受到肯定，但法國還是不受比利時人的歡迎。1814 年法國由此地撤退，比利時人民以歡呼之聲迎接期盼已久的解脫。

1815 年，尼德蘭聯合王國建立，統合了荷蘭和比利時。但在經過二個世紀的分隔之下，南北兩方人民早已形成了不同的民族特性。雖然在王國的居民都被稱做尼德蘭人，南方人不可能突然間認同自己是荷蘭人，而王國的聯合，反而更突顯了南北間的不同。當威廉一世的同化政策成為一個不可能實現的夢，同時也正是比利時誕生的時刻。從各方面來看，比利時都不是一個純由國際外交政策所創造出來的人工國。

威廉一世的同化政策未能成功，除了由於荷蘭人和比利時人在心態上的很多方面不盡相同之外，宗教、語言、經濟和教育政策也不能夠彼此相融。偏偏國王的同化政策又以荷蘭化為主要指標，在這種狀態下，比利時人覺得被輕視。加上當時歐洲大環境正處在「革命的年代」和浪漫主義式的民族運動時期，於是使得新一代的自由派天主教人士和自由派的布爾喬亞階級聯手，共同組成「反對聯盟」，要求教育、語言、信仰和出版的自由。當發現國王不能改變其同化政策之時，他

們便要求分治。分治不成，比利時人的自覺意識卻不斷增強，因此進而聯合普羅大眾發動革命，以民族情感為基調，成功的譜出了屬於他們的革命進行曲。

比利時的出現不只是歐洲國際外交政策的產物，早在若瑟夫二世時期發生「不拉班革命」之時，比利時意識就已經很明顯了，而在法國兼併時期也出現過反抗法國人統治的行動。1830 年的革命並不只是布爾喬亞和天主教菁英分子的抗議行為，也不只是普羅階層的反動，比利時革命的本質是一個民族國家層面的革命。

The Low Countries

第 V 篇
近代低地國

在比利時獨立的過程中，曾經一度合作的自由派和天主教保守派，在 1830 年以後產生了意見紛歧。不同的政治理念和價值觀，使得比利時社會再度走向分裂。南北二方也因著不同的經濟型態和語言問題，分別導致了北方的弗萊明運動 (The Flemish Movement) 以及南方的瓦隆運動 (The Walloon Movement) 之興起。而在二次世界大戰當中，社會經濟受創，民族運動卻也在戰爭的複雜狀況中演變，終於促使日後比利時走向聯邦化國家一途。

荷蘭則於比利時獨立後，不管在政治上或者國際處境上，都必須認清自己只是歐洲一小國的事實。於是，在憲法的不斷革新下，荷蘭也蛻變得越來越民主。但是跟比利時一樣，在紛雜的政黨與宗教意識型態下，出現了「柱化」社會 (pillarized society) 的現象。在世界大戰中，荷蘭同樣遭受德國的占領，不僅造成社會動盪、經濟受挫，隨著原有殖民地走向獨立，也迫使荷蘭的經濟必須轉型。因此，荷蘭與比利時同時加入北大西洋組織，放棄中立。

另一方面，盧森堡大公國雖然於 1867 年正式獨立，成為一個中立國，但仍然隸屬在荷蘭的勢力下，並參與德意志聯邦及關稅同盟，以求生存。二次大戰帶給盧森堡巨大的創傷，戰後，盧森堡亟欲擺脫過去擺盪於認同德國或法國文化的桎梏中，找出大公國自己的特色，在努力建設下，終於成為一個小而美的富裕社會。

第十章
建國後的比利時

第一節　自由主義 VS 天主教主義

　　剛建國的比利時是一個採行君主立憲的國家，三權分立，議會由眾議院和參議院所組成，議員經由選舉產生，憲法保障人民享有宗教、教育、出版、結社的自由，是當時歐洲最民主的憲法之一。其政治和社會之發展，大致上來說，與其他西歐鄰近國家相似，即漸進式地朝向民主政治、布爾喬亞 (bourgeois) 及工業化的現代社會邁進。

　　但理想歸於理想，在現實的政治運作中，貴族及中上階層仍然把持了國會，這乃是基於選舉制度所衍生出來的問題。在當時，投票權與個人財產之間有很大的關連，必須以財產作為保證才能擁有投票的資格，而只有七十分之一的人口，即大約五萬六千人有能力達到選舉權的門檻。這些擁有投票權的人，多半是在工業革命的初期發展中得利，賺取到大量金錢而快速致富的中上資產階級，這種選舉制度使得他們在社會上的地位更形提高。在政治觀念上，這群人多半是自由主義分子，對於當時較為保守的天主教會沒有什麼好感。然而比利時的大部分人口，在當時仍然是傳統的天主教徒，包括一些保守的貴族。

國王本身，自李奧波多一世和二世以來，為尋求教廷的支持以及國內教會的力量，皆傾向保護傳統的保守派。因此，在政治層面上，最後便演變成支持教權和反對教權的兩派勢力。

自由派在政治上主要所關心的焦點，在於如何落實政教分離，並以其為主張，希望擁有選舉權資格的人口增加，勞工團體的生活可以得到改善。在 1847 年的選舉中，自由派在國會中贏得多數席，得以組成自由內閣，由羅傑 (C. Rogier) 出任首相一職。他在比利時革命時期曾經十分活躍，也是領導革命的人士之一，在他的任期內，投票權的財產限制得以降低。羅傑是一個較溫和的自由派分子，他希望能和國王建立良好關係，並與天主教的保守派達成合作。但是內閣中其他較為激進的自由派分子，堅決反對教會的政治勢力，他們聯合中產階級，形成反教權團體，其支持者多半為工業城市的居民。至於在農村方面，由於政府一旦在政策上和鄉村地區的利益不能兼顧時，就會放棄對鄉鎮的福利，這點使得原本傾向於天主教勢力的農村人口，更加支持天主教保守派，作為維護本身權益的後盾。

1870 年代開始發生世界性的經濟蕭條，也影響到了比利時。當時由激進派自由主義分子所組成的內閣，卻並未能及時處理經濟和社會上出現的危機。擔心社會脫序失控的人民，轉而支持保守主義的一方，希望藉由教會的力量和天主教的文化倫理，可以讓動盪的社會安定下來。1884 年以後，天主教保守派贏得大選，但在城市裡卻出現了相反的聲音，一些天主教溫和派的自由主義分子，希望教會不要干涉太多世俗政治，而較保守的人士則繼續堅持要在舊秩序和傳統宗教倫理等方面上維持住一定的威嚴。簡而言之，當時比利時政界是自由主義派與天主教保守派兩大陣營對峙的局面，也可以說是世俗和宗教黨派之間的對立。

比利時的社會，便在自由派和天主教派所形成的意識型態下，逐漸分裂為二，加上北方法蘭德斯地區的人民❶使用弗萊明語（荷語的一種方言，幾乎與荷語完全一樣），南方瓦隆地區的人民❷和一些中產

階級則使用法語。在複雜的文化認同及政治傾向等影響下，比利時漸漸演變出一種分化的社會型態，社會學家將這種不同支柱下發展出來的文化稱為「柱化」或者分眾化 (pillarization)，柱化的社會不只是發生在比利時，荷蘭也是如此，而且更為複雜。在下一章中，將會更仔細地解釋這種情況。

政治、語言及宗教立場上的不同，發展出各「柱」林立，其下又包含多個「亞文化」或稱「次文化」社會現象，各社群擁有自己的學校、團體組織、報章刊物及醫院等。這種社會分化現象，從十九世紀中以來，直到1970 年代，對比利時和荷蘭的各個層面均造成深遠的影響。

第二節　弗萊明運動和瓦隆運動

比利時建國時，憲法中明文規定以法文為唯一的國家級官方語文。在訂定之初，並沒有出現反對的聲音，因為比利時地區自勃艮第時代以來，便以法文為主要的官方和知識、文化語言，即使在法蘭德斯地區的城鎮裡，市政上使用的行政語言，或者在法院及教育機構裡，法語也占了絕大的優勢。在當時，使用法文，可說是一種代表著菁英、布爾喬亞及時尚文化的象徵。直到十九世紀開始盛行浪漫主義，歐洲各地興起一股提倡民族語言的風潮，過去被比利時中上流社會有意或無意遺忘的弗萊明語（荷語），成為浪漫主義分子提倡「回歸母語」的旗幟。

提起比利時的語言問題，必須重新回顧那段和語言有關的早期歷史：凱撒征服了比利其部落後，將其納為

❶ 弗萊明人 (Flemings) 在此意指住在比利時北方的法蘭德斯區、不拉班區，以荷語為母語的人種。然而在荷蘭南方的林堡，以及北不拉班，和法國北部敦克爾克附近的種族也屬於弗萊明人，他們的祖先皆為古日耳曼人。弗萊明語和荷語幾乎沒有差別，同屬於印歐語系中日耳曼語的西支。

❷ 瓦隆人 (Walloons) 在此意指居住在比利時南方的人民，另有一些人分布在今法國東北部的亞耳丁地區。他們屬於歐羅巴大西洋人種，其族源和法蘭西人相近，他們的祖先為塞爾特人中的比利其人。瓦隆語也是一種法語方言，但與法語幾乎沒有差別。

高盧行省的一部分，稱做高盧比利其，因而羅曼語系的拉丁文便成為主導文化及教育的語文。之後，日耳曼蠻族入侵羅馬帝國，已然羅馬化的比利其人和法蘭克人，居住在羅亞爾、塞納河和須爾德河一帶 (Loire-Seine-Schelde)，於是這一帶的居民也多使用羅曼語 (Romance Languages)，即為羅曼語系中的法語。今日比利時的南方，包括部分盧森堡地區，也同樣使用這種語系。日耳曼蠻族移居比利時北方和荷蘭一帶的同時，又受了當地的語言影響，形成日耳曼語系 (German Languages) 中的荷蘭語或弗萊明語。一般學者都認為，便是在這個時期，決定了今天低地國間的語言分界線。然而法文之所以成為比利時的主流語言，是因為在十世紀時，法蘭德斯地區為法蘭西王國封建體系下最重要的伯爵國，為了方便和法蘭西王國之間的聯繫，伯爵們採用法語作為行政語言。緊靠法蘭德斯的不拉班公國，則選擇同時使用法語和荷語作為行政語言。受過教育的上層階級、教士、貴族，也都使用法文。因此早從中世紀開始，即使在一般人民皆使用弗萊明語的地區，法文也是一種象徵社會階級和文化水準的語文。之後，在勃艮第王朝時代，整個低地國的主流文化都受到法式傳統的影響，在法國占領低地國的那段時期，比利時更是以法文作為唯一的官方語言。

自 1830 年比利時發動革命以後，有些弗萊明知識分子開始反對這種以法文為尊的現象，特別是憲法中以法文為官定語文的部分。像威廉斯 (J. F. Willems)，一位出身安特衛普的地方政府官員及語言學家，就分別從學術立場的觀點，以及發起社會動員來護衛荷蘭語為比利時的母語，因此他被稱為「弗萊明之父」。另外有一些親荷蘭奧倫治派的比利時北方人，多半居住在根特市，他們也支持荷語運動。然而，真正鼓動弗萊明情感的大功臣，是浪漫主義作家孔斯央斯 (H. Conscience)，他最著名的作品《法蘭德斯之獅》描寫金馬刺戰役的凱旋，挑起了弗萊明人的民族情緒。而神父作家赫哲勒 (G. Gezelle) 也以荷語寫成優美且富有詩意的文學作品和詩集，結合了弗萊明的民族精神，激發了無數的弗萊明知識分子對荷語的認同，年輕一輩的學子無不被

他的文采和豐富的情感所深深感動。

　　1840 年，弗萊明人代表向比利時政府提出採用雙語官方制政策的建議不果，於是在 1856 年組成了「弗萊明語委屈調查委員會」(Commission of Flemish Linguistic Grievances)，專門處理因語言問題而導致的社會不平等事件。報告中所提出的不公現象，多不勝舉，如在中央機關任職的大小公務人員只懂法語，因而拒絕用荷語開立任何文件，也沒有荷文的申請表格。在法蘭德斯等荷語區的學童，因為在學校使用荷語而遭到處罰與歧視。代表們據此實情而提出政治層面的訴求，主張於行政機關和法院中使用荷語，在學校開放母語教學等等。由於天主教黨的支持，以及天主教黨議員在國會中的長期抗爭和努力，1888 年終於通過了〈平等法案〉，讓荷語和法語並行，正式同為比利時的官方語言。

　　但是在實際的社會生活上，懂法語仍然是職業上必要的基本條件，特別是在城鎮裡。由於南方使用法語的瓦隆地區，靠著自己在工業原料上得天獨厚的條件，快速發展為工業化城鎮，在當時於經濟上大幅領先北方的荷語區。北方人若想到南方找工作，如果不諳法語，只能從事勞力工作，而具有輕視意味的「法蘭德斯佬」(Flamingants) 一詞，便是法語區的人給荷語區的人所取的綽號。這似乎表示著原本語言上的歧視已然發展為種族偏見。

　　弗萊明人認為有兩條路可以選擇：學法文或是繼續抗爭。他們的領導人物催化了弗萊明人心中那股「我們的情感」(We feeling)，激起了「我族」感受，使得大家想要努力爭取在社會上的實質平等。1900 年，荷文版的報紙《現在與未來》負起了動員此一運動的責任。而另一方面，瓦隆人也漸漸感受到法蘭德斯地區正在醞釀且日漸高漲的弗萊明意識，他們也組織了屬於自己的「瓦隆運動」，主要是為了對抗弗萊明運動，並保護法蘭德斯地區法語人口的權益，也意圖捍衛「法語階級」的既得特權。不過在布魯塞爾，由自由派分子所發起的瓦隆運動，基本上是以國家認同為出發點，在「我是瓦隆人，但首先是比利時人」

的前提下，半願意地維持國家的統一，而不希望比利時因此走向種族分裂的道路。然而，隨後爆發了世界大戰，比利時淪為戰場，雙方人馬之間的對峙情況也更為明顯。對立的主要原因在於德國在占領比利時的那段時期裡，扶植了一些屬激進派的弗萊明人，在「親德」的條件下，幫忙促成弗萊明運動的政治實質化，如根特大學全面荷語化，荷語和法語區的行政作業徹底分開，成立法蘭德斯議會，發表〈法蘭德斯獨立宣言〉等。在前線上則形成一股「戰線運動」(Front Movement)，反抗不諳荷語卻指揮荷語區龐大軍隊的將領長官。「戰線運動」的領袖們在第一次大戰結束後，成立了「前線黨」(Front Party)，繼續推動荷語區的自治。

瓦隆運動在第一次世界大戰前夕，於狄斯特里 (J. Destrée) 領導下，愈發激烈起來。他是一位篤信社會主義的律師，因發表〈給國王的一封信〉而聲名大噪。信中他宣稱根本沒有比利時國，但確有瓦隆和法蘭德斯，於是之故，應該積極推動聯邦自治，還給兩個地區人民自由。除此之外，他不但親製瓦隆旗幟，設立瓦隆節，並推動本土藝術和文化運動。

戰後有一段時間，由於在歐洲經濟正逢不景氣，種種因素影響之下，這些基於意識型態而起的民族運動都暫緩下來。1926 年以後，比利時的經濟開始復甦，尤其是在北方，大量的銅、錫、鑽石和石油等，從比屬剛果 (Belgian Congo) 輸入，加上社會改革改善了工人待遇，弗萊明人的工作意願受到了鼓勵，法蘭德斯地區的工業因此進展快速。相對的，1930 年以後，除了世界經濟恐慌所帶來的影響，瓦隆地區的工業設備顯得老舊過時，自由經濟又因遭到政府干預而受挫，原來在十九世紀時占據優勢的工業和經濟逐漸面臨窘境。

在政治層面上，北方荷語區的經濟越來越好，新成立的工黨也逐漸茁壯，一些工人及中小企業家紛紛挺身支持弗萊明運動。透過 1928 到 1932 年間的各項立法，陸續提升了荷語的地位，更確定了區域法，承認比利時劃分成荷語區的法蘭德斯、法語區的瓦隆，以及雙語區的

布魯塞爾。

　　1940 年，德軍再度入侵比利時，此時較激進的弗萊明人民黨，為了弗萊明運動與德國進行協商，並得到納粹在各方面的支援，進而反對民主議會；瓦隆的組織則選擇參與抗德的一方。少數法蘭德斯人的「親德」或「通敵」行為，因而牽連到戰後弗萊明運動的發展，甚至遭受到大部分荷語區人們的譴責，對這個運動的熱忱也減低許多。而瓦隆地區方面，則成立了瓦隆議會，討論關於瓦隆人民未來的政治取向，大致上打算從三個方向中決定其一：第一，採取聯邦制；第二，瓦隆獨立；第三，與法國合併。結果多數人贊同走向聯邦制。

　　二次大戰後，「親德」派的弗萊明人立即受到了嚴厲的處罰，共有五萬八千多人以通敵嫌疑遭到軍事法庭的判決。但事後卻發現對於所謂「通敵者」也存有不少誤判的情況，因為他們僅僅是民族主義的理想者，更有一些純屬無辜。這個事件曾引起一般弗萊明人對瓦隆人產生不滿，反之亦然，瓦隆人也抱持著「弗萊明佬」對國家不忠不義的印象。

　　接著，「皇室問題」(The Royal Question) 更加深了雙方間的敵對。在二次大戰時期，比利時國王李奧波多三世 (Leopold III) 並沒有隨其政府流亡英國，這位虔誠的天主教徒國王留在國內的德國占領區，與希特勒商議關於比軍戰俘事宜，且於停戰後被德國人帶往奧地利。他的舉動遭受許多比利時人的質疑，國王的行動是否曖昧？立場上是否模糊？李奧波多到底有沒有資格返國繼續接受王位？這些問題引發了全國性的爭議。

　　絕大多數的法語區瓦隆人認為國王已經喪失資格，背叛國家，極力反對李奧波多復位。相反的，多數的荷語區法蘭德斯居民，都支持國王可以恢復王位。經過公投結果，以百分之五十七的支持率，國會同意國王得以繼續其王位。當李奧波多返回比利時，瓦隆地區發起多起反對示威，並造成激烈的流血抗議行動。瓦隆運動的領導們更決定成立臨時政府，甚至傳出法國政府也在背後支持抗議活動的風聲。國

王見情勢至此，決定遜位於他年僅二十一歲的王子包德溫 (Baudouin, 1930–1993)。

「皇室問題」的確激化了南北兩造相互對峙的情況，而經濟上的轉變也助長了雙方的競爭。瓦隆區由於戰後經歷經濟型態轉型而落了下風，反之法蘭德斯地區藉著國際投資、金融業復興等，漸漸走向現代化社會之路，人口也不斷成長，荷語區的大都會開始繁榮起來，這些轉變都取代了南方原來老式的工業型態。法蘭德斯的經濟地位也帶動了其在政治上的影響力，經過憲政改革，1962 年，荷語成為法蘭德斯地區唯一的官方語文；1967 年有了完整的荷文版憲法；1968 年，魯汶大學分裂為二，法語部遷出老魯汶城，到南方成立新魯汶校區 (Louvain la Neuve)。隨著日後的幾次修憲，比利時終於走向了聯邦制。

第三節　歐戰與比利時

1914 年的 8 月 4 日，德軍要借境比利時攻打法國時遭到拒絕，於是他們順理成章的入侵比利時。在戰爭開打三個星期後，列日、布魯塞爾便宣告失守，到了 10 月，安特衛普也被占領。沒有作戰準備的比利時軍隊，相較於訓練有素的德國軍人，顯得完全不是對手。當時的比利時國王愛伯特一世 (Albert I) 雖然親自坐鎮前線指揮，並因此被譽為「騎士國王」，但比利時軍依然節節敗退，最後，在易澤河 (Ijzer) 以西之地全軍覆沒，死傷慘重，很快地，比利時便淪為德國的占領區。比利時全國陷入困境，糧食匱乏，工商業停滯，還要繳付重稅以支付德軍開支，更有大量的比利時人被送往德國工作，人民生活苦不堪言。然而，如前所述，確有一些弗萊明運動分子在德國的支持下，於根特成立法蘭德斯議會。在 1918 年初，比利時被德國劃分為兩個行政區，分別以布魯塞爾和拿慕兒為總部。同年夏天，德國潰敗，這些激烈的弗萊明運動分子分別逃亡荷蘭和德國。1918 年的 9 月，比利時被盟軍解放，流亡法國北方的政府也重新回到國內，「騎士國王」的英雄事

圖32：比利時的「騎士國王」愛伯特一世在第一次大戰時親自巡視戰壕挖掘情形。

蹟受到人民的熱烈歡迎。

戰後，在 1919 年巴黎和會的〈凡爾賽條約〉(The Treaty of Versailles) 中，比利時得到德國的于朋 (Eupen) 和茂梅地 (Malmedy) 二區❸，也接管了德國在中非的殖民地盧安達 (Ruanda) 和布倫第 (Burundi)。而後在〈羅加諾公約〉(Pact of Locarno) 中，也確立了比、德邊界互不侵犯的保證。

在戰爭期間，比利時的經濟幾乎崩潰，戰後又發生通貨膨脹，導致貨幣嚴重貶值。不過，也因此刺激了出口業，林堡省又發現了新煤礦，安特衛普和列日間的運河開通後，促進了貨運暢流，國際航運和機場的開放，也使得比利時與國際交流有了更好的聯繫方式，在這些有利條件下，社會上經濟呈現穩定成長。當 1930 年代發生以美國為主的世界經濟恐慌時，比利時雖然也受到波及，失業人口上升，但相對的物價也跟著下滑，一般人民的生活依然可以維持下去。同時政府採取了干預經

❸這兩區位於比利時和德國的邊界地區，一次大戰後曾劃分給比利時，但二次大戰時再度為納粹奪回，直到 1944 年才重歸比利時，屬森林區。居民約有六萬人左右，主要語言為德語，是謂德語區，為比利時聯邦化的三個社區之一。

濟政策，提高出口率，降低失業人口，使得國家順利度過難關。

政治方面，在實行憲改後，成年男子普選制也於 1919 年成立，但關於女子普選的相關政策卻遲遲未定，主要因為自由派和社會主義者認為女性在宗教虔誠和衝動的情感因素影響下，比較容易把票投給天主教黨派。在選舉上，則因三大黨派：天主教黨、自由黨和社會黨都不過半的情況下，只得走上聯合政府一途。然而其議會體系的政治發展在戰後卻不是很順利，法西斯黨也趁此機會在比利時發展起來。

1939 年的 9 月，英法兩國在德國入侵波蘭後向德國宣戰，當時比利時已宣布為中立國，但德軍依然再次於 1940 年 10 月 10 日入侵比國境內，閃電般的戰事僅持續了十八天，比軍便全軍覆沒。一如前面所提及，國王李奧波多三世並沒有隨著政府流亡英國，而選擇留下與希特勒周旋，因而引起了全國性的爭議，加上法蘭德斯民族主義分子又與德國關係密切，接受納粹的支援來從事弗萊明運動，比利時境內更顯得混亂。另一方面，比利時的地下抗德運動也迅速展開。不過大多數的比利時人對戰爭只有感到無奈，為生活上的顛簸流離感到憂心，害怕被驅送到德國的兵工廠服勞役。在大戰期間，至少有為數五萬的比利時人死於戰爭，居住在安特衛普區的猶太人都被送往集中營，受到無情的蹂躪。保守估計也約有八萬名猶太人遭到屠殺。

盟軍於 1944 年 9 月 3 日抵達比利時，當地的地下抵抗組織為盟軍提供了策略上的充分協助，支援美軍進入比利時南方，取得列日和拿慕兒的堡壘。就在比利時即將自德國占領下解放之際，卻在 1944 年的冬天，德軍再度轟炸安特衛普和列日，嚴重打擊了這兩個城市的一切，緊接著又突破了亞耳丁高地的防線。在這場戰役中，不論美軍或德軍皆損失慘重，戰事一直持續到 1945 年 5 月 8 日，總算才告結束。

戰後的比利時，政治上因「皇室問題」而引起軒然大波。國王自己的解釋是為了能和德方做出最直接的協調，當時才決定留在占領區。但由於其理由說詞含混不清，受到國人強烈的質疑。國王「親德」的謠言四起，造成支持國王和反對國王留任的南北兩派嚴重對立，也引

圖 33：戰時地下抵抗組織的成員

起社會上的騷動。

在外交層面上，比利時戰前的中立態度，顯然對於增進國家的安全並無保障，於是一改前態，積極加入北大西洋公約組織，並與荷蘭、盧森堡合作，達成關稅同盟，促進國際合作，以鞏固自身和歐洲安全。

第四節　對剛果之殖民

歐洲各國自十九世紀中末期以降，展開了所謂的新帝國主義 (New Imperialism) 時代，不斷向外擴張殖民，小小的比利時也不例外，在遙遠的非洲剛果得到了九十多萬平方英里的廣大土地。威爾斯的記者兼冒險家史坦利 (H. Stanley) 於 1878 年首次抵達剛果河流域探險，將其經歷寫成了《黑色大陸》一書，書中除了肯定剛果的價值外，並描述當地的神祕，引起了世人對這塊地方的注意。此時，比利時國王李奧波多二世 (Leopold II) 於 1865 年繼承其父李奧波多一世的王位，在他統治期間，除了大力推動工業化，在政黨政治上並建立了社會黨加以發展，也成立了工會組織，但他最大的野心在於將自己的權力擴張到另一個大陸——非洲。在他的大力支持下，史坦利再度進入剛果，代表比利時國王與當地部落達成各項協商，以商品和財物漸進地換取到

他們的土地及其連帶的屬權。不用多久，剛果便淪為國王的私人財產，李奧波多二世使用各種理由和手段，在短短的五年之間，幾乎得到了整個剛果區，也成為剛果國王。他一手創立了「剛果國際非洲協會」，這是一個屬於他個人的商業組織，並以將天主教傳入黑色大陸為藉口，對剛果進行實質上的控制。他並將此區命名為「剛果自由邦」（Congo Free State），於名義上保證歐洲各國在剛果的經商自由權、河域的自由航行權，以及船隻上貨品的關稅平等權。

本意為預防歐洲各國覬覦非洲導致相互衝突而召開的柏林會議，李奧波多二世卻利用此一機會，巧妙地取得了剛果的永久控制權。他對殖民地極盡剝削，卻為比利時的經濟帶來了莫大的發展。然而，由於剛果屬於國王私人的財產，對於當地居民的統治又不夠人道，有越來越多的聲音反對李奧波多二世的殖民政策。在各界輿論壓力之下，國王於 1908 年結束他對剛果的私人統治，將殖民權移交給比利時政府，正式將當地更名為比屬剛果。

在國王統治剛果自由邦的時期，並未設有殖民部。他本人就是殖民地的最高行政和立法首長，不過從來一步也沒有踏上過剛果的領土，而是由一批替他行事的官員，有計畫與目的性地削弱了當地酋長所有的權力。1909 年，李奧波多逝世，愛伯特一世即位，在他成為國王後，曾到殖民地進行探視，削除了一些對於當地居民土地所有權和勞力工作上不甚合理的制度，減輕了被殖民者的負擔。

比利時的殖民政策屬於一種「家長政治」（paternalism），即殖民者希望和被殖民者建立起一種積極的關係。比利時當局相信自己可以提高剛果的生活水準，建設基礎教育，廣布醫療設施和傳教事業，但並不鼓勵當地人民的政治意識和民族覺醒，以防剛果人民產生獨立的念頭。一般來說，在比利時殖民期間，當地的物質條件確有改善。在精神層面上，天主教思想傳入，以基督信仰為主的教育方針，成為主要的教學理念，由神職人員來擔任教師，約有百分之五十六以上的學齡兒童因此接受了小學教育。到了 1950 年，推廣初等教育普及化成為主

圖 34：比屬剛果殖民地建設　比利時在剛果的醫療團於 1950 年代為剛果小學生作體檢。

要的政策之一，比起其他非洲殖民地的教育政策，比利時在當地的教育推廣算是做得最成功的。除此之外，對於醫療助手及護理人員的訓練培植、農業技術的傳授，這些方面的成果也頗受好評。高等教育則到 1954 年才告確立，魯汶大學在當地設了一個分部，不過只有四個應用學科：醫學、農業、教育培訓和行政管理。其他有關政治、思想等課程則因擔心會導致政治運動而沒有設立。

　　二次世界大戰時，由於比利時自顧不暇，也影響到他們協助剛果事務上的名聲。其間曾有反抗領袖如金巴加所領導的反抗運動發生，但與事者卻遭到當局逮捕監禁。二次戰後，反殖民的聲浪越來越高，然而剛果地區豐富的礦產，包括發展工業所需的橡膠、棕櫚油以及其他如象牙等資源，對於比利時的經濟發展幫助很大，使得比國政府不願意輕易放棄殖民事業。到了 1950 年代，橫掃非洲的各個獨立運動也引起了剛果的反殖民效應。當時的比利時國王包德溫為了安撫人民，曾親自前往剛果探視。雖然因國王個人的親和力，使他在當地受到盛大歡迎，但仍然阻擋不了往後幾年陸續爆發的獨立運動。

　　1959 年，剛果首府金夏沙 (Kinshasa) 發生「叛亂」，據比利時官方所報導共有六十人喪生，四百多人受傷。動亂發生的原因，在於比利時政府下令禁止「剛果協會」(The Association of the Lower Congo) 團體集會。這個協會原本只是一個文化組織，1955 年，由一位在比利時天

主教會所辦之學校受過教育的剛果人卡沙維布 (Kasavubu) 所創立，之後受到民族自覺運動的影響，而欲發動反殖民活動，才被殖民國發令禁止團體集會。在「叛亂」發生不過短短兩週之內，局面就發展得不可收拾，比利時當局不得不提出讓剛果人逐漸完成自治的計畫書，承諾男子投票權，協助設立國會上下議院等。同年的聖誕節假期後，各個剛果政治組織代表共二十名，到布魯塞爾參加了比利時殖民部的會議，並要求實質上的獨立。比利時國王也親自與會，經過雙方辯論協商，終於達成共識，比利時同意於 1960 年 6 月 30 日讓剛果正式獨立。

　　甫獲獨立的剛果，內部旋即產生權力鬥爭，致使聯合國和平部隊必須進駐。1970 年剛果大選後，穆布都當選總統，次年將剛果易名為薩伊共和國 (The Republic of Zaire)，但仍然保持與比利時之間的密切關係。1977 年，薩伊又恢復剛果舊名，至今則薩伊、剛果二名並用。

第五節　文化與藝術風格

　　從十九世紀到二十世紀初，歐洲的文化發展多以中產階級品味為主。從浪漫主義到象徵主義，從寫實主義演變為世紀末 (Fin de siècle) 的頹廢派 (décades) 和新藝術 (Art Nouveau) 風格的流行，顯得多彩多姿，比利時的文化風氣也在這股文化潮流中得到發展。但與十五到十七世紀相比，在藝術領域方面，卻略有些許少欠輝煌之感，不過也並不遜色。在哲學思想上，仍然是天主教哲學的天下。最活躍的是新士林哲學，或稱新托瑪斯主義 (Neo-Thomism)，在比利時的樞機主教梅西艾 (J. Mercien, 1851–1926) 倡導下形成，並流行於整個歐洲學術界，影響所及，甚至遠達北美地區。梅西艾在魯汶大學修習哲學課程後，在教宗李奧十三世 (Leo XIII) 的旨意下，於魯汶大學開設了「聖托瑪斯高等哲學」課程。他將理性與信仰、科學與宗教之間相互整合，尋找出一套神祕主義和理性原則能夠彼此結合的哲學思想，創立了新托瑪斯主義，他並建立了聞名世界的「高等哲學研究所」，很多大學者及哲學

家都慕名前來學習。馬利丹 (J. Maritain)、德日進 (P. T. de Chardin)，都一度是他的追隨者，進而提出創新看法或為一家之言。他們通稱為新托瑪斯學派。

文學領域上，天主教神父同時又是浪漫派詩人的赫哲勒，擅長用荷語寫成優美的詩作，激起許多人的宗教情懷，以及法蘭德斯鄉愁式的浪漫情感，對弗萊明運動有著深遠的影響。他對大自然滿懷讚嘆和感悟，對於各種各樣的風景、動植物均有描寫，不論是空中的小鳥、河中的游魚、煙雨星光的朦朧和閃爍、綠蔭白雲的夏天或者暮色中的秋日，對赫哲勒來說都是詩的啟迪。由於他的意境脫俗，兼具美感與宗教性，人人都認為他已經達到真善美的境界。孔斯央斯也是一位多方位的文人，舉凡在小說、詩、劇作上，都曾發表出膾炙人口的作品。他以他的創作來感召讀者，喚起他們心中的弗萊明意識，《法蘭德斯之獅》一書中的獅子已然成為法蘭德斯的幟號。藉著獅子的旗幟，有力地喚醒國人的民族情感，是典型的浪漫主義民族文學。

梅特林克 (M. Maeterlinck) 是弗萊明人，但他慣用法文寫作，是位多才多藝且多產的象徵主義大師，出版文集共六十大冊，其中最為人

圖 35：「法蘭德斯之獅」的旗幟　藉著獅子的象徵，弗萊明運動者走上街頭。

知的是《青鳥》(*L'Oiseau bleu*) 和《佩里亞與梅麗桑》(*Pelléas et Méisande*)。《青鳥》是一部帶有隱喻的象徵傷感作品，使讀者在閱畢掩卷之餘，尚且懷著一種反省人類處境及人性的哲學省思式小說。而《佩里亞與梅麗桑》是一則美麗的愛情故事，但其中也有類似《青鳥》式的寓意存在，主要隱喻人與人之間因相互猜忌所形成的悲劇。這部劇作後來被法國印象派音樂家德布西 (C. Debussy) 改編為歌劇。梅特林克在文壇上的成就，為比利時抱回了 1911 年的諾貝爾文學獎，成為比利時人的驕傲。

比利時歷史學家比倫 (H. Pirenne, 1862–1935) 是位世界級的史學大師，法國著名的年鑑學派 (The Annales School) 始祖們亦奉他為師尊。比倫以研究中世紀史著稱，其代表作為《中世紀的城市》和《穆罕默德與查理曼》。但身為一名比利時人，他寫成七大冊的《比利時史》才是堪稱經典的鉅著。書中解釋了比利時之所以呈現多元文化的社會，乃是因其源自早期的日耳曼文化和羅曼文化，兩種文化又相互融合後的結果。在比利時獨立後，國內又面臨分裂之際，比倫也從歷史中來尋求國家認同的理念。比倫之子承繼父業，也是一名歷史學家，在西方歷史界同樣占有一席之地。

盛行於十九世紀末的藝術風格，強調感覺，表現出一種無序變形的形式。這樣的風格之所以興起，乃由於歐洲從自律的近代社會中成長，在歷經理性和科學主義的崇拜，以及那種以市民中產階級為主的道德體系後，如今新生的一代卻想要突破老舊的價值觀，取得更大的解放，因此產生出如此的新藝術風格。但「新藝術」也常被揶揄調侃，被冠以多種奇怪的稱呼，在比利時被叫做「鰻魚式」，法國人稱其為「麵條式」，德國稱之為「條蟲式」。不論名稱如何，這種新的藝術風格揭示了線條的動態，奔放而自由地彎曲、扭動，呈現出不規則且亂舞的樣式。其中最具代表性且揚名於國際的比利時藝術家為凡爾德 (H. van de Velde)，他被視為新藝術的創始者，並將其創作風格和室內設計導入巴黎和德國。他曾在威瑪 (Weimar) 擔任大公的藝術顧問，設計博覽

圖 36：「新藝術風格」的燭臺造型　這是
凡爾德所設計的作品，表現出彎曲的張
力，但也有平衡而和諧之美。

會劇場，開創了建築史上的威瑪學派，同時也是創立包豪斯 (Bauhaus)
設計學校的先驅者。

　　繪畫方面，十九世紀浪漫派畫家經常為當時風行的愛國主義服務，
如瓦佩 (G. Wappers) 和德凱瑟 (De Keyser)，其畫作表現出比利時歷史
上的榮耀。除了浪漫派，寫實和印象派畫家也在比利時得到發展，其
中以裴梅克 (C. Peimeke) 的畫作為佳，對表現主義產生很大的影響。他
的色彩強烈，擅長使用象徵性的技法，題材上則多取自於海港景色和
日常生活。另外，比利時的超現實畫派也享有盛名，德爾沃 (P. Delvaux,
1897–1994) 就是其中的佼佼者，其作品以「回聲」、「街道上的男人」
為代表。在他的畫面上經常出現半裸的女性，徘徊在寂靜的火車站裡，
構成一幅幅予人奇特印象的畫作，充分表達出他的超現實作風。另一

圖 37：德爾沃的超現實畫風　這幅作品為「憂鬱的階級」(In Praise of Melancholy)。

位畫家馬格里特 (R. Magirtte) 則是常以人、海和天堂的主題來創作，並以表達出超乎想像的風格而著稱，屬於超現實主義畫風。

在雕刻藝術上，也同樣受到浪漫主義的影響，以凸顯歷史上的英雄事蹟為其特色。這也說明了當時的藝術家們，是如何以自己的作法對剛獨立不久的比利時表達出他們的憧憬和讚美。在街頭或廣場上，可以發現許多過去曾經榮耀國家的英雄人物，如今他們的身影化為藝術雕像立於自己的土地上。但隨著社會主義的出現，雕刻家們也會以日常的平凡人物景象作為主題，例如正在耕種的農夫，勞動中的工人，這樣的雕像也常出現在街頭巷尾，作品均有其藝術水準。

此時的音樂創作，則多以宗教和具有民族風的樂曲為代表。伯努瓦 (P. Benoit) 因受到浪漫主義小說家孔斯央斯的影響，致力於具有法蘭德斯風情的音樂創作，以音樂的形式來表達民族情懷。他的作曲實力曾得到羅馬大獎的肯定，後來創立了法蘭德斯音樂學院，著有歌劇《山村》及一些清唱劇作為代表。在宗教音樂上，則為了前述之新托瑪斯主義，創作出於舉行其儀式所適用的曲調。

第十一章
近代荷蘭

第一節　政治與經濟

　　1830 年比利時獨立，迫使荷蘭面臨領土減半，工業資源減縮的狀態，最重要的是，荷蘭必須重新認知自己在歐洲的地位。十七世紀的黃金時代不再，要從曾經為歐洲強權的懷舊黃金夢中甦醒，看清荷蘭只是一個處在歐洲列強間的小小國家，同時也必須調適和自己剛分家不久的鄉國——比利時——彼此間的關係。

　　在國際外交事務上，經由多方考量，荷蘭選擇成為中立國。保持中立，不積極參與歐洲的政治事務，這麼做可以確保國家的穩定。這種認同直到第二次世界大戰後才告打破。

　　國內的新秩序也有待重建。國王威廉一世希望能把比利時獨立所帶來的衝擊減到最低，所以不主張修憲或大幅改革，避免在社會上引起更多的動盪不安。他企圖主導各部門的施政以便掌握實權，但改革派及一般官員認為國家更需要的是憲政改革，自由派也希望能夠建立起一個強而有力的議會政體，由各級首長來對議會負責，讓國王扮演精神領袖的角色即可。1840 年確實有了小幅度的修憲，如要求部長在

頒布法令或皇家詔令時必須先經簽名連署，對於行政官員的權責行為也訂出規章，但並沒有落實將政治責任充分交予各個首長的部分。就在此時，國王的婚姻狀態也受到批評，身為一個新教徒國王，在妻子過世之後，他居然迎娶了比利時籍的天主教女伯爵愛歐特盟 (H. d'Oultremount)。在各方反應對於國王的各種不滿後，威廉一世決定遜位，將王位交給王子威廉二世 (William II)。

威廉二世即位不久，歐洲便發生了 1848 年革命，不論各地都想要推翻舊政府的保守勢力。在這股潮流下，威廉二世被迫要轉變皇室的保守形象，他必須接受政府對他個人權力的限制。

荷蘭的自由主義者托北克 (J. Thorbecke, 1798–1872) 在憲政改革上扮演了很重要的角色。這位研究政治史的歷史學家兼律師，創擬了〈憲法的重要性〉一文。在 1849 年他當選為首相，在他的任內 (1849–1853) 就很多事項進行改革，並以 1848 年所擬的憲法為行事基準。這部新憲法與比利時的憲法一樣，無疑是當時全歐洲最具「現代性」的憲法，其內容保障了人民在宗教、教育、集會、出版上的自由，並給予國會更多的實質權力來審議國王的作為。下議院和市議會採直接選舉的方式產生，每四年為一任。上議院的代表由省議會指派，以九年為一任期。部長們必須對國會負責，國會有權質詢部長等等。與比利時相比，荷蘭政府的保守勢力並不算強大，因為在歷史上，荷蘭也沒有出現過真正強勢的封建貴族，因此也就沒有一個傳統的強勢保守勢力存在。在 1850 到 1860 年間，雖然有些保守派並不期望任何「社會變動」，畢竟沒能得到廣泛的支持。倒是有些議員或部長在各項政治、經濟、社會改革上都採取「中庸」的態度，行事小心謹慎，不輕易做出大幅度的變動。其中較著名者例如銀行家出身的財政部長范豪 (Van Hall)，像他這樣的人，在當時被稱為保守的自由主義者。

威廉三世 (William III) 在其父威廉二世過世之後繼承王位。他曾盼望將荷蘭的情勢扭轉成 1848 年新憲法制訂前的局面，讓國王有權指任上議院人選，部長只需向他負責即可，不過始終未能如願。這種存

在於皇室、國會及政府首長之間的緊張關係，確實引發了荷蘭的憲政危機。在 1866 年的選舉中，威廉三世企圖干涉選務，堅持「皇家特權」應該包含任命及解任部長的權力。不過最後他還是屈服於國會的多數反對票之下。

自由主義者在荷蘭作出如下呼籲：在自由的社會中，國家機器不得任意干涉個人在各個方面的生活。然而，不論在荷蘭或歐洲其他地區，自由社會的到來，並不意味著國家對私人事務的干涉就此銷聲匿跡。一般來說，荷蘭在這方面仍有許多發展的空間，特別是在自由經濟方面。

在尼德蘭聯合王國時期的選舉法中，只有極少數的富有人士才有資格擁有選舉權。經過 1848 年的憲改之後，約有百分之四的人因此得到選舉權，這已經是過去的三倍人數。1887 年再次修憲，選舉人口數逐漸增加，直到 1917 年，男子普選才告確立，1919 年，女性普選方得落實。

在政黨的發展上，要到十九世紀中葉以後，自由派當權鼎盛時期，政黨政治才真正開始，1900 年以後才完全落實。最早開始發展的黨派為自由黨，以及具有宗教性質的政黨如喀爾文教派的基督教黨和羅馬天主教黨。隨後，社會主義興起，又產生了社會黨和無政府主義者等。在所有政黨中，最具影響力的四個政黨分別是：自由黨、社會黨、新教黨和天主教黨。

兩個世俗政黨及兩個具有宗教性質的政黨，有時會聯手組成聯合黨，有時也偶爾出現政黨立場交互的現象。夏普曼 (J. A. M. Shaepman) 和居普爾 (A. Kuyper, 1837–1920) 是促成宗教政黨聯合的推動者。居普爾在議會服務之時，就因個人宗教虔誠想要推動新教文化，於是在 1886 年，從荷蘭喀爾文教會中，另創了一個荷蘭改革教會，宣稱自己是更正統的喀爾文教派，繼而召集「認信運動」(Confessionalism)，即以公開表示自己的信仰認同來支持同屬一信仰的黨派。1888 年，居普爾與夏普曼共同新組宗教政黨，並創立阿姆斯特丹自由大學，這是個

以喀爾文教義為主旨的學術教育機構，有力的推動了基督教文化。由於他對教育的興趣，在他擔任首相職務時所籌組的宗教政黨聯合內閣，促成了國家補助私立教會學校的法案。

公立學校和私立學校的經費措施，多年以來是荷蘭政治和宗教上的一個熱門問題，這便是所謂的學校戰爭 (The School War)。「戰爭」最先始於 1825 年，在天主教議員范撒斯 (Van Sasse) 於國會上的一場演說中，提到為了捍衛自由便必須實行教育自由的理念。他認為天主教學校有以天主教倫理為教育宗旨而興學辦校的自由，因此在 1848 年的憲法，解禁了嚴格審核私立學校辦校的法規（教會所辦學校多為私立）。但活躍於十九世紀的自由主義分子，特別是對高級知識分子來說，他們理想中的一般學校必須超越宗教信仰，把教育課程集中在知識性質，將教育的目標往啟發學童理性的方向上去推展。當時一些新教的政治人物多半也支持自由派的教育理念，而反對天主教設辦私立學校。他們心目中的理想學校是教育內容包含新教倫理的公立學校，但並不特別強調對其教義的教育。於是，在 1857 年的教育法案中，政府公布了公立學校的教育宗旨；秉持基督教義、社會道德和其他知識並重的原則，但排除了國家對於天主教私立學校的補助，因而導致「學校戰爭」開打。

在梵諦岡方面，教宗碧岳九世 (Pius LX) 於其訓諭「何等關心」(Quanta Cura) 中表達了他的立場，支持荷蘭主教所發起呼籲天主教徒把孩子送往天主教學校的運動。在教育補助上，由於新教「認信團體」所創辦的私立學校也希望得到國家的經費，而天主教學校也要求比照辦理，新教黨和天主教黨便聯合促使政府通過私立學校得到補助的法案。因為每個教徒也都有納稅支持公立學校的經費，因此新的教育法案不得不對私立學校也提供經費。然而自由主義者以天主教教育僵化為理由，一直反對設辦教會私立學校。但新教和天主教所組成的聯合黨團促成了修正法案，1917 年終於完成立法。自 1920 年起，國家將所有中小學的學校設備標準化，班級人數有其定額，並制訂對於基本學

程、師資的合格證書以及考試標準等等。但國家沒有任何權力可規定教科書的版本，對於要讓孩子就讀公立還是私立學校，家長也有絕對的選擇自由。

至於各政黨交互立場的情況，則可以實例來說明其情形。例如在對經濟政策的意見上，社會黨和自由黨的立場可能會處在「左」「右」兩極，而另外兩個宗教政黨對此問題則可能處在左右兩極之間，為偏左或偏右，必須視該宗教政黨支持哪種政策為指標。但在對於倫理或文化政策的看法上，例如墮胎法和教育的議題上，就可能產生社會黨和自由黨同時支持一個立場或不同立場，而宗教性政黨在「反墮胎」的立場上彼此一致，因此便會發生當政的新教政黨與在野的天主教黨站在同一陣線，聯手反對執政的自由黨或社會黨所提出的墮胎和教育提案，或是執政的自由黨與在野的社會黨聯手反對由執政的宗教性黨派所支持的提案。

第二節　柱化或分眾化的社會

由於政黨政治的發展及認信活動的發生，不同的意識型態反映在社會生活裡。荷蘭人因其不同的宗教信仰和政治認同，加上對認信黨派的支持行為，導致發展出社會中的許多小社群。一個個小社群就像是柱子 (pillars) 般分割了社會，同時也出現許多柱子並存的情況。這種現象稱為柱化或分眾化，荷文稱作 "Verzuiling"。

長久以來，宗教在荷蘭人的生活中及各個層面如政治、教育、經濟上，都扮演著舉足輕重的角色。也正因如此，所以柱化的社會和宗教因素有著最直接的關係。事實上最初的柱化現象就是因為宗教與世俗的對峙而產生，政黨上也因為信仰問題而衍生出世俗政黨與宗教政黨。意識型態或宗教信仰相同的人，各自擁護其所認同的價值觀，又形成了各個柱化下的「次文化」社區。例如天主教徒、新教徒、社會主義者、自由主義者和其所認信的政黨形成同一個柱化社群，個人便

在各自的社群中，參與自己社群的組織，就讀由自己社群所興辦的學校，看自己的報紙，聽自己的廣播，上自己的醫院，與自己社群中的人結婚等等。因此經常會發生像是社會黨人士絕對不到天主教所辦的醫院去看診，反之亦然。類似的情況也可能發生在另一個柱化中的成員身上。

一個柱化的、分割的社會，在國家層面上要如何統一，便是一種協調的智慧。也正是在這樣的情況下，政黨的角色便更形突出。在柱化的每個社群中，其菁英分子通常會成為本柱所代表政黨當中的一員，然後通過提名進入政黨競選，透過選舉的過程以進入議會。這些來自各個不同柱派的代表便可在議會進行協商，走上協合式的民主政治 (Consociational Democracy)。這種溝通模式是必須的，否則在柱化的社會中，社群彼此間互相隔絕，若不由領導級的人來相互溝通、協調的話，也就無法為國家級的決策來做出決定。這種協合式的政治也是維持社會穩定的一種方式。

不過，並非所有的荷蘭社會都傾向「柱化」，一些商業性質的組織，為擴大其所得利益，便不參與柱化的社會。另外也並不是所有的荷蘭人都生活在柱化的社會中，特別是一些知識分子和藝術家，比起社群式的生活，他們會更傾向於自己的個人生活風格。

荷蘭和比利時的現代化過程，與其他的西歐國家稍有不同。一般來說，現代化的進程都會先經過前工業期，然後在經濟、政治、社會、文化上各方面綜合達到整體的現代化。但荷蘭與比利時在現代化過程中又交織了柱化的現象。這是因為現代化的社會在結構上包括了資訊的標準化、政治參與的增加、消費增多、分散傳統的權力配置等特質。在其現代化的過程中，獨一的支配性柱化社會需要溝通，所以政治權力經常為兩個或者更多柱子之間的聯合。存在於柱子與柱子間的衝突，必要時會表現在國家層面的事務上，不過仍以國家利益為前提。而這些柱化的特質其實也具有某些現代化的特性。

第三節　經濟與殖民擴張

比利時獨立後的十年，是荷蘭經濟蕭條時期。由於本身欠缺天然礦產原料，經濟上向來都以農、商、航運為主，工業化較鄰國的比利時晚了許多。加上 1840 年代，國內農作物如馬鈴薯等欠收，造成農民害怕糧食短缺而一度引起了社會騷動。但若與同時期的其他歐洲各地相比較，荷蘭仍然算得上是繁榮之地。

荷蘭的國內經濟狀況與殖民政策關係密切。十九世紀荷蘭對印尼的殖民政策，大抵上採取「強迫種植」制度和「道德政策」。爪哇 (Java) 的東印度公司總督范登包許 (Johannes van den Bosch) 在當地建立了一種耕種制度叫做「強迫種植」(Cultuurstelsel)，讓爪哇農民將百分之二十的耕地面積來種植荷蘭人所規定的作物。而種植哪種作物則隨著歐洲市場的所需而定，這種耕作系統有效提供荷蘭具有市場價值的作物，使其歲收增長了百分之三十之多。東印度公司在 1798 年結束了在印尼群島的事業之後，1813 年，奧倫治家族的威廉接收了殖民地的最高支配權，他任命了三個特派總督前往當地掌管殖民事業。

由於適逢荷蘭國內經濟不景氣，打壓印尼人民又導致其對殖民國的抗爭，荷蘭為此耗資頗多，殖民政府負債累累。為了改善國內經濟，殖民者施行「強迫種植」政策，尤其針對爪哇地區。單就殖民者的立場來看，這個政策增加了爪哇地區農作物的輸出，提供荷蘭在國際貿易及船運方面的利益。如前所述，一塊農地有五分之一的耕種面積必須拿來種植荷蘭人強制規定的作物，如咖啡、甘蔗、煙草、藍靛、胡椒等供殖民者收購。如果因天然災害影響到作物欠收或品質不好，荷蘭方面擔保其損失，如給予成本上的補助、可以免繳地租；沒有耕作土地的居民，或者其土地不適合種植規定作物的地主，則以勞役代替，同樣以全年五分之一的工作天來計算。這種政策自 1830 年到 1870 年間實施，讓殖民政府進帳八億四千萬荷盾。但對於被殖民者而言，「強

迫種植」畢竟是一種控制當地人民的壓榨行為，爪哇人對於這樣的政策極度不滿。荷蘭文學家狄克 (E. Dekke) 曾經擔任過東印度公司職員，他便以筆名莫塔杜里 (Multatuli) 將此一題材寫成小說《麥斯・哈弗拉爾》(*Max Harvelaar*)，反映了殖民當局的剝削行為及爪哇人的困苦，抵制「強迫種植」法。一些自由主義者如范和維 (Van Hoevell) 也致力於廢除這種對殖民地的壓迫，因此到了 1860 年代，公司便不得不停止這項殖民政策。荷蘭才於 1870 年停止這項耕種制度。

「道德政策」是因荷蘭一些人道主義者推動而實行的殖民措施。他們希望荷蘭殖民當局實行一些可以提高殖民地生活水準的政策，如改善人民的衛生、醫療和物質條件，鼓勵精神生活，重視社會倫理，教化禮儀等等。總體來說，「道德政策」確實有提升殖民地的教育水準和行政效率，當地的醫療衛生也得到多項改進。不過荷蘭當局並沒有放棄任何統治權力，打著道德的名號，多半仍是為了保障其自身更大的市場及利潤。

但因「強迫種植」殖民政策的廢止，導致市場貨源突然減少，使得荷蘭經濟再度癱軟，幸好在十九世紀的最後十年裡，由於農業技術有所改良（例如新肥料的研發）以及農業種植型態的改變（如發展農藝園藝和開發酪農業等），彌補了不少經濟上的損失。原本倚賴殖民地區輸入的傳統產物如米、咖啡、糖等，改由發展工業上必需的錫、橡膠所取代，提供了荷蘭在經濟轉型上所欠缺的原料物資。

荷蘭在十九世紀時期發展殖民的動機，除了經濟因素外，還交織了十七世紀「荷蘭帝國」的意識延續。後者的因素使得荷蘭人加強對於殖民地的社會參與，其中不乏一些對當地文化產生濃厚興趣的人，以及與原住民相處時所產生的一種特別情感，更有一些人與當地人通婚，留在殖民地生活。另一方面，當然也免不了大大小小的衝突事件和暴力抗爭運動。

阿杰戰爭 (Atjeh War) 算是其中最激烈血腥的一次衝突事件，起因乃出於荷蘭和蘇門答臘 (Sumatra) 之間的爭執。荷蘭人希望得到位於麻

六甲海峽 (Strait of Malacca) 西端，居於航運要道上極具價值的阿杰。
在 1824 年時，英荷於〈蘇門答臘條約〉中，雙方便同意尊重阿杰的主
權，而後在 1871 年，美國也與阿杰簽署了〈通商條款〉。英國想利用
荷蘭來抵制美國的勢力，而荷蘭也想從中得到利益，於是雙方再次修
約，英國同意荷蘭在阿杰的「自由行動」。1873 年，荷方代表前往阿杰
交涉談判，希望能得到阿杰的宗主權，遭到阿杰的蘇丹王拒絕，致使
戰爭爆發。戰爭期間，不只是荷蘭消耗了很多金錢、人力，國家負擔
沉重，而阿杰這場「聖戰」也打得十分艱辛，直到 1918 年雙方才簽約
休戰，阿杰也爭取到自主權。

　　1930 年代，印尼發生了幾次民族運動，都受到荷蘭人的鎮壓。在
歐戰期間，日本曾在 1941 年侵占印尼，並拉攏當地的民族主義者起來
反對荷蘭，以求鞏固日本自己的勢力，並允諾盡力協助印尼獨立運動。
然而隨著日本戰敗，荷蘭人本欲趁此機會捲土重來，恢復對印尼的殖
民立場，但在「去殖民化」的世界潮流下，於 1945 年後，印尼當地又
發生了幾次暴烈的「去殖民化」行動，造成頗多死傷，讓雙方都受到

圖 38：荷蘭在印尼的殖民措施　這幅由伊斯萊所畫的油畫
中，顯示荷蘭的殖民部隊正從鹿特丹離港走上血腥的殖民戰
爭之路。十九世紀荷蘭在東印度的軍事擴張中發生了慘烈的
阿杰戰爭。

創傷。最後，印尼終於在 1949 年得以獨立。當時在印尼居住的荷蘭人，包括已和當地通婚的人口在內，多達三十萬人。也許因為曾經殖民的因素，造成荷蘭和印尼之間尚存有一種特殊奇妙的情感聯繫。在印尼獨立之後，因為國際要求，荷蘭又收留了大約二十五萬的印尼難民，就比例上的數字而言，已經超過了法國在阿爾及利亞 (Algeria) 戰役中所收留的難民。

事實上，在印尼獨立之後，仍與荷蘭互有爭執。如新幾內亞 (New Guinea) 在 1949 年時還受制於荷蘭統治。印尼政府要求荷蘭退出，荷蘭一度以武力護衛其在當地的統治權力，直到 1963 年，在國際施予壓力下，才將其歸還給印尼政府。

荷蘭在其他地區的殖民地如蘇利南，則於 1973 年獨立，且有大規模的蘇利南人移居荷蘭境內。安地列斯群島中的六個小島，則分別於世界殖民地獨立潮流冷卻之後，選擇與荷蘭合一，永久歸屬其統治之下。不過，這些小島只能給荷蘭人留下一個曾經為殖民帝國那分美好、懷舊的記憶而已。

第四節　世界大戰中的荷蘭

荷蘭人在二十世紀初對繁榮的憧憬和信心，隨著歐戰的爆發戛然而止。其實大致上來說，交戰國兩邊均尊重了荷蘭的中立立場，在這點上與比利時相較已屬幸運。但因英國封鎖海域及海戰時進行艦艇戰的影響，荷蘭在經濟上倚賴甚重的商船及其航運貿易遭遇到重大挫折，進而引起國內食物短缺，民生基本需求受到限制，政府擔心民心惶惶，不得不頒布臨時法令，以便控制因為物資短缺而引起的社會失序，並立即實行食物配給制。

第一次大戰期間，荷蘭雖沒有直接參與戰事，但也曾有幾次差點涉入戰爭的危機，理由皆因為德國和英國都曾懷疑過荷蘭偏向其中一方。第一次世界大戰後，全球性的經濟大恐慌也對荷蘭社會造成衝擊，

在失業率節節升高，人民生活困頓之際，荷蘭公主茱麗安娜 (Juliana) 卻與德國貴族波恩哈德 (Bernhard, Prince of Lippe-Biesterfeld) 譜出戀曲，並論及婚嫁。這件皇室戀情使得荷蘭人非常震驚，毫不留情地質疑駙馬的國籍和動機。不過當這位王子清楚表達了他本身反納粹的決心，也便博得了荷蘭人民的喝采。波恩哈德與公主成婚之後，在二次大戰期間還曾擔任荷蘭軍隊的指揮，與盟軍共同抗德。

　　第二次世界大戰爆發時，荷蘭就不再像前次般幸運地躲過浩劫。德軍完全無視於荷蘭的中立國立場，揮軍進入，蹂躪了整個荷蘭。1940 年 5 月 10 日，荷蘭的天空突然布滿了軍機，陸地上則出現成群的軍人進駐街頭。突然入侵的德軍嚇壞了荷蘭人，荷蘭部隊在倉促間匆匆備戰，在既無裝備又缺乏嚴謹的軍事訓練的狀況下，只抵抗了五天便全軍覆沒。德軍對鹿特丹所發動的猛烈空襲，在當地造成了空前的損害，也使得荷蘭女王威廉明娜 (Wilhelmina, 1880–1962)❶ 及其皇室成員和整個政府不得不流亡到英國。

　　戰爭期間，荷蘭的民族社會黨❷與德國合作。這些人認為荷語和德語極為相近，民族性也和德國民族一樣優秀，希望與德合併，而使得荷蘭的抗德行動更是雪上加霜。在德軍占領下的荷蘭人民，其受苦受難的歲月慘不忍睹，物資極度缺乏，食物也需經過有限度的配給，大約有兩萬多人在飢餓狀態下死去。隨時可能被送往德國勞工營的恐懼，讓人民於精神上也飽受驚嚇和威脅。更嚴重的是，在德國駐荷總指揮亞瑟 (Arthur Seyss-Inquart) 的推動之下，進行對荷蘭人的精神洗腦，欲將人民納粹化。

❶荷蘭國王威廉三世曾與第一任皇后蘇菲亞育有三位王子，但皇后與王子們均不幸早逝。威廉二世與愛瑪再婚，生下公主威廉明娜。1890 年威廉過世，威廉明娜以十歲之幼齡成為荷蘭女王。

❷ 1931 年成立的民族社會黨，事實上是希特勒民族社會工人黨在荷蘭的分支。起初這個黨並不受到支持，但在納粹占領荷蘭期間卻頗具影響力。

圖39：二次戰時德軍占領下的荷蘭行食
物配給制　荷蘭在第二次世界大戰中，
物資嚴重缺乏，只能實行配給制，很多
人由於食物匱乏飢餓而死。

❸安妮是一個出生在德國的猶太女孩，1933 年隨父母流亡荷蘭。安妮和她的家人在德軍占領荷蘭時躲在自己家的小後屋中，但終於被發現逮捕送往集中營，死於 1945年。她在 1942 年到 1944 年藏匿時所寫的日記後來被荷蘭史家發現，並在 1946 年出版，更被翻譯成多種文字，也被改編成電影。

聯軍在阿納寧之役 (Battle of Arnhem) 的失敗，也造成荷蘭人的死傷慘重。蒙哥馬里 (Montgomery) 的進攻計畫失敗之後，戰事仍然在荷蘭境內延燒，上萬的人再度於飢寒恐怖中死去，數十萬荷蘭境內的猶太人被送往集中營遭到屠殺。後來為世人盡知的《安妮的日記》❸便是記錄了一個少女安妮‧法蘭克 (Anne Frank) 在這個受到迫害的時期之生活片段。這本書遂成為荷蘭人的共同讀物，訴說著他們所受到的戰爭創傷。

二次世界大戰對荷蘭人來說，不只是國家的恥辱，更成為心靈上的巨大傷害。從荷蘭境內隨處可見的戰爭

圖40：林堡省的戰士墓園 排排的醒目十字架下，都是在戰爭中失去寶貴生命的年輕人。

紀念碑，可以了解到他們有多麼在乎這場發生於近代的大浩劫。每逢戰爭紀念日的晚上八點整，荷蘭人便聚集在各個戰爭紀念碑前，哀悼死去的人們。這個儀式已然成為荷蘭人生活的一部分。

二次大戰後的政治整肅進行了五年之久，講求實際、情緒控制得宜的荷蘭人，並沒有運用「私刑」來處罰通敵者，判處死刑的案件數量也大幅減少。荷蘭人選擇了以紀念死者的方式和積極重建被戰爭所毀壞的一切，來撫平他們心中的傷口。

第五節 藝術與文化的多元

十九世紀中葉到二十世紀中期，荷蘭在文化和藝術上的發展，除了受到歐洲當時的思潮所影響，在諸般文化運動、藝術氣流的脈絡中表現不俗，同時也孕育出自己獨創的文藝風格。特別是在視覺藝術的成就上，向來是荷蘭的驕傲。

梵谷無疑是世界上最亮眼的畫家之一。早期的梵谷作畫的地點，都是在靠近自己家鄉一帶的省分，如不拉班地區，他是自學出身的畫家，一生貧困，但因著自己的宗教熱情，對社會的敏感，及對於藝術的狂熱，激發了他的當代寫實風格。他常與窮人為伍，動人地刻畫出

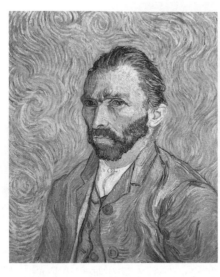

圖 41：梵谷自畫像之
一　他有二十幅以
上的自畫像，是表達
自己對靈魂的探索
的一種方式。

❹克勒·繆蕾博
物館由繆蕾所建，
她是一位對藝術
十分有品味的荷
蘭富商之女，和其
夫婿克勒對藝術
家的贊助和在藝
術品的收藏上都
不遺餘力。為了保
存並展示他們所
珍藏的藝術品，她
購地並請來著名
的建築師貝拉吉
(H. P. Berlage) 以
及維爾德 (Van de
Velde) 設計建造
一所博物館。館中
除了梵谷的畫作
外，還收藏了雷諾
瓦 (Renoir)、畢卡
索 (Picasso) 等多
幅名作。她本人也
是一位著名的現
代藝術評論家。

礦工及貧困者的圖像。而後他移居法國南部，畫風也隨
之改變，用色從灰暗轉為明亮，但他心中仍充滿了宗教
式的熱忱，只不過將這種對於宗教的激情轉化為對藝術
的全然投入。而對他來說，藝術也是一種表達心靈救贖
的橋樑。在梵谷發生精神疾病到自殺身亡的幾年期間，
他所累積的創作就超過千張以上，有誰能不為梵谷的畫
作而驚嘆呢？在阿姆斯特丹的梵谷博物館以及維屋
(Veluwe) 的克勒·繆蕾 (Kröller-Müller) 博物館❹都保
存了他豐富的畫作。

　　荷蘭的藝術發展多元而豐富，著名的藝術家不勝枚
舉。在二十世紀初的新造型主義 (Neoplasticism)，荷蘭
文稱其為「風格」(De stijl)，是一個新的藝術流派。由
建築家同時也是畫家兼詩人的范德斯堡 (T. van Does-
burg, 1883–1931) 等在萊登市創立，創始成員包括畫家
蒙德里安 (P. Mondrian, 1872–1944) 及建築藝術家奧德
(P. Oud, 1890–1963) 等，他們所辦的一份期刊便依這個

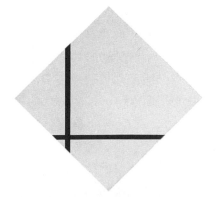

圖 42：蒙德里安由二條黑線組成的構圖，也稱鑽石形 垂直線和水平線總是他取之不盡的靈感來源，抽象、精簡而純粹。

流派取名為《風格》。藝術家們在期刊中表達其藝術理論，他們反對以形象作為藝術的目標，而是以整齊的基本形狀和幾個原色來呈現，意謂著藝術自有能表達它自己的造型語言。在這樣的藝術語境中，藝術家自認為是一個代理人，而不是具有主題之藝術作品的作者。這種風格突破了荷蘭的傳統畫風，這可以蒙德里安的「鑽石形」作為代表，他為了呈顯純粹真實，將色彩減少到只剩下原色，或以黑白色為主。范德斯堡則是把這個理念擴展到建築領域。「風格」派的形式與現代主義運動所喜好的幾何式結構和對原色的執著，頗有相通之處，他們是歐洲現代藝術的開拓者，奧德的作品「住宅區的咖啡店」就是這種作品的代表。「風格」的新造型藝術也深深影響到「包豪斯」，因為風格的重要成員之一范德斯堡，便曾在德國威瑪的包豪斯建築學校任教。

圖勒普 (J. Toorop, 1858–1928) 出生於荷屬印尼，母親為印尼華人，他隨父親返回荷蘭接受教育，之後積極參與象徵主義運動 (Symbolist Movement)，並成為中堅分子。這個運動是十九世紀末二十世紀初的反現實主義運動，以象徵方式來表現生活的內在奧妙。雖然以「藝術至上」為標榜，但並不主張使用描述性的手法，而是以啟示性的方式來表現文學和藝術，用色彩表達宗教、文學題材，強調感覺，描繪出非現實的寓意世界，或將現實的動作加以強烈變形。因為他們認為深刻的真理不能以直接的方式表現，只能通過象徵、神話及氣氛來間接呈

現。圖勒普的某些畫作也反映出當代各種風格的融合，其中有些是點描式的新印象主義風格，以斷裂的色點取得光感，遠看呈單一色彩，卻不用線條表現，與印象派的迷濛感亦不同。由於圖勒普多才多藝，很多教堂都請他為其設計彩色玻璃。他的友人遍及當代歐洲各國，當中不乏知名的藝文界人士，相互影響彼此的創作風格。

另外值得一提的是柯不哈 (Cobra) 畫派，即俗稱的眼鏡蛇派。"Cobra" 一字是由哥本哈根 (Copenhagen)、布魯塞爾與阿姆斯特丹三個城市的城市名稱字首合併而成，這一派的畫家們所主張的藝術體裁為半抽象及半原始的純真表現，著色鮮豔，常以大幅度的變形人物形象為主題，對歐洲的抽象表現主義有著巨大的影響，主要的代表畫家有阿佩爾 (K. Appel)、孔斯坦 (A. Constant) 及科內里斯 (G. Cornelis) 等。

文學上的浪漫主義在荷蘭，並不像在英德等國般掀起一股巨大的浪濤，但卻以透過對宗教的虔誠以及對大自然的嚮往上表達出來。當然這兩種情懷也是浪漫主義的特質。詩人兼史學家畢德狄克 (W. Bilderdijk) 是當代宗教虔誠運動組織「覺醒運動」(The Reveil Movement) 的成員，他們希望藉著基督教信仰來表達人生，而畢德狄克的著作也的確為之後荷蘭成立的基督教歷史聯合黨奠定了基礎。受其影響的文學家像是史塔林 (C. W. Starring) 和范普林斯特 (Van Prinster) 等，也都有著宗教熱忱及歌頌大自然的著作，他們的作品表現出文學和詩的美感，對當代的文學風格具有領導的地位。

1837 年，一些藝文界的人士合創了一份名為《嚮導》(De Gids) 的期刊，內容集合了文學評論和藝文批評。由於讀者不少，連帶著帶動了文化界的活力，使得文化風氣更加活潑。早期在《嚮導》投稿的作者對於浪漫主義一律十分推崇，但漸漸的內容走上更為多元的取向，例如在 1865 年，作家修維特 (C. B. Huet) 曾為文批評自由主義，並暗諷皇室對文學的無知。1880 年，《新嚮導》(De Nieuwen Gids) 取代了原先的《嚮導》，標榜要與「陳腔濫調」的浪漫派分道揚鑣，也反對文藝為說教服務，提倡「為藝術而藝術」的原則，也因此荷蘭文化史上對

這個主張所造成的影響稱為「八〇年代運動」(Tachtig Movement)。《新嚮導》這份期刊提供了來自各方面的知識及評論，舉凡文、史、哲、藝術、思想等，只要是好文章，都可以刊登在上面。激進主義、象徵主義、社會主義等等專論都得以在《新嚮導》上加以發表。但因為這個緣故，這份期刊也發展成文人間筆戰的戰場，原本「為藝術而藝術」的理念和具有意識型態的文學間產生了矛盾。1890 年代，一群新的編輯們不願意再被意識型態所規範，更不甘於平庸，他們導引出新風格的藝文作品，便是所謂的「前衛派」(Avant-garde)。

文藝評論家兼小說家惠斯曼 (J. K. Huysmans, 1848–1907) 是荷蘭人在法國發展成名的「世紀末」作家。他於 1884 年出版的小說《違反自然》塑造了一個典型的頹廢者。這名主角是一個貴族之後，享盡了人間之樂，對於社會道德及習俗感到厭倦，情願與自然隔離，終日沉醉在人為的藝術和當時的頹廢文學，如波特萊爾 (C. Baudelaire) 的詩文中，過著把玩香水美酒、五光十色的世界中。這本小說是為反映出世紀末精神的一個典型作品。

在前面曾經提到過的荷蘭作家狄克，即筆名為莫塔杜里，出版《麥斯‧哈弗拉爾》一書的小說家，這本小說出版後備受爭議，也曾譯成多種文字，被視為國際文壇所矚目的作品。由於他曾任職於荷蘭設在印尼的殖民局，揭發了荷蘭人在殖民地政策上的多所不當，特別是對於「強迫種植」政策的諷刺，十分具有寓意，而所引起的反應也相當複雜，直到今天仍然繼續再版中。狄克後來成為一位社會觀察者，經常著文批判社會現象，晚年出版了《思想》叢書，也頗受好評。在他過世之後，阿姆斯特丹為他設立了一個小型的莫塔杜里博物館。

到了二十世紀初，荷蘭文學已加入現代文學的行列，作家們的寫作方式與傳統迥異，顯得自由而多元。他們宣揚個人特色，並將原創性 (Originality) 的價值提高到最頂點。然而在世界大戰期間，也有一些專門描寫戰爭的作家，不吝於表達其政治立場。德布拉克 (Der Braak, 1902–1940) 毫不掩飾其對國家社會主義的嫌棄，杜佩隆 (E. du Perron,

1899–1940) 也對法西斯主義唾棄萬分。巧合的是，這兩位作家都在德國入侵荷蘭後的同一天，也就是 1940 年的 5 月 14 日辭世。德布拉克選擇自殺，杜佩隆則是病逝床上。他們都成為「不願意活在勝利屬於謊言和野蠻的時代」之典型代表人物。

史學方面，則有荷蘭著名史家傅藍 (R. Fruin, 1823–1899) 自 1860 年起於萊登大學設立國史講座，講授與討論荷蘭在歐洲所扮演的角色。他的觀點新穎，口才流利，吸引了大批青年學生參與他所開的討論課程。傅藍是位自由主義分子，不主張為歷史做出價值判斷或以好壞評論，其治史講求客觀，並割捨政治、宗教等立場，也超越黨派之見。他的代表著作《八十年戰爭的關鍵十年：1588–1598》出版於 1861 年，甫上市便引起轟動，至今仍再版不斷，已被列為荷蘭史中的經典之作。

前文述及之畢德狄克，除了是位文學家，也是位浪漫派史家。他的史觀屬於自然有機論，由於個人對大自然的特殊喜愛，對有機的生活 (organic life) 備加推崇，因此他認為人不能干預歷史的自然發展，對於荷蘭的八十年戰爭這段歷史的價值持懷疑態度。相較之下，他贊成自然的統治者，像是歷史上的查理大帝（查理五世）。他的學生范普林斯特 (Van Prinster, 1801–1876) 則是位檔案學家，編輯了十三大冊的奧倫治・拿騷皇室檔案。他和畢德狄克一樣，都對強制得來的政權或革命採存疑的立場，特別反對法國大革命。受其史觀影響，使范普林斯特有了參政的動機，後來他創立了反革命黨，支持基督虔誠運動，是為日後基督教歷史聯合黨成立的理論先驅。

史家赫津哈則以歷史理論《人與思想》及文化史著作《中世紀之秋》聞名於西方史學界。他重視「歷史感覺」、「歷史想像」及「視覺歷史」，提出歷史研究不是複製過去，而是通過歷史想像給予再創造的過程。想像並非憑空，而是一種對歷史的敏銳感覺。《中世紀之秋》所呈現的歷史人物及時代氣氛，就寫作上融合了赫津哈的歷史理論，讀起來饒富趣味。他並將低地國及法國地區於中世紀時人民的心態和精神，以「再創造」的形式栩栩如生的展現書中，宛如一本「視覺歷史」。

第十二章
富有的小國寡民
──盧森堡

第一節　「鼎鼎大名」的小國

　　這個人口只有四十多萬，面積僅二千五百八十六平方公里的小小國家，在歐洲卻因它的富有和發達的金融業而聞名。盧森堡人民年所得平均額達四萬七千美元，加上完整的社會福利，地理上又靠近風景優美，且是低地國唯一地勢較高的亞耳丁高地，盧森堡可以說是名副其實的「小而美」──一個道地的精緻型小國。

　　然而在這個小國的歷史中，曾經出現過四任波西米亞 (Bohemia) 國王，還有四位曾被加冕為神聖羅馬帝國皇帝 (Holy Roman Emperor)。盧森堡在過去也屬於低地國的一部分，它的歷史和歐洲歷史交織糾結。它曾是羅馬帝國版圖當中的一塊，也曾屬於勃艮第集團 (Burgundian Circles) 和哈布斯堡王朝，並一度與法國拿破崙帝國合併。它也曾參與過德意志聯盟 (German Confederation) 和德意志關稅同盟 (Zollverein)。在二次大戰中，又被德國占領過兩次並加以同化。這些過去的經歷使得盧森堡這個小國的文化多元，自 1830 年以來，盧森堡人多數都擁有法語和德語兩種語文的說寫能力。列支布赫 (Letzeburgesch) 語也是他

們的通用語言，這是一種原屬於居住在萊茵地區之法蘭克人的方言，在早期它只在口語中被使用，直到近年來才進展為文字。1984年政府通過法案，將列支布赫語和法語、德語並列為盧森堡的三種官方語文。

第二節　歷史回顧

　　三千多年前，塞爾特人從多瑙河谷越過萊茵河，抵達了今天的盧森堡地區，他們多半居住在莫塞勒河流域 (Moselle) 的下游。西元前56年左右，羅馬的凱撒大帝征服了低地國一帶，納為羅馬高盧，而盧森堡也包括在內。在羅馬的統治時期，羅馬人在莫塞勒河附近興建重鎮特里爾 (Trier)❶，而有兩條主要通往特里爾的路線便在盧森堡境內交會，一為從西邊穿越阿隆 (Arlon)❷，另一條則由南穿越麥茨 (Metz)❸。因為享有交通上的便利，使得盧森堡地方上的一切都變得比較繁榮。羅馬人的遺跡在愛荷特拿赫鎮依然可見，主要留下來的部分包括一個羅馬劇場和觀望臺。

　　隨著日耳曼部落的入侵，撒利安 (Salian) 法蘭克人來到盧森堡，他們與當地人融合的同時，也將此地原有的部分文化加以改變。到了第七世紀，來自英格蘭地區的傳教士，以基督教教化了當地人民，其中的聖威利布洛德 (St. Willibrord) 在愛荷特拿赫成立了本篤修道院，自此之後，這裡便成為歐洲傳播天主教的重鎮。

　　經過法蘭西的墨洛溫和卡洛林兩大王朝的統治，843年，查理曼的子孫在〈凡爾登條約〉下，將其帝國劃分為三個部分，盧森堡被歸在由洛泰爾所統轄的中法蘭克王國版圖內。在洛泰爾過世之後，中法蘭克王國再

❶特里爾位於羅馬人前往科隆的路線上，當時科隆為萊茵河區域最重要的城鎮。

❷阿隆鎮今日已歸屬比利時的盧森堡省，位於比、盧兩國邊界上。在羅馬高盧時期算是一個頗具重要性的地方。

❸麥茨在今法國境內，位於莫塞勒河處，北近盧森堡邊界。高盧時期曾以此地為首府。

度分裂，盧森堡地區又被劃分給洛泰爾二世 (Lothaire II)，是為洛林區。在洛泰爾二世死後，由於他沒有子嗣可以繼承領地，所以他的叔伯輩，即法蘭西的查理和日耳曼的路易，聯手瓜分了他所有的土地。925 年，日耳曼的查理之後代亨利，掌握了整個洛林區，而此時有幾個封建小國也開始發展起來，其中之一便是日後的盧森堡公國。這個公國是由西格華 (Sigefroi) 所建。當時，日耳曼的亨利之子奧圖一世 (Otto I) 被選為日耳曼國王，教宗若望十二世 (John XII) 又加冕他為神聖羅馬皇帝，西格華家族和奧圖一世的關係向來很好，因此奧圖一世便將愛荷特拿赫賜為西格華的采邑。西格華並買下特里爾地區，在那裡修築防禦碉堡和自己的城堡❹，沿著城堡的四周，整個城鎮逐漸發展成形，在當時便已是個頗為富有的小封建國。

　　1309 年，盧森堡伯爵亨利七世在阿亨被加冕為日耳曼羅馬皇帝，次年率軍翻山越嶺入侵義大利，這個事件宛如一則傳奇。由於當時的教宗在法蘭西的亞維農 (Avignon)「作囚」❺，因此亨利企圖藉此機會把日耳曼和義大利聯合起來，恢復神聖羅馬帝國皇帝的榮譽。他受到當時包括詩人但丁 (Dante) 在內的義大利菁英階級熱烈歡迎，並於 1311 年在米蘭 (Milan) 加冕為倫巴底國王 (Iron Crown of the Lombards)。然而在進軍羅馬時，亨利的軍隊遭到拿坡里 (Naples) 國王的堅決抵抗，無法在聖彼得大教堂接受加冕，只好改在聖若望拉特蘭教堂 (St. John's Lateran) 由一群代表教宗的樞機團主教替他加冕為神聖羅馬皇帝。後來他卻離奇地病死於軍營。不過，在他尚任盧森堡伯爵期間，對當地的建樹頗多，包括司法、行政、財政系統的建立，也繼續以基督教化教

❹盧森堡一詞的意思便是小丘上的城堡，這個小丘所指的就是亞耳丁高地。

❺1309 年到 1377 年，教宗們因為政治因素影響，不能駐在羅馬，而不得已遷往設於當時教廷之藩臣領地（今天法國的亞維農）的教廷皇宮坐鎮。

育他的子民。亨利七世在他生前的時候，已經幫其子盲者若望 (John of Blind)❻安排了和波西米亞王位的女繼承者伊利沙白聯姻，於是若望也就順理成章地成為波西米亞國王。他們的後裔如查理一世 (Charles I) 也都如其先人一般地位顯赫，兼有波西米亞國王和日耳曼皇帝的頭銜。但隨著他們所繼承的顯赫名號，盧森堡伯爵們的注意力和興趣也逐漸轉移到他們在東方的廣大版圖上，盧森堡似乎反而成為他們的次要關注之地。而因為上述的歷史緣故，十四世紀在歐洲，可以說是盧森堡的時代。

　　1353 年，查理把盧森堡當作禮物送給了他的異母兄弟文澤一世 (Wenzel I)，並將盧森堡升格為公國

❻若望是那四位統治波西米亞的盧森堡國王當中的第一位。他勇猛善戰，經常馳騁於日耳曼、義大利、立陶宛等地區的戰場上，後來他的雙目因戰爭而受傷，於 1340 年失去視力，因此被後世稱為盲者若望。

圖 43：十六世紀典型的盧森堡城鎮　由貝爾泰 (Bertels) 所繪。

(Duchy)，而文澤便成為盧森堡大公國的第一任大公。他因為與不拉班公國的公爵之女結婚，再加上他努力於對外擴張，因此在他任內領地增加不少，至少是今天盧森堡公國其面積的四倍之多，首都也隨之遷移到布魯塞爾。

　　1383 年，文澤一世過世，由於沒有任何男嗣可以繼承其位，公爵之位便由其兄弟查理的兒子來繼承，是謂文澤二世，盧森堡公國的命運也在此時往另一個方向轉變。不僅不拉班公國脫離了文澤二世的統治，又因他被加冕為神聖羅馬帝國皇帝後，對盧森堡不甚重視，並以需要資金為由，竟將這塊領地典押出去。經過多次轉讓，最後被其外甥女格麗資的伊利沙白 (Elizabeth of Goerlitz) 收購。1441 年，伊利沙白又將盧森堡公國賣給了勃艮第公爵善良菲力，盧森堡從此和尼德蘭地區同樣成為勃艮第王朝下的領地。

　　來自勃艮第的二位公爵：善良菲力和勇者查理，都頗受盧森堡人民的歡迎。他們的治理方式夠寬大，並且有足夠的力量可以保護當地，使其免於戰爭的侵擾。在他們的治理下，為盧森堡帶來了二十多年的和平生活，而這段期間，公爵們勃艮第宮廷式的品味和法語的推行，也在盧森堡地區產生不少影響。1477 年，勇者查理在南錫之役陣亡，女兒瑪麗嫁給了奧地利的馬西米連。1506 年，勃艮第的瑪麗和馬西米連之孫查理，以六歲稚齡繼承了包括盧森堡在內的勃艮第所有領地；並在十年以後，以查理一世的名義，因其父母美男菲力和西班牙公主的關係而獲得西班牙的王位；1520 年他又以查理五世之名被加冕為神聖羅馬皇帝。綜合上述，他所有的勢力範圍包括了西班牙及其殖民地、哈布斯堡奧地利、波西米亞、日耳曼、匈牙利 (Hungary)、法蘭西孔泰，以及勃艮第領下之尼德蘭。

　　之後，馬丁・路德的宗教改革從北日耳曼一路傳到了尼德蘭地區，並在菲力浦二世統治的時代，尼德蘭因著宗教迫害和爭取自治權力等理由，掀起了對西班牙的八十年戰爭。雙方開打的結果，菲力浦二世收服了包括盧森堡公國在內的南方十省，卻失去了北尼德蘭的七個省

分。最後北方於 1581 年宣告獨立，成為荷蘭共和國。

在西屬尼德蘭時期，盧森堡地區也和南尼德蘭一樣，經常同淪為歐陸列強爭霸的戰場。直到在法、西戰爭中，法蘭西於 1659 年因〈庇利牛斯條約〉得到盧森堡公國在提翁維爾 (Thionville) 的部分領土，這是盧森堡成為公國後所遭遇的第一次分裂領土。雄心萬丈的路易十四繼續其擴張版圖的野心，在 1684 年的時候，盧森堡公國終於被法蘭西完全征服。

法國統治盧森堡期間 (1684–1697)，在法國的軍事工程師博班 (Vauban) 的設計下，重新整備了盧森堡市的防禦系統，並建立新的碉堡要塞，強化城牆，使它成為「北方的直布羅陀」(Gibraltar of the North)。另外在戰爭中遭到破壞的聖麥可教堂 (Church of St. Michael)，原建於 987 年，是盧森堡市內最古老的教堂，路易十四也將其重新整修，並在屋頂加蓋了洋蔥形的圓頂。奇妙的是，在法國大革命時，革命軍隊進占盧森堡市，獨對這間象徵著過去王朝歷史的聖堂相當敬重，因為教堂內聖麥可的雕像上所戴的帽子，看起來像極了弗里吉亞帽 (Frygisch muts)，這是一種帽尖向前傾折，在法國革命時期相當流行的紅帽。因為這個緣故，聖麥可成為了革命黨的朋友。

在 1697 年的〈雷斯維克條約〉(Treaty of Ryswick) 中，路易十四受到反法聯盟強烈圍堵，被迫放棄了尼德蘭地區的領地，將其歸還給西班牙。在經過西班牙王位繼承戰後，在 1713 年的〈于特列赫特條約〉中，歐洲列強又協議將西屬尼德蘭轉讓給奧地利哈布斯堡。換言之，之後一直到 1795 年，奧地利統治了包括盧森堡公國和比利時在內的南方尼德蘭地區，稱為奧屬尼德蘭。

奧地利大公兼神聖羅馬帝國皇帝的查理六世 (Charles VI)，對於盧森堡的統轄管理頗具建設性。由於這段時間內並無發生戰爭，加上他引進了馬鈴薯的栽培，產量頗豐，被視為民生必需上的一項大突破，也從此改變了人民的飲食習慣。在交通上，公路的修築將布魯塞爾和盧森堡市直接連結起來，並可直達奧斯坦港 (Ostend)。查理六世去世之

後，又因無男嗣之故，由其女瑪莉亞‧德瑞莎即位。她素有十八世紀之「仁慈的君主」的雅號，其政績諸如廢除一些自中世紀遺留下來的恐怖刑罰，像是砍手、砍腳之類的酷刑，並改良稅制，設立各級學校等。儘管女皇在位期間並沒有親自造訪盧森堡，但對於當地的各項建設上做出很多實用改革，像是開鑿井水以提供人民水源，建立地下通道以便戰爭時可藉此補充民生物資。其子若瑟夫二世在位時，這位「開明君主」曾親訪盧森堡，他設立了〈宗教寬容法案〉，允許非天主教的教會於當地存在，並廢除了一些修道院的嚴章禁法，更將設在盧森堡境內的聖‧克萊爾 (St. Claire)、西篤會 (Cistercians) 和道明會 (Dominicans) 等著名修道院加以關閉。

由於若瑟夫二世在比利時大刀闊斧地進行各項改革，引起舊有的保守勢力如貴族和天主教教士的不滿，因此爆發了不拉班革命。但盧森堡卻沒有參與這場革命，直到後來法國大革命的發生，奧屬尼德蘭時期統治下的盧森堡，一共度過了和平穩定的七十年歲月。

在法國革命時期，國王路易十六及皇后，來自奧地利的女公爵瑪麗‧安東妮 (Marie-Antoinette) 被加以幽禁，奧地利聯合了其他歐洲保守勢力起而反對法國大革命。聯軍借道盧森堡入境法國，協助皇室復辟未果，國王和皇后先後均遭極刑，而奧屬尼德蘭也在 1795 年成為法國共和的一部分。盧森堡在拿破崙時期淪為法國政體下的森林區 (Departments of Forests)。

1789 年，因為法國強制徵召盧森堡人充軍，引起當地居民不滿，特別是在亞耳丁高地區，因而產生了一場抗爭「起義」事件。一群由農民、樵夫所組成的臨時隊伍，從維茲城 (Wiltz) 出發，在沒有什麼軍備武器的狀態下，手持農具、斧頭、棍棒等便向法軍挑戰，史稱「棍棒之戰」(Kloppelkrieg)，當然很快就被鎮壓下來，並有數名起義領導者被當局處死。在這之後，約有一萬五千多名盧森堡人，在拿破崙麾下所進行的各項戰役中犧牲了性命。巧合的是，亦或者因此地人民的性格使然，同樣的事由，同樣的抗議事件，再度發生於 1942 年二次大

戰時期，當時盧森堡被德軍占領，這次換成德國占領軍強制徵召盧森堡人入伍服役，引起了當地人民的示威反抗，並且仍然是從同一個地區，同一個城鎮維茲開始。

在法國統治時期，《拿破崙法典》(Code of Napoleon) 也在此地落實，並成為日後盧森堡現代法律體系的基本依據。拿破崙曾親巡盧森堡，並住在今天的大公宮殿 (Grand Ducal Palace)。他將宮殿花園的大片土地贈與方濟會修道院，作為對大多數信奉天主教的盧森堡人示好的表現。這片花園後來曾有一段時間被叫做拿破崙廣場，今天則改稱居藍廣場 (Place Guillaume)，是盧森堡市中心最著名的大廣場之一。

1815 年，維也納會議決定將南北尼德蘭合一為聯合尼德蘭王國，由荷蘭之威廉一世統治。盧森堡公國的立場因此變得有些複雜。一方面它屬於威廉一世的領土，另一方面它也是新德意志邦聯的一員。德意志邦聯是維也納會議中的一項決議，用以代替被拿破崙廢掉的神聖羅馬帝國之稱號，其組成包括了三十九個小邦，最重要的為普魯士 (Prussia)。而盧森堡也是那三十九個小邦中的一分子，普魯士的駐軍也一直駐守在盧森堡境內直到 1867 年。事實上之所以會演變成這樣的結果，也是因為在 1815 年的會議中將盧森堡東方約占全國總面積三分之一的領土與普魯士合併。這也是在盧森堡的歷史中，第二次發生國土分裂的情形。

第三節　近代盧森堡

1830 年，由於南方尼德蘭反對威廉一世的各項政策，加上南北雙方因為在文化、宗教、經濟、語言上各方面的差異，最後南方尼德蘭革命成功，成立了比利時王國。對這樣的演變，北方尼德蘭並不承認其獨立，而在盧森堡的多數人卻表明支持的態度。其靠近比利時疆域的法語區，甚至還派遣代表前往布魯塞爾參加比利時議會及其獨立運動，但屢屢被普魯士駐軍所阻擋。直到 1839 年，威廉一世承認了比利

時實體的存在，而盧森堡超過二分之一的人口及領土，特別是習慣說法語的地區，在列強的支持態度下，表明合併入比利時王國，成為今天比利時的盧森堡省，這是盧森堡歷史上第三次的國土分裂❼。

　　盧森堡剩餘的部分仍維持現狀，依然隸屬於尼德蘭王國，普魯士軍隊也繼續駐守於此，並在 1842 年又加入了德意志關稅同盟。此一組織是由德意志邦聯的成員所組成的自由貿易組織。因為身為會員的關係，盧森堡因此得到了很多經濟方面的利益，例如在鋼鐵工業、手工業方面的發展，銷售市場的供應，這種保護市場的措施，成為盧森堡之所以能與法國、比利時在經濟上相互競爭的先決條件。在 1871 年以後，盧森堡與新德意志帝國之間有了緊密的經濟合作關係，盧森堡方面從魯爾區 (Ruhr) 進口焦炭和煤用以煉鋼，再將其鋼鐵製品出口到德意志。在德國的支持下，盧森堡的鋼鐵工業成為歐洲最強盛的產業之一。再者，當地因煉鋼而產生出一種含有磷及石灰的肥料，對於缺少礦物質的土壤來說，是不可缺的優質肥料，各國爭相購買，這項產品也成為盧森堡出口的大宗。

　　1840 年，荷蘭的威廉二世即位為尼德蘭的新國王，同時也成為新一任的盧森堡大公。他是奧倫治‧拿騷家族中，最受盧森堡人歡迎的大公。在他就任的九年當中，廢除了大部分荷蘭式的官僚、行政系統，並協助盧森堡公國建立起自己的議會及憲政，並將其化為三大區十二個小郡。在教育制度上，這位寬容的新教徒國王，允許在學校中教授天主教倫理及文化，這個決定讓多半為天主教徒的盧森堡人感到很高興。在職業學校、一般學校和師範學校的推展和區分上，也於此時奠下了基礎。

❼盧森堡歷史上發生過三次國土分裂（或也可以說是瓜分）的情形，第一次在 1659 年，法王路易十四在〈庇利牛斯條約〉中得到提翁維爾周圍的領土，第二次發生在 1815 年的維也納會議中，將莫塞勒河以東的領土劃分給普魯士，第三次便發生於 1839 年，在歐洲列強的支持下，盧森堡大半部的領土併入比利時的版圖。

1848 年，威廉二世更批准盧森堡訂定自己的憲法，並設置立法機構，使盧森堡人有了「國家」層面的感受。

在威廉三世出任大公的時期，盧森堡的經濟發展沿著先前所奠定的基礎繼續發展。1859 年到 1866 年之間，盧森堡修築了第一條鐵路。到了 1994 年，這裡的高速鐵路已經連結到歐洲各大主要城市，其他如橋樑的建造、公路的開發，也都得到很好的發展，在鄉間和城市之間的交通相當暢通。此時的經濟結構已從農業轉型為工業和商業型態，主要的銀行也相繼成立，為日後的銀行金融業發展打下良好的根基。然而，威廉三世是一位在政治立場上顯得保守的荷蘭國王，他不但反對 1848 年荷蘭的自由新憲法，同時在 1856 年也廢除過去在其父就任盧森堡大公時所批准的盧森堡新憲法，欲以較為保守的憲政措施來代替，以求鞏固他自己的勢力。威廉三世的保守作法，使得盧森堡人感到相當失望。更有甚者，他表現出對於公國的漠視，竟然和法國的拿破崙三世 (Napoleon III) 達成協議，以五百萬荷幣的代價將盧森堡賣給了法國，並在 1867 年收下定金。此事嚴重到引起普魯士出面干涉，社會上也輿論紛起，最後買賣雖未達成，卻差一點導致德、法間的戰爭，盧森堡似乎成了德法兩強間爭奪的金蘋果。最後這件事情因歐洲列強出面交涉而得到解決，並在〈第二次倫敦條約〉中達成協議，德國駐軍自盧森堡地區撤退，承認公國不偏德或偏法的中立立場，以及其政治上的獨立，至於盧森堡大公仍由荷蘭的奧倫治‧拿騷家族出任。但是，威廉三世又再次希望以七百萬荷幣的價格，將盧森堡出售給比利時，後來因交涉未果，遂才作罷。

至於盧森堡到底何時才以一個獨立的公國之姿出現，對此史家各有其不同的看法。不過，盧森堡人是這麼認為：在 1839 年大公國第三次分裂的時候，雖仍處於荷蘭國王的統治下，但參加德意志邦聯的盧森堡已經稱得上是獨立的局面了。因此他們在 1939 年的時候便興高采烈、大費鋪張地歡慶其建國一百週年紀念。至於歐洲其他國家則普遍認為要到 1867 年，在德國駐軍撤守，國際承認其中立國之立場，大公

國才算是正式獨立。也有人認為，在 1848 年威廉二世批准了盧森堡新憲法的時候，大公國就算獨立了。還有一種說法是要到 1890 年威廉三世過世之後，大公之位不再由荷蘭國王兼任，盧森堡才算真正脫離荷蘭而獨立。

　　威廉三世去世後由其女威廉明娜繼位，成為荷蘭女王，但她卻不能依照傳統兼任盧森堡大公，因為奧倫治・拿騷家族在 1783 年與盧森堡已有協定，如果沒有男嗣來繼承大公之職，則改由另一支與皇室最近的貴族，來繼承拿騷家族在德意志地區的領土。因此在這樣的協定下，改由阿道夫・拿騷・威爾堡 (Adolf of Nassau-Weilburg) 於 1890 年出任盧森堡大公。他接下大公之位時已經高齡七十三歲，在德意志已經是擁有很多領土的公爵。當他抵達盧森堡時，受到當地人民的盛大歡迎，大家都認為他是盧森堡獨立後的第一位大公❽。

　　阿道夫在位時期 (1890–1905) 曾修建了「阿道夫石橋」(Pont Adolf)，將首都經由橋樑直接連往彼得魯斯 (Petrusse) 河谷的另一端，這座石橋是目前世界上最長的由單架支撐的石橋。

　　1905 年，阿道夫過世，由他的長子威廉四世 (William IV) 出任盧森堡大公。威廉說服了立法院修憲，同意女性也可以繼承大公之位。因為他沒有兒子，卻有六個女兒，如果修憲未能成功，那麼大公之職將根據拿騷家族的協定，再度轉由另一支拿騷家族接任。最後修憲通過，1912 年，威廉十七歲的長女瑪麗・愛德蓮 (Marie-Adelaide) 成為女大公。瑪麗雖然出生於盧森堡，但她的家族和親朋好友都在德國，這位年輕的女大公因此經常逗留德國，不太願意返回自己的公國。就連第一

❽之前盧森堡大公的頭銜來自拿騷家族的世襲，獨立後的大公則是盧森堡的領袖。大公在立法過程中擁有重要的決策權，他必須簽署所有的立法文件，可以指派議會的議員，可以解散國會，更是軍隊的總指揮，並具有大赦及定罪的權力，也可以在合理的解釋下拒絕簽署法律條款。

次大戰爆發，盧森堡為德國所占領，她的態度依然不變，而她的德國顧問也繼續在政府任職。在多數盧森堡人傾向於支持盟軍的立場下，瑪麗這種具體的「親德」行為，引起了人民的不諒解，也受到相當多的批評和質疑，以致在戰後被迫遜位於她的妹妹夏綠蒂 (Charlotte)。

1919 年在凡爾賽會議當中，比利時曾與和會達成協議，討論是否能夠將盧森堡納入其版圖。但公投結果顯示，有百分之七十七的盧森堡人希望維持現狀，保持公國的自主獨立，而夏綠蒂也以審慎的態度盡量扮演好大公的角色。在她的任內也增修憲法，保障了人民年滿二十一歲包括女子在內的普選資格。在經濟上，則因大戰的影響而退出德國之關稅同盟，改成積極與比利時建立合作關係，並於 1921 年成立與比國間在關稅和幣值上的統一政策。

在社會上，一天八小時的工作時間已經確立，退休制度中的終身月退俸也經立法通過，其他諸如失業保險、健康保險也建立完善。這些社會福利及保險制度，就算到今天仍然是世界上最優厚的福利制度之一。

二次世界大戰時期，因為盧森堡遭到德國的再次入侵，夏綠蒂與其政府一同流亡英國，沒有步上姐姐瑪麗的後塵。其夫菲力斯親王 (Felix of Bourbon Parma) 是法國路易十四的後代，在流亡期間曾服務於英國軍隊，共同抗德，直到 1944 年 9 月才偕同夏綠蒂一起返國，並受到人民的熱情歡迎。戰後的修復建設工作相當順利，並朝向推動歐洲連合之路邁進。1964 年，在夏綠蒂就任大公四十五年之後，她將大公之位交給了她的長子彰 (Jean)。新任大公曾參與諾曼第登陸計畫，在他就任之後，於 1953 年迎娶了比利時的皇家成員約瑟芬公主 (Jose-phine-Charlotte)，她是比利時包德溫國王的妹妹，此後盧、比兩國之間一直保持著良好的合作關係。此時內閣制更為穩固，首相和內閣成為權力的執行者；立法院則由六十位成員組成，任期五年，期滿重選。另有二十位資政擔任國策顧問，其名單由大公和立法院協商後，由大公負責指任。主要的政黨為自由民主黨、盧森堡社會工人黨、綠黨、

基督教社會人民黨和民主黨。在經濟方面，盧森堡成為世界金融業的翹楚，銀行業已成為公國內最主要的經濟型態。一個小小的國家，到了 1994 年時，已經有兩百一十四個外國銀行進駐；四十萬人口中，有兩萬名以上的人從事於銀行業。在 2004 年時，則由於多家銀行合併，成為更有組織和更具規模的銀行數量已減少到一百六十八家。由於大公國的發展穩定，社會富裕，以及在推動歐洲聯盟上的積極表現，大公的形象不論在國內或國際間都備受好評，得到各界的禮遇尊重。直到 2000 年，彰才遜位給其長子昂利 (Henri)。

第四節　二次大戰與盧森堡

罔顧盧森堡的中立國立場，德國在第一次世界大戰時，於同一時間侵犯了比利時和盧森堡大公國。1914 年 8 月 1 日，德國的分遣部隊強占了圖比潔 (Troisvierges) 火車站，緊接著在短短幾天內便占領了全國。德軍利用占來的鐵路將軍備和部隊運輸到戰場西線，並迫使全歐最大的盧森堡鋼鐵工廠，生產德軍在戰爭時所需的裝備。大部分的農產品也被運往德國，造成盧森堡境內嚴重的食物短缺。但是德軍的侵略卻也帶給盧森堡一個全國同心協力的機會，不論社會階級和政治黨派上的不同，都願加入與德國對抗的行列。但當時的女大公愛德蓮及一些因為關稅同盟而與德國密切合作的人，似乎是當中的例外。當德皇威廉二世於戰爭期間前往盧森堡巡視，女大公親自接待他的到來，並繼續保持戰前常至德國探訪親友的習慣，德國高階軍官在戰時也曾受過她的款待，這些事情都構成了在戰後迫使愛德蓮不得不遜位的理由。1918 年，盧森堡退出德意志關稅同盟，結束了與德國間的經濟合作。如果沒發生一次大戰，很多史家推測，憑著盧森堡和德國間的淵源，很有可能將逐漸成為德意志帝國的一部分。

第二次世界大戰時，低地國地區的三小國都是中立國，但因為德、法對立，他們所堅持的中立立場被犧牲了。1940 年 5 月 10 日德國入

侵，比利時抵抗了十八天，荷蘭迎戰五天，而盧森堡根本連防衛準備都沒有。同一天的下午三點，大公及其家族和政府官員們便匆忙越過盧法邊界，借道法國前往英國。

同年 7 月 29 日，希特勒在盧森堡設納粹黨大區領袖 (Gauleiter)，由古斯塔夫・西蒙 (Gustav Simon) 直接統管該地區。這次情況不同於第一次大戰時期，當時還只是軍事占領的層面，這次更多了一種政府級的政治管理。盧森堡被視為要重新「回歸祖國」的地區，法語被嚴禁使用，人民只能說講德語，依照德國法律行事，強制加入納粹組織。盧森堡法郎被以不公正的匯率換成了德國馬克，政府大樓被蓋世太保占領，連各個街道也改名為德國式的名稱，學校被改編成希特勒青年學校。成千上萬的猶太居民被送進死亡集中營，盧森堡人則送至德國工廠做工服役。不過，這些納粹化的管制都阻止不了地下反抗組織的暗中運作。

1942 年 8 月 30 日，盧森堡正式被併入德國，在軍事徵召下，有一萬五千名盧森堡人被編入德國部隊，在戰爭中的死亡人數約占四分之

圖 44：二次大戰盧森堡地下反納粹組織

在二次大戰時期，地下反抗組織在各地散發這種印有女大公夏綠蒂及其子，也就是大公繼承人彰照片的明信片。上面寫著「列支布赫（盧森堡）是屬於列支布赫人（盧森堡人）的」的大字標語。當時大公家族被迫流亡英國。

一。為了反抗徵召入伍，在維茲再度發生了抗爭活動，從工人到老師，學童到年邁長者，各行各業的人都前來參加。納粹對抗議民眾暴烈的鎮壓行為，使得整個國家充滿了恐怖和痛苦，之前在歷史上與德國間曾經累積的情感也完全喪失殆盡。

長達四年的納粹統治終於在 1944 年 9 月 9 日宣告結束，美軍在夏綠蒂女大公的丈夫菲力斯親王的陪同下進入盧森堡境內。三個月後，德軍的裝甲部隊突然從亞耳丁高地偷襲比利時與盧森堡，造成美軍的嚴重傷亡。德軍的最終目標是炸毀安特衛普港，此舉對於盧森堡的傷害極大，亞耳丁高地的城鎮如愛荷特拿赫、克萊爾保 (Clervaux)、維茲等都被摧毀，這場戰役被稱為突圍之役 (Battle of the Bulge) 或亞耳丁之役，是第二次世界大戰中，德軍在西線的最後一次進攻。但是，二次大戰對低地國所造成的磨難，為老一輩的人留下了無可彌補的心靈創傷。不僅是過去的傳統價值遭到剝奪，甚至會忍不住去懷疑人類生存的價值及理由。

第五節　文化認同

在歷史上，日耳曼和盧森堡大公國之間有著不能分割的紐帶，但盧森堡人卻對德國存有一種兩難的情緒。一方面，在近代，盧森堡與德國的關係向來密切，政治上曾屬德意志聯邦，經濟上參加過德國關稅同盟，並得到很多支持；另一方面，盧森堡人卻深知這種伴隨著力量而來的危險，也許有一天，他們所倚賴的經濟發展支柱將會搖身一變，成為對盧森堡和平的威脅者，而這個預感隨著歐戰爆發而應驗了。

至於盧森堡與法國的關係，特別是在文化上的淵源早有歷史，先後歷經了勃艮第王朝、啟蒙理性時代以及法國大革命後拿破崙統治時期，其所帶給大公國的影響，不管就時間上或實質上來說均相當深遠。於是，聰明的盧森堡人便以增強法國文化的方式，作為對德國由經濟上的依靠而帶來的日耳曼化之制衡。盧森堡人在行政機構、政治集會

以及日常生活上，不僅保留法文和法語的使用，更鼓勵人民對法國文化的喜愛，以表示他們之所以不同於德國。當地的知識分子也認為，盧森堡人在精神和知識文化生活上和法國文化比較接近，包括啟蒙精神中所彰顯的平等、自由等價值。

經過二次大戰的慘痛經驗，盧森堡人在戰後對於德國仍有一種「懼怕」，一直要到 1960 年代中期之後，他們看到德國走向民主政體，這種情緒才逐漸減緩，同時也因盧森堡參與了北大西洋公約組織及歐洲共同體等國際組織而產生了安全感。我們可以從盧森堡文壇在十九、二十世紀所發表的文學作品中，看出他們所遭遇的經歷和情感變化。

近代大公國的文學家和詩人，幾乎都在「愛國」的動機下進行創作。諾朋尼 (M. Nopenny, 1877–1966) 的著作是用優美的法文所寫成的，這是他刻意的安排，因為在二次大戰中他曾被德國人逮捕囚禁，並送至集中營勞改，先後超過十年的時間。他目睹德國人的霸氣與殘忍，於是決心不再使用德文寫作，而採用法文來抵制盧森堡的日耳曼化。德國人在戰時占據了他的居所，燒毀了他所收藏的書籍和手稿，整整燒了三天三夜才全部毀盡，並一滴不剩地喝掉了他所收藏的四千瓶法國葡萄酒。

詩人藍茲 (M. Lentz, 1820–1893)，其作品以詠嘆盧森堡的風景，及讚美工業社會時期的生活而著名。大自然與現代化，看似相互對峙、矛盾的兩個主題，在他筆下得到了和諧。其詩作〈火車〉是他為了盧森堡第一條鐵路的誕生而寫，另一首詩〈我們的家鄉〉則被選為盧森堡國歌的歌詞。

維爾特 (N. Welter, 1871–1951) 是一名使用盧森堡方言列支布赫文來寫詩的詩人，列支布赫文是一種混合了日耳曼語系和羅曼語系的語言。在盧森堡獨立後，開始有一些人鼓勵使用這種方言，但要到二十世紀初以後才發展為正式的語文。維爾特推動了這個取向，他的詩文被刻在國家獨立的紀念碑上。

樓但之 (M. Rodange, 1827–1876) 則擅長以列支布赫文創作史詩，

但其實這位詩人最著名的作品是諷刺寓意詩。舉凡十九世紀的盧森堡事物、政治事件、社會現象、大眾生活等，都成為他筆下寫作的題材。政客、政黨、選舉、報紙、法庭、教會、教士、商人、軍隊、警察等等，都可用來作為諷諭的對象。他的作品可與中世紀的諷刺文學《列拿狐》相提並論。

　　在藝術創作方面，維斯 (S. Weis, 1872–1941) 是屬於後印象派的畫家，他擅長水彩畫，主題大多為盧森堡市的風光及其郊區景致，藉著光的變化和明亮的色彩，表現出首都各種不同的面貌和氣氛。

　　特里蒙 (A. Tremont, 1893–1980) 是著名的畫家兼動物雕像雕刻家，矗立在盧森堡市市政廳大廣場前的那一對銅獅便是他的作品，在國家博物館中則可以見到他傑出的黑豹雕刻。他多半以陽剛的動物來表達盧森堡的精神，這也是他對國家情感的投射。

The Low Countries

第 VI 篇
低地國今貌

　　戰後的低地國克服各種困境，走向現代化的消費社會，而「柱化」的社會也因黨派多元以及在世俗化的過程中解體。荷蘭在 1960 年代後發生了「新文化革命」，興起多元文化和「前衛」的想法，而荷蘭人的特性也在現代生活中展現無遺。

　　比利時這個高度分裂的社會，雖然因「去柱化」而達到共融，但仍然形成了三個自治社區：弗萊明語（荷語）、法語、德語社區，以及三個行政區：法蘭德斯、瓦隆和布魯塞爾行政區，成為一個內部各自為政的聯邦國家。

　　盧森堡則繼續經營它的金融王國，成為越來越富有的高度現代化國家。荷比盧三小國在推動歐洲共同體的過程上，及後來對於歐洲聯盟的促成上，均努力扮演了重要的角色，成為今天歐盟的核心國。

第十三章
現代荷蘭

第一節　荷蘭皇室與政府機制

　　戰後的荷蘭仍然維持君主立憲的王國型態，自威廉明娜女王於 1890 年即位起，時至今日，歷任所有的君主都是女性。茱麗安娜女王在 1948 年接掌王位，在她遜位之後，其女碧翠絲於 1980 年即位。不過，在國人的期盼下，荷蘭皇室有了一位王子，那便是碧翠絲女王的長子威廉・亞歷山大 (William Alexender)。

　　荷蘭的憲法規定，王室必須由沉默者威廉所屬的奧倫治・拿騷家族一脈相傳。當君主過世或遜位，其子女依照長幼順序繼承王位。如果君主沒有子嗣來繼承王位，就在其父母或祖父母的其他子女當中，依照與該位君主血緣最近的皇室成員中之排序來繼承。但君主於退位後所生的子女及後裔均無王位繼承權。

　　君主的職務，主要在於發布各種飭令，議會通過的法令也必須經過君主的簽署方得生效。但該法令仍須先通過副署，否則依然無效。由此可知，君主的職務行使多為象徵意義而已。奧倫治王室所擁有的實際權力，在威廉三世時就已失去大部分，不過當國家出現權力真空

時，國王或女王有權任命一個編委 (Formateur)，或者一個通告委員 (Informateur)，由編委或通告委員來提出組閣的方針。通常該編委便能順勢成為首相。如果編委組閣失敗，通告委員就得負責調查內閣方案的得失，將失敗的真相通告君主，並重新任命新的編委人選。

君主除了對內有上述的職責，此外便是從事慈善事業，並以王室身分加強國家的向心力。尤其在分柱化年代的社會下，荷蘭社會更需要有一個超越「柱子」的領袖來象徵國家的統一。對外，君主則以元首的身分代表荷蘭出訪各國，達成「敦親睦鄰」的任務。

現代荷蘭的三位女王，都展現出優雅美好的氣質，具有極佳的親和力。威廉明娜女王在歐戰期間，即使流亡英國，仍透過廣播不斷鼓舞荷蘭，得到廣大民眾的迴響。茱麗安娜女王除了具有王室的尊貴氣質，更表現出對於四個女兒的溫柔，以及樸質不做作的母親形象。她的丈夫波恩哈德親王曾經涉入政府購買飛機的受賄醜聞，使得親王不得不離開公眾生活。然而這件皇室醜聞只被荷蘭輿論當成親王的個人事件來處理，絲毫沒有損害到女王在民眾心中的形象。可見茱麗安娜女王的親和力深入人心，才得以避免了一場原可能發生的政治危機。

至於現任的碧翠絲女王，當她還身為公主的時候，正值二次大戰後，荷蘭人仍對於德國發動歐戰耿耿於懷的時期，她卻於 1966 年下嫁了一位曾任低階軍官的德國外交人員馮安斯貝格 (Von Ansberg)。於是之故，很多荷蘭人對公主的婚姻都不表祝福，甚至遭到一些人丟煙霧彈、催淚瓦斯表達其不滿。在碧翠絲於 1980 年的加冕大典上，女王的婚姻再度觸動荷蘭人對二次大戰共同的痛苦記憶，因而引發了又一次的抗議活動。但隨後因為她誠懇的態度、親和的形象，很快地平息了荷蘭人的傷痛和怒氣，轉為支持和擁護。再者，由於荷蘭人對個人隱私相當看重，比起同為君主制的其他國家如英國等，荷蘭皇室的隱私權也相當受到尊重。

荷蘭的內閣由首相來召集組閣，並成立部長會議，決定施政方針，協調各重要部門如國防、外交、內政、財政、經濟、交通、文化教育、

圖45：荷蘭的女王　荷蘭的女王形象都很具有親和力，受到人民的愛戴。左圖為威廉明娜女王1938年時的生活照，右圖為碧翠絲，她的誠懇態度平息了荷蘭人對她下嫁德國低階軍官的不滿。

農漁業各部的事宜。

　　在荷蘭共和國時期 (1581–1795)，荷蘭議會由七個握有主權的省分各派代表所組成，處理有關七省在統一、宗教、對外防衛、東印度公司等議題上的大小事務，是一種聯省議會的型態。1796 年以後，這個議會被法式的國民議會所取代，隨著確立了男性公民投票權，在 1798 年之後，則由巴達維亞共和國組成兩院制，沿用至今。兩院由第一院和第二院組成，其議會席次於每四年舉行一次大選。1919 年以後，第二院代表由直接普選產生共一百五十位議員，他們有權接受、修正或拒絕政府提案。第一院則有七十五位議員，由各省省議會選出，他們有權接受或否決已被第二院通過的法案，但無修正權。由於他們並非直選，因此權力也有限制，雖然擁有否決權但也很少提出。議會對於行使立法和監察之職十分看重，換言之，要決定一份文獻是否能成為法律條文，並對政府做出監督的實際責任，還要提出質詢，更有權對於失職、不盡責的內閣進行倒閣和彈劾。

　　在二次大戰後的三十年間，荷蘭內閣在五個主要的政黨於聯合基礎上進行運作。五個黨分別為自由黨、社會勞工黨、天主教黨、反革

命黨（保守的新教黨），以及基督教的歷史聯合黨（較溫和的新教黨）。
這樣的政黨組成，也促成了如前所述的柱化社會。以教育制度來說，
全國分成公立、私立、天主教、基督教等學校各自為政，經費則由國
家公正補助；媒體資訊也分別由其黨派資助其下所屬的電臺、報紙加
以放送；每個柱化下的社群團體則各有其價值體系和行事作風。不過，
這種柱化現象在 1965 年後便漸漸淡化。在 1970 年代以後，出現舊有
政黨合併或另創新黨的趨勢。其中基督教民主聯盟 (Christen-
Democratische Partij) 是在 1975 年由原來的幾個宗教政黨，包括天主教
和新教政黨在內所聯合組成。其聯手的主要原因在於荷蘭社會逐漸世
俗化，有必要重整宗教黨派來制衡俗世黨派。這個聯合黨在選舉中果
真屢屢獲勝，其政黨主席魯貝斯 (R. Rubbers) 自 1982 年到 1994 年間
兩度出任內閣首相。其他新創立的黨派中則以綠色左翼黨 (Groenen) 最
為亮眼，事實上這也是由原本的少數黨派如共產黨、和平社會黨、激
進黨和福音人民黨聯合而成，其主要訴求為環保和左傾的社會政策。
另外還有六六民主黨 (Democraten 66)，這是一個較溫和的左派政黨，
名稱由來是為了提醒動盪不安的 1960 年代，其政治主張為革新僵化的
政治體系，消解分柱化的社會，首相直選等，頗受到年輕族群的支持。

在分柱化的社會中，政黨是各個「柱子」的核心角色，但在今天
的荷蘭，後柱化 (Post-Pillarization) 的時代到來，由於柱子解體，相對
政黨運作也可以較為自在。換言之，政黨反而是從「柱子」的「操控」
中得到釋放，不再是因為各個「柱子」的意識型態或宗教立場的差異
而形成的派系政黨，而是走向一個有著超越上述歧異，可因共同的政
治主張或經濟理念，由社會各階層人士所組成的政黨取向。

在荷蘭的地方政府，每個省分都有其省政府來負責自己地方的行
政事務，省政府也擔任與中央政府、市政府間溝通協調的職責。市政
方面，市長任期為六年，其人選採用居住地迴避制度，亦即非本市的
人才有擔任市長的資格，經由中央政府提名後，國王發布任命。原則
上，每個市政府都擁有相當程度的「自治權」。

第二節　經濟型態的轉型

　　在戰後三十年間，直到世界性石油危機爆發之前，荷蘭的經濟復甦可說是穩定成長。因為馬歇爾計畫 (Marshall Plan)❶ 在美國對戰後的歐洲施以經濟方面的援助下，各種產業得到了重生的機會，再加上荷比盧關稅同盟的成立，擴大了對歐洲本地的貿易，國內生產總值每年成長率達到百分之六左右，刺激了境內投資的熱絡。早先落後於比利時的工業，也在這些年來開始起飛，走上工業化的現代消費型社會。家庭電器製品普及，汽車擁有率增高，以及前往海外度假的生活方式，這些都已經成為人民生活的一部分。雖然荷蘭在東印度群島的殖民地都已獨立，這點曾經對荷蘭的經濟造成不小的影響，然而從另一方面來說也幫助刺激了荷蘭經濟的轉型。以前從事殖民貿易的公司和銀行、造船等行業，必須另謀出路，尋找與歐洲大陸進行貿易的新機會。不過，荷蘭對東南亞的私人性投資仍然維持著，大部分是從事糖、椰子油和咖啡的加工業。

　　1973 年以降，荷蘭的經濟明顯衰退，甚至到了 1980 年代更顯得景象蕭條，一方面由於國際間的石油危機所影響，另一方面也因社會的現代化，國內薪資調漲，物價也跟著水漲船高，結果形成了通貨膨脹。再者，因為環保意識抬頭，在一連串的環境保護法下，嚴格控管工廠的排污，對農業、畜牧業所使用的化學肥料、農藥也有所管制，這樣的結果限制了工業產品的生產及農業、酪農業的大量盛產。因此，社會上失業率增高。這點不僅對荷蘭人本身造成影響，也牽涉到早先於 1950、1960

❶ 馬歇爾計畫的正式名稱為歐洲復興計畫，是為穩定在二次大戰中因戰爭而受損的歐洲各國之經濟和社會動盪而提出的援助計畫，也是因美國擔心歐洲會因社會混亂而趁機助長共產主義興起的一種防範措施。荷蘭在 1948 年到 1951 年間由此計畫得到不少經濟利益。

年代所引進的北非及南歐勞工的就業機會，因此社會問題連帶而起，宣告倒閉或破產的公司數目節節攀升。荷蘭政府為了應變，實行了國營企業私有化的政策，如荷蘭皇家航空公司、郵政公司的股份都賣給了私人，此舉可減少國家的財政赤字，也可刺激生產，可謂一舉兩得。

1980 年代後半期，經濟情況開始好轉，早期或戰前便存在的荷蘭大企業，如蜆殼 (Shell) 石油、聯合利華 (Unilever)、菲利浦電器、阿克卓 (Akzo) 化工、荷蘭銀行 (ABN) 都發展成跨國企業。在現今全球化 (Globalization) 的取向下，荷蘭企業的生意網遍布世界，也包括臺灣和中國大陸，而世界最古老的阿姆斯特丹證券市場也仍然是當前最穩定的股市之一。

水利工程是荷蘭人最驕傲的科技工業之一。從古到今，荷蘭人和水的關係非常密切，每個人都知道荷蘭人「與海爭地」的事蹟。海洋和運河造就了他們的富裕，但同樣也帶來不少傷害，水患在歷史中不斷重演，也因此荷蘭人對水具有「憂患意識」，使得水利管理部大大小小的事情都有著明確精細的分工。近代受害最慘重的一次水災發生在 1953 年，約有兩千人溺斃，十萬多人的房屋被洪水沖走。於是在 1958 年議會通過了所謂的「三角洲計畫」(Delta-plan)。這是一項龐大複雜的「封海」工程，他們將馬斯河、須爾德河、萊茵河之三角灣口封閉，形成一個大湖，讓海潮無法再流入。換言之，荷蘭人打算封閉容易氾

圖 46：三角洲計畫中東須爾德河大水壩的修建工程　水閘有六十五個門以抵擋北海之巨浪。在風平浪靜時，閘門打開可以讓海水流入閘內，即可做水產殖養業，如養殖海貝、淡菜等。

濫成災的河流和北海入海口，並用海堤和橋樑連接了荷蘭的島嶼。這項巨大的工程花費了三十二年的時間和七百億美元才告完成，對荷蘭的經濟發展也有所幫助。荷蘭人多半相信自己改變了「自然」，雖然也有一些人認為荷蘭人對大自然的控制已嫌太多，破壞了生態系統。這也是綠黨近年來頗受歡迎的原因。

第三節　社會、文化及「荷蘭性」(Dutchness)

在 1960 年代以前，荷蘭社會通常給人一種人民守秩序、自制、工作認真又儉樸的印象，在四個主要的「柱子」下，各過著其奉公守法的生活，彼此間有著不同的宗教和意識型態，卻也能相互寬容、和平共處。但是這樣的和樂景象，在 1960 年代以後就漸漸改變了。

首先是「柱化」社會的解體，原本最開始造成柱化的原因之一，是由天主教團體所引起。天主教是荷蘭社會幾個「柱子」中，態度較為強硬的柱派。這乃因早先以新教立國的荷蘭，對於天主教徒總是有所顧忌和限制，甚至帶有一些輕視，導致天主教團體希望透過柱化，隔離某些社群，以求自保。不過自 1960 年代以降，天主教團體的態度變得開放許多，部分原因也是因為在第二次梵諦岡大公會議後，教廷對天主教徒的言行倫理鬆綁許多，其教會學校也因世俗化的關係而淡化不少宗教色彩。而嚴守清規的新教徒同樣因為世俗化的關係，打破了很多先前的禁忌，舊教跟新教之間的對立自然就不復存在了。甚至雙方合組宗教性政黨，聯合成立了基督教民主聯盟。世俗化加上經濟成長，促使消費社會成長，教育水準普遍升高，因此也沒有人覺得還要以「柱子」來隔離其他文化。再者，因為媒體資訊的發達，社會間的流動和商業往來的頻繁，也都使得現代社會中的同質化越來越強。

在 1960 年代以後，政黨生態傾向多元，舊有意識型態逐漸消失，即使仍有少數抱持濃厚意識型態的政黨存在，也只能成為邊緣團體。個人主義、個人自由的價值觀取代了「柱化」下的群體文化，此時在

圖 47： 1960 年代公園中的嬉皮們　他們是普波運動的參與者和支持者。

荷蘭出現了由某個組織所發起的運動，叫做普波運動 (Provo Movement)，這個團體可以說是一種「新文化」或「反文化」運動的激發者，其外在的形式上有些類似美國的「嬉皮」(Hippie)。"Provo" 這個字是由 provocation 而來，意思是「激發」起來，參與者大部分為阿姆斯特丹或居住在大城市裡的年輕人，他們反對權威及一些既定的社會秩序，其中也有一部分人提倡無政府主義，力主實行「白色計畫」(White Plan)。「白色計畫」指的是反對車輛駛入市中心，呼籲使用城市的公用腳踏車，來替代會造成環境污染的交通工具，同時促進徒步區的擴大。他們常以嬉戲似的態度或諷刺式的方法來反對政府當局的體制，因此普波運動經常使得政府必須面臨一些尷尬局面。但他們這種反權威的態度，及看似浪漫的行為，卻贏得很多年輕人的支持。

　　荷蘭婦女在社會上的角色也有所改變，1930 年代以前，女性總是待在家裡料理家務，特別是已婚婦女更不出外工作。在第二次大戰時期，由於荷蘭男人常被德軍強制帶走，強迫服役，或者自願參加地下抵抗組織所謀劃的抗德活動，婦女不得不接替起一些原本屬於男性擔任的工作。在戰後，雖然大多數的婦女都非常高興能夠重返家庭，回復其賢妻良母的角色，不過也有些女性願意繼續在外工作。相較於過

去的傳統觀念，這樣的現象已然是一種改變了。

　　事實上，荷蘭政府的本意在於鼓勵男主外、女主內的傳統家庭模式。荷蘭人認為家庭是社會的基礎，已婚婦女的就業率不及百分之七，這在歐洲國家中是比率最低的。不過在 1970 年代以後，婦女運動增多，女性參與職場的意願也提高，法律上也保障了性別平等，不得在工作或求職廣告中提出性別限制的要求。但是至今為止，一般荷蘭男性在非出於性別歧視的狀態下，還是有很多人希望自己的妻子能在婚後留在家中相夫教子，成為家庭的精神支柱，讓他們在外無後顧之憂。

　　荷蘭人的自制形象以及喀爾文式的宗教倫理似乎是越來越淡。在今天的社會中，情色行業和毒品解放，儼然成為荷蘭各大城市，尤其是阿姆斯特丹的註冊商標。吸毒雖然仍屬違法，但早在 1960 年代，荷蘭對於吸大麻草和服用輕劑量的毒品，均抱持「寬容」的態度。挑明了說，吸毒其實是合法的。到處開張的「抽菸」咖啡館，內行人一看便知其中門道。不論警察如何取締毒品交易，阿姆斯特丹依然是個販毒較容易，吸毒較自由的地方。

　　紅燈區裡則提供了形形色色的情色交易。據統計，2003 年光在阿姆斯特丹合法登記的性工作者數目就高達四萬人。「櫥窗女郎」提供來自全世界各種膚色的美女，全世界想要盡情尋找一夜歡愉的男子，都可在此進行合法的性交易。

　　荷蘭社會存在著一種對於「海角之地」(Uiterwaarden foreland)，也就是三不管地帶，或稱「灰色地帶」的觀念。毒品和性交易的開放，雖然引起鄰近國家抨擊，但大家似乎也漸漸習慣了荷蘭人的這種作風。另外關於墮胎和安樂死 (Euthanasia) ❷ 的合法化，荷蘭所持的立場也容易引起他國之爭議。

　　在過去，墮胎在法律上等同於謀殺罪。但早在 1950 年代，荷蘭醫師便公然地進行墮胎手術。到了 1960 年代，兩性問題改革協會對婦女墮胎事件公開表明其支持立場。在最開始的時候，社會也出現多起反對聲浪，特別是來自宗教團體。這正和當年安樂死是否合法化所遭遇

❷1971 年，荷蘭醫生范博文 (G. E. P. van Boven) 讓他生病的母親安樂死。支持他行為的多半是自由黨及社會黨，而宗教性政黨則持反對態度。但在 1993 年，包括自殺及在某些條件下的安樂死，在法律上已得到其合法性。

的狀況一樣，在法律上不被准許，但某些醫生依然會「指示」或提供患者關於墮胎和安樂死的指導，而這些醫生並不會被起訴。2002 年的 4 月 1 日，荷蘭議會以四十六比二十八的票數差距，正式通過了安樂死的合法化。這項決定立刻引起了世界矚目，在國際間也招致強烈反應，但或許這就是荷蘭人之所以為荷蘭人的地方，他們堅持自我、不為所動。

不過，基本上，荷蘭的社會仍然維持著以中產階級為主的社會型態，他們在各種事情上仍然保持寬容、個人主義或團隊精神，盡量和平共融，大多數人也依然自治自律。傳統中產階級在生活上的價值體系，似乎還是對於這個事事縱容的現代社會，形成了一股節制的力量。

第四節　荷蘭人

要想為荷蘭人下一個典型的定義，大概是不可能的任務，但是在一定的程度上仍然可以撲捉到荷蘭人的集體心態和人格特質。首先，荷蘭人對外來文化向來採取十分開放的態度。自 1950 年代以來，很多年輕人喜歡追求美國文化，在語言的使用上，也喜愛說講英語，或可以說是美語，並不像法國人般拒絕把法文弄成英式或美式的樣子。法國人極力保護法語的純正性，在創造新字彙時也極力避免外來語的直接引用。例如在說「漢堡麵包」的時候，"hamburger" 這個字是不可能直接出現在法文中的。但法國人的這種堅持，對荷蘭人來說簡直是不可思議，無法想像。反之，荷蘭社會鼓勵人民學習英文，對他們來說，外語能力是一種極為實用的工具。

自歐戰以後，所有的荷蘭學生，除了英語訓練之外，也加強法文和德文方面的語言能力。荷蘭是第一個在歐陸販賣英語系書籍和報紙的國家，電影或電視上的外國節目都以原音配上荷語字幕的方式播出，不像法國或德國將外國節目另行翻譯成自己的語言，不用字幕。荷蘭人經常取笑他們的法國和德國鄰居這種替每一個外國節目自配「國語」的固執勁兒。荷蘭的教育部長李仁 (J. Ritzen) 還曾提倡大學課程最好以英文授課，至少在討論課上要使用英文。更有人作此提議，乾脆「廢掉」荷語，全民改用英文，或將英語提升到官方語言的地位。當然這個提議並沒有被認同，但至少由此可看出他們對於英語的重視。除此之外，在荷蘭，中文和印尼語也是被鼓勵學習的熱門外語，這也是因為要開拓海外市場而做出的實際考量。

　　荷蘭人的務實和重商性格早已是古老的傳統了，至今仍然如此。很多話語頗能傳神地表達出他們這種重視買賣、商業第一的精神和心態。例如：「你必須知道現實世界要向你買什麼」(Je moet weten wat er is de werld te koop is.) 這句話的實際意思是：「你必須要知道你需要什麼。」類似這種與買賣、商業行為有關的語句，在現在的荷蘭文中比比皆是。

　　現代荷蘭的有錢人不少，但鉅富還是集中在少數人身上。不過，儘管這些人極為富有，從外表、衣著、舉止上是不容易辨識的。保持低調是一種規矩，早年很多部長級的大人物，仍然搭公共電車上下班。現在他們即使搭乘由個人司機接送的專用高級轎車，仍然要替自己找個合理化的理由，像是：因為工作太忙，用私人專屬車可以在途中繼續工作，辦理公務。

　　企業領導人和政商名流都盡量不曝光，一方面保持個人隱私，同時他們也強調團隊合作的精神，在公開場合很少提及自己的個人成就。一般說來，每一個荷蘭人都很重視別人和自身的隱私權，這種個性也展現在人際關係上，對人保持適當的距離，成為一種必要的禮貌，只有在很明確的受到邀請時，才能到別人家作客，而且時間固定又準時，

如果說好下午聚會，客人必須在準備晚餐前告辭，而主人也會事先提醒。在公共場合的時候，荷蘭人之間不像法國人或義大利人般健談，他們與陌生人之間的第一次「真正」交談不易展開，但每個人都盡量保持著客氣與禮貌，對一般性的招呼或問路等均非常樂意提供協助，熱心解答，但絕不涉及個人事務。

一般來說，大部分的荷蘭人至少在自己國內非常自律自制，對情緒掌控得宜，不會在婚宴上特別興奮，也不會在葬禮上過度悲傷。他們不願意（別人也不想）因著個人的情緒而造成他人的負擔。如果想要作情緒的宣洩，只會找心理諮商師。因此，在荷蘭社會中，心理醫師或心理輔導師的開業密度在世界各國當中算得上是名列前茅。

荷蘭人特別重視人與人之間保有著舒適、和諧和愉悅的氣氛，在荷蘭語中有一個特殊的字彙 "Gezeligheid" 便是專指這種氣氛。他們非常驕傲於擁有這個獨一無二的字眼，能夠確切地表達這種愉悅感覺。要是有人打破了這種氣氛，會被視為一件非常糟糕且尷尬的事情。每當有爭論發生時，特別是在家庭成員之間發生爭執的時候，總會以「讓我們保持 Gezeligheid 吧！」作為解圍的用語。這使得每個荷蘭人幾乎都認為保持這種愉悅氣氛是一種義務。

荷蘭人特別重視家庭生活，父母親和子女都刻意維持家中的窗明几淨及愉悅氣氛，並十分希望朋友看到自己家庭的舒適和諧。也因如此，在職場上以家庭為理由的請假是頗受尊重的。很多公司也相信，必須把員工的家庭安頓好，員工才能專心工作的這個信念。在家庭布置上，荷蘭人品味的同質性頗高，例如，家裡都保持得乾淨怡人，喜歡以新鮮花卉、畫作及陶瓷品作為室內裝飾，並常常在白天將蕾絲窗簾拉起一小截，讓路過的人可以看到室內景象，以向他人展示自己家裡的整潔與愉悅。

然而，其他歐洲人對於荷蘭人的印象卻是毀譽參半，除了認為他們精打細算又小氣吝嗇之外，也嘲笑他們為什麼一到了國外，行為就變得格外放肆又粗魯。這或許是荷蘭人為了彌補在自己國內的過分自

圖48：吃鯡魚的姿勢被笑為粗魯不雅　荷蘭各城鎮都有賣鯡魚的攤子，通常用油醃漬，加上洋蔥末享用。

制，而出現的壓抑性宣洩。

　　荷蘭人的飲食習慣並不鋪張，也不奢侈，不像法國人、義大利人甚至自己的鄰居比利時人那樣，有著享受美食的習慣。這也構成別國人對他們的取笑重點：荷蘭人對於食物沒有品味！大部分的荷蘭人只喜歡乳酪、牛奶和咖啡，荷蘭人的名菜只有醃肉青豆湯 (Erwtensoep) 和冷鯡魚 (herrings)，而且吃相相當不雅：用手倒提魚尾巴，仰著頭，張大著嘴，一口吞下整條魚──比利時人和法國人是如此形容的。事實上，回顧荷蘭的飲食史，還可以發現一道傳統國菜，那就是將各種蔬菜、肉類、魚和蝦貝熬煮在一起吃的一種燉菜 (hutspot)。上桌時完全看不出湯裡面所放的材料，這點在作法上大概與喀爾文教徒想要掩飾其奢侈的飲食有關吧。

　　荷蘭人最喜歡的節慶日不是新年也不是聖誕節，而是每年 12 月 5 日的聖尼古拉 (St. Ncolas) 節。聖尼古拉是商人和水手的守護聖人，傳說中，每一年他會騎著白馬或乘船從西班牙出發，和他的摩爾人侍從黑彼得 (Black Peter) 一起來到荷蘭。在這一天，全國的兒童多半會得到自己最想要的禮物。荷蘭人愛小孩是天經地義的傳統，自古以來很多

荷蘭畫家都以兒童為主題來作畫。在今天，兒童仍是全家的重心，家裡大大小小的事情也都讓孩子參與討論，共同決定。孩子自己做出的選擇和決定，父母也多給予支持。由於對兒童的重視，小孩的生日也就成為一件不得了的大事，親朋好友會相聚替孩子慶生，這項慣例已成為日常生活中不可或缺的一部分。

古老的傳統價值，新教徒的工作倫理，勤儉持家的美德與寬容的精神，這些特性都還存留在荷蘭人身上，只是形式上有所改變。努力工作之餘也越來越希望度假，多餘的存款便拿來投資獲利代替作善工。這些作為都不是為了進入永恆的天國，而是為了短暫的現世人生。寬容的美德當然可以用在對毒品的容忍及對色情事業的包容——而上述的這些評語，也不過是外國人對於荷蘭人的一種看法罷了。

第五節　移民政策與文化寬容

傳統上，荷蘭是歐洲對於外來移民態度最為開放及包容的國家之一。但是，近年來，社會上接連發生數起與移民有關的暴力事件，造成荷蘭人與其境內的移民，特別是與穆斯林之間的緊張關係。一些激進的穆斯林，與政治立場上極右傾向的荷蘭人，爆發了相互攻擊，甚或燒毀清真寺的事件。

在整個荷蘭社會的人口結構中，外來移民的數量逼近總人口的百分之十，其中又約有一半以上為穆斯林移民。移民豐富了荷蘭的多元文化，但也引發了一些社會問題，促使當局不得不正視此一現象，重新檢討移民政策。例如：是否要限制移民進入境內，對新移民的態度是要採取融入主義抑或多元文化主義，凡此種種，都成為荷蘭政府需要重新考慮的問題。

在此種社會情勢逐漸形成的過程中，發生了幾個具關鍵性的事件。2002 年，荷蘭的極右派政黨領袖賓‧弗圖恩 (Piim Fortuyn) 在阿姆斯特丹近郊遭到槍擊死亡。這起暗殺事件的時間點，恰巧就在僅距離荷

蘭大選的前幾天。據選前的民調顯示，弗圖恩領導的右派政黨──弗圖恩名單黨──極有可能成為荷蘭議會中的最大政黨。弗圖恩的政治主張包括加強對於移民的限制措施，並強調已移入的穆斯林應該儘速融入荷蘭社會，同時他也提議要修改荷蘭憲法中禁止種族歧視的條款。

　　此一事件的發生，打破了荷蘭三百五十多年來沒有任何一樁政治暗殺的良好名聲。除此之外，荷蘭的移民部部長麗塔·費東克 (Rita Verdonk)，對於移民政策一向表現得態度強硬，也使得種族和移民問題反而日趨緊張。此時又發生了另一樁荷蘭議員的辭退事件，原籍索馬利亞的女議員荷西·阿里 (Hirsi Ali) 曾經提到，過去她是以假難民的身分來到荷蘭。阿里本身對於伊斯蘭婦女解放的激進立場，便使她備受爭議，她曾經和導演迪奧·梵谷 (Theo van Gogh) 共同籌劃拍攝拍了揭發伊斯蘭社會婦女暴力的影片，梵谷後來遭身穿伊斯蘭罩袍的摩洛哥裔荷蘭人當街刺殺，阿里也受到威脅。而費東克對於同屬於自由民主人民黨的阿里議員，以偽造文書的名義，迫使她辭去議員一職，更藉以取消了阿里的荷蘭國籍。費東克的作法引發了社會輿論的軒然大波。包括其執政聯盟中的民主 66 黨都表態反對這項決議，更揚言要退出三黨執政聯盟，結果導致了當時擔任荷蘭首相的揚·包肯納德 (Jan P. Balkennende) 之內閣總辭。然而事實上，阿里的辭退事件所反映出的，是近來荷蘭社會對於移民政策的態度傾向。

　　荷蘭的環境地小人稠，而外來人口的組成又相當複雜，其中有來自於原屬荷蘭殖民地的印尼人與蘇利南人，也有從摩洛哥、土耳其、葡萄牙、西班牙及義大利等地移入的勞工移民，以及來自東歐各國和非洲的難民。這些占了總人口十分之一的外來移民，因其不同的社會與文化背景，為荷蘭帶來新的社會問題與文化衝擊。近幾年來因陸續發生了上述的暴力和衝突事件，使得向來以宗教寬容、文化多元與自由開放的精神享譽世界的荷蘭人，也不得不重新思考原有的移民政策，如何在文化寬容與移民問題的兩難之間權衡得失，便成為荷蘭社會當前的一大考驗。

第六節　邁入二十一世紀的荷蘭

　　邁入二十一世紀的荷蘭，在王室、政治、經濟、社會及文化都有所變動發展。在王室方面，荷蘭女王碧翠絲於 2013 年 4 月 30 日登基三十三周年正式遜位。由其長子威廉亞歷山大 (William Alexender) 繼任王位。他成為荷蘭王室繼威廉明娜、茱麗安娜及碧翠絲三位女王以來的首位男性君主。威廉亞歷山大曾因迎娶阿根廷前獨裁政府政要之女梅西瑪 (Maxima Zorreguieta Cerruti) 而引起爭議。荷蘭國會與王室達成梅西瑪的父親不得參加婚禮之協議，表達荷蘭人民對獨裁政權的不滿之後，威廉亞歷山大才得以順利舉行婚禮。同樣的，新國王的登基大典，梅西瑪王后的家人仍未被邀請參加。碧翠絲女王的次子約翰弗里索 (Johan Friso) 也因與平民女子絲蜜特 (Mabel Wisse Smit) 結婚，未能得到國會的批准，而放棄了其第三順位的王位繼承權。不幸地，弗里索於去年在奧地利滑雪時遇上雪崩昏迷至今。登基後的威廉亞歷山大稱號為「威廉四世」。碧翠絲勉勵新國王：「不是因為權力，不是因為個人的意志，也不是因世襲之權威，而是要帶著服務社會的熱忱，你才能成為今天的君主，你將帶著深厚的涵養來領導國家。」「威廉四世」也發表登基感言，聲明身為二十一世紀的君主，會超脫政黨和各團體利益，並將致力於維護荷蘭傳統與新時代之變革之間取得平衡為方向。因為尊重荷蘭國會是荷蘭的最高權力機構，威廉四世也願意在必要時，僅成為一個虛位國王。

　　在政治方面，雖然 2005 年的 6 月，荷蘭對歐盟憲法的公投，有近百分之六十三的人投下了反對票，顯示荷蘭人對歐盟憲法的不信任。分析其中原委，主要歸因於荷蘭人質疑歐洲聯盟官僚體系缺乏透明度。更有人擔心，身為蕞爾小國的荷蘭會被歐盟大國的決策所控制。特別是對一些國家，如義大利和希臘曾向歐盟提出虛假的預算，也感到失望憤怒。有一些人，則憂慮歐盟組織在不斷擴大成員之後，外國移民

會大量湧入荷蘭境內，將造成諸多社會問題以及自己民族特性的消失。例如擔心土耳其加入歐盟之後，境內穆斯林人口將激增並造成文化衝突。另外，歐元在各國流通，更會促使荷蘭國內物價不穩定。但是，荷蘭國會於 2012 年提前舉行的大選中，親歐盟的自由民主人民黨（Volkspartij voor Vrijheid en Democratie，簡稱 VVD）和工黨（Partij van de Arbeid，簡稱 PdA）卻得到勝利。大選提前實施的原因是，2012 年 4 月 23 日，首相馬克・呂特 (Mark Rutte) 因財政問題向荷蘭女王碧翠絲提出了內閣總辭。2012 年 9 月 12 日提前舉行之國會大選，由自由民主人民黨與工黨分別得到國會的第一、第二大黨。在組閣協商後，自由民主人民黨與工黨聯合組閣，呂特仍續任首相。重要的議題也依然是環繞著荷蘭國內的經濟發展和歐債危機之處理。因歐洲各國的經濟與歐元區及歐債問題相關密切。所以，此次荷蘭大選就特別吸引了世界的注意。選舉結果，親歐盟的自由民主人民黨和工黨將分別在下議院一百五十個席位中獲得四十一席和三十九席。這使歐盟布魯塞爾政治機構暫時鬆了口氣。但荷蘭在財政樽節計劃問題上，各個政黨間仍有分歧，如何達成協議，並不容易。不過最終還是通過新年度財政預算，致使荷蘭財政赤字達到了歐盟規定的百分之三上限。畢竟在 2012 年底的民意調查顯示，百分之六十九的荷蘭人還是認同歐盟。占荷蘭多數人口的中產階層仍是支持親歐盟的中間政黨，這也說明了在荷蘭極左派和極右派政黨未能勝出的原因。

　　在經濟與社會層面，歐洲債務危機造成歐洲各國財政緊縮。據荷蘭統計局在 2012 年的調查顯示，約有百分之三十的荷蘭企業面臨財務困難。這表示荷蘭企業在金融機構之信用貸款及收回賬款上面臨了很大的風險，也會造成對投資和生產的影響。再者，雖然荷蘭北方格羅寧根省擁有豐富的大然氣礦，占整個荷蘭天然氣開採量的百分之七十而使荷蘭成為全球第十大天然氣生產國。但是，少有地震的荷蘭，卻在 2013 年初發生了五次二級以上的淺層地震。大量開發天然氣，卻導致了地下產生空洞，按照目前的天然氣開採速度，礦產監督機構專家

預測，在未來的一年裡，格羅寧根地區非常可能會發生六級以上的淺層劇烈地震。過度開發經濟造成的自然環境問題成為荷蘭關心的議題。另外，約有百分之四十二的荷蘭家庭，也沒有足夠的儲蓄來應付緊急需要。

在宗教與文化層面，今天的荷蘭宗教，主要有三種面向的發展。首先，天主教徒成為多數，取代了過去占多數的新教徒人口。至少，天主教成為公開認信的最大宗，而許多新教徒沒有意願參與教會事務。再來，屬於非基督徒的人口大增，其中多數為伊斯蘭團體。伊斯蘭團體不僅建造了為數更多的清真寺，而且建立自己的教育體系，包括大學以及媒體機構。荷蘭第一座清真寺於 1955 年建於海牙，隨後全荷蘭境內清真寺的數量繼續增加。在進入二十一世紀後，因移入荷蘭的移民們之自主意識較強，以及荷蘭推行的文化整合運動，荷蘭社會出現了「做為荷蘭人」和「誰是荷蘭人」的討論議題。荷蘭政府則在多元文化中，努力實行保護傳統荷蘭文化遺產的政策。最後，荷蘭現代社會中的宗教靈修活動變得更為多元。一些新宗教靈修活動及團體，如佛教以及新教的福音派運動在荷蘭增多。荷蘭人希望經由各式靈修，達到洞察人生與體驗幸福的境界。「身心靈的整合」，似乎成為一種時尚風氣。一些企業團體，甚至宣稱自我靈修將促進企業的成就。

荷蘭一向重視文化生活，例如荷蘭出版完整的《文化指南》。《文化指南》除了對荷蘭的古蹟、建築、博物館、圖書館等的完善介紹，也對荷蘭的繪畫、戲劇、音樂、舞蹈、文學、出版品、電影及各種媒體文化提供訊息。荷蘭文化政策鼓勵各種型態的文化產業，有創意的文化產業，可以得到政府的資金補助。荷蘭政府在支持主流文化機構的同時，也獎勵提高促進社會文化發展的小型文化組織。2013 年 4 月13 日，荷蘭國立博物館 (Rijksmuseum) 在經過十年的大幅整修後，以新面目呈現。然而，另一方面，財政緊縮的措施的確影響到文化政策。荷蘭文化部長近日聲明，荷蘭政府已刪減百分之二十五的文化類預算。雖然，部長說明重要的藝文機構如國家博物館、美術館及圖書館等不

會受到經費刪縮的影響，但是，荷蘭歌劇院和國家芭蕾舞團已經合併，並提出以後會走向較小規模但更具國際水準的方向演出。其相關單位極力呼籲民間企業團體贊助支持或投資文化事業，以彌補文化政策上的預算刪減。

第十四章
現代比利時

第一節　聯邦之路

　　1960 年代，弗萊明和瓦隆間的對峙僵局達到沸點，在雙方的民族情緒高漲之中，具有民粹精神的政黨數量和示威活動也有增加，已經明顯地成為比利時最需要優先解決的重要政治議題。

　　如前所述，最先源自語言差異而來的弗萊明運動，在二次大戰比利時被德軍占領的時期，變得更為複雜也更加激烈。隨後，為了對抗弗萊明運動而興起的瓦隆運動，相形之下也發展得如火如荼。因此，政治菁英們達成共識，比利時應該朝聯邦政府邁進。在經過 1970 年到 1993 年間所進行的四次憲法改革之後，比利時憲法中的第一條就清楚宣示了其為聯邦政體之國家。這是由三個社區 (Communities) 和三個行政地區 (Regions) 所組成的聯邦體制。

　　三個社區分別為弗萊明（荷）語區、法語區和德語區，三個行政地區則由法蘭德斯區、瓦隆區和布魯塞爾區所構成。弗萊明社區包含了使用荷語的北方法蘭德斯居民，以及首都布魯塞爾雙語區內使用荷語的居民，共約六百萬人。法語社區指的是南方瓦隆地區的法語人口，

以及布魯塞爾雙語區內使用法語的人民，共約三百四十萬人。德語社區則指位於東部靠近德國邊界的于朋一桑科一維斯 (Eupen-Sankt-Vith) 一帶使用德語的人口，約七萬多人。

布魯塞爾是一個獨立的行政地區，但卻不是一個社區，就地理位置上來看，它是位在弗萊明社區和法蘭德斯行政地區內的雙語孤島。德語社區則是一個獨立的自治社區，但它卻不是一個行政地區，僅是瓦隆行政區的一部分。

社區必須負責自治區內有關的文化政策，如：電視、媒體、教育政策中關於教職員年金、入學和離校年齡、畢業資格等事務，以及在個人政策上的相關事宜，像是婚姻、健康等等。行政地區的權力限於對空間、地域有關的事項上，諸如：環保、水源分配、動物保育、電力使用、核能資源、基礎建設、交通運輸等等。而國家的權限則在於外交、國防、歐洲聯盟、憲警制度、司法制度、社會安全、公共衛生、國債、經濟貨幣等等。但是在實行上，社區和行政地區在彼此隸屬的事務或權益方面，有時會發生重疊的現象，國家權力與社區或行政地區之間的權益，有時也會有爭議發生。如果彼此無法解決，就要由最高法院的調停或仲裁院 (The Court of Arbitration) 來裁決行政地區之間，或者社區和行政地區與國家政府間的權益爭議。

三個行政地區都有自己的議會，並在社會、經濟事務上擁有立法權。不過，布魯塞爾卻是一個特別的行政地區，它不只是比利時的首都，也曾經是歐洲經濟共同體的總部所在，現在則同時為歐洲聯盟 (European Union) 的首都。在修憲過程中，布魯塞爾究竟該如何定位，這個問題一度備受關注，而遲遲無法決定。因為布魯塞爾也是弗萊明社區的中心，及其議會政府的所在地，而瓦隆的議會政府現設在拿慕兒，瓦隆人擔心會因法蘭德斯和布魯塞爾具有地緣關係而損失了自己的重要性。

藉由四次重要的憲政改革，將比利時推向了聯邦政府之路。1970年的修憲，首先確定了弗萊明語和法語社區，社區的自治主要是針對

文化政策上的自主權。當時教育政策尚未包含在其權限內，而布魯塞爾的定位問題也尚未解決，不過這兩個社區各自的議會，都有權處理在首都雙語區內與自己語言相同之居民的文化事宜。這樣的決定乃根據弗萊明運動最初的訴求，就是關於語言、文化的提升，也兼顧了瓦隆運動中法語區人民的經濟訴求。

瓦隆運動的開始，雖然是因著弗萊明運動而進行的自我防衛，但其背後有著更深的理由。自 1960 年代以後，南方的老式工業逐漸式微，而北方卻以新式的金融業等取代了瓦隆過去在經濟上繁榮的地位。因此，南方的左翼社會主義者在赫納 (A. Renard) 的領導下，促成了瓦隆人民運動 (Mouvement populaire Wallon)，動員了比利時在戰後最大的一場抗爭活動。這個運動主要在反對當時法蘭德斯出身的首相艾斯肯思 (G. Eyskens) 內閣所提出不利於南方的財經政策，約有五萬以上的工人走上街頭，要求政府改革南方工業結構，並達成瓦隆地區之獨立。

其實艾斯肯思在其首相任內，也朝著聯邦政府的方向引導修憲，並在議會上故意使用法文發表這段歷史性的談話：「各位女士、先生，單一的國家已不復存在。」他這句話意謂著結束了自比利時建國一百四十年以來的中央單一政體，之後走向強化自治的社區和行政地區之聯邦國家。

1980 年的第二次修憲，確立了法蘭德斯、瓦隆和布魯塞爾三個行政地區。各個地區有權為自己的城鎮做出規劃，住屋政策也包含在內，同時須對當地地方政府負起監督之責。但在這個時期，大部分的事務仍屬於國家政府的權力範圍，只有百分之七的國家預算是撥給聯邦自治區。

弗萊明人決定簡化自治區的機構，於是在法律的許可下，將其社區和地區協調，達成由一個法蘭德斯議會和一個法蘭德斯政府所組成的體制來運作，也就是說要整合成一個單一的議會和政府。但瓦隆法語區則沒有整合的打算。

原本就已複雜的聯邦制，在這個時候又多出一個棘手的問題。事

情因福仁 (Voeren, Les Fourons) 事件而起，福仁地區位在荷語和法語區的邊界上，就地理位置而言，它居於法蘭德斯區，大部分人民都說荷語，但其中有幾個鎮的居民是法語人口。經過幾次爭議後，法語區列日省的福仁被重新編入荷語區的林堡省 (Limburg)，但問題並未真正解決。1985 年，在福仁的市長選舉中，兩個語言族群各自支持自己的候選人，選舉結果由法語派的福仁行動黨 (Action Fouronnais) 黨主席哈普巴 (J. Happart) 當選。身為市長，他卻拒絕使用荷語辦公，或在公開正式場合用雙語溝通，此舉犯了比利時公務人員的大忌。雖然政府希望他可以不要表現得太激烈，但是哈普巴並沒有就此事給予相對的善意回應，於是他在 1986 年遭到免職。這個事件引起法語區和荷語區的高度對立，由於事情一直得不到具體的解決，最後居然演變成當時執政的馬登 (W. Martens) 政府必須總辭的下場，這等於是宣布重新劃分福仁的政策失敗。福仁問題最後是以人口比率作為基礎，採行直接選舉的方式，如此才解決了此一難題。而關於市長在執行公務上必須使用雙語的部分，便不得再有任何辯駁行為。

這個例子使得比利時人警覺到，雙語區的問題成為必須迅速解決的政策，特別是對於布魯塞爾的定位。於是在 1988 年的第三次修憲中，布魯塞爾地區議會成立，正式成為一個行政地區，並設立排解糾紛的最高仲裁院。百分之七十的國家預算分給聯邦自治社區和行政地區，教育政策也由中央移交給兩個社區，一切總算看來按部就班地步上聯邦制軌道。另外，在 1989 年的夏天，比利時東部約有七萬說德語的人口也提出了訴求，因而正式成立了自治德語社區。

事實上，在比利時境內有兩組德語社群，一個是地理位置位於列日省北部和盧森堡省東邊的居民，大約五萬人。他們早在比利時獨立初期就認同了這個國家，並與當地居民在文化上逐漸融合。第二組族群則居住在列日省的最東端，也就是于朋、茂梅地到桑科、維斯一帶，約有七萬的德語人口。這個地區在第一次大戰前原本屬於德國版圖，戰後，在〈凡爾賽條約〉中，這些「德國人」在不情願的狀態下被併

入比利時。經過二十年的歲月，於二次大戰時德國占領比利時之際，他們才被德國人「解放」，重新「回歸祖國」。但 1945 年德國戰敗，這些人只好又重返比利時。這些居民在每次來回更改國籍時受到很多打擊和挫折，所以也深埋下屬於這個地區和這個族群的自我認同感。1970 年代，在比利時走向聯邦化的過程中，第二組德語族群的語言和文化差異終於受到重視，在自我認同及其他自治社區的引發催化下，這個靠近森林區的小小族群，其居民發現到自己的獨特性和相互間依靠的親密性，他們組織了自己的文化活動，慶祝自己的傳統節日，在 1989 年，成立了自治的德語社區。

　　1993 年的第四次修憲，宣布了憲法中的第一條款：比利時為一個聯邦國，由社區和行政地區組成，並將原屬於不拉班省的布魯塞爾改為分屬法蘭德斯和瓦隆。這次的修憲也根據稍早於 1992 年通過之〈聖米歇爾協定〉(St. Michael's Agreement) 為基礎，強調地區議會的直選和擴大地區政府的權力，並改革聯邦政府的兩院制，特別是參議院。比利時自建國以來，國會就包含兩個院：參議院 (Senate) 和眾議院 (The Chamber of Deputies)。改革後的參議院成員組成多元：直選產生的議員共四十位，其中以人口比例來算，有二十五位來自荷語區，十五位屬法語區；另二十一位由社區議會所推選的議員中，法語區和荷語社區各占十位，德語社區為一人；此外還有十位則屬合選的議員，其中荷語區六人，法語區四人。除了上述這七十一位議員，並有皇室代表的參與。這種參議院的設計是為了要扮演一個較「超越」的角色，可以發揮其批判和協調的功能。眾議院則負責一般立法，提出預算和核准預算，議員席次也從兩百一十二位縮減成一百五十個席次，按照人口比率從各區代表選出。另外，地區議員也都改為直選，例如：法蘭德斯議會及其政府所直選的代表，直接進入國會擔任議員，進行參議；布魯塞爾雙語地區內的荷語人口，也有由直選的議員來參與聯邦政府的國會。最後，也是最重要的憲法第 107 條款：大家都必須對聯邦政府持以忠誠。

第二節　皇室的形象和聯邦政府的尷尬

比利時的建國乃以君主立憲國為名。根據憲法，國王有權任免部長大臣。自建國以來的第一任比利時國王，李奧波多，是最擅用他的權力的君主。自二次大戰以後，國王的角色多為象徵性質，憲法中明文規定，國王所簽署的法案還必須由部長連署才能生效，但仍然有過例外發生。當年一手建立起剛果殖民帝國的李奧波多二世，曾以剛果統治者的私人身分，在剛果境內發動軍事行動以解決糾紛，但是他派兵的行動並沒有經過部長連署，這正是國王濫用權力的越舉行為。第二次大戰期間，李奧波多三世投降德國，並決定留在占領區，未隨同政府流亡之事，也同樣沒有經過和政府官員協商，就擅自作了決定。當然這件事情，就如同前面所述及，在戰後的比利時演變成全國性的爭議，即所謂的「皇室問題」，還導致多起嚴重的示威。在不得已的情形下，李奧波多三世遜位於王子包德溫，而皇家形象也因此大損。

包德溫的舉止言行向來較為謹慎，他與氣質出眾的西班牙公主法比奧拉 (Fabiola di Aragon) 之間的婚姻，使得皇家地位提升許多。不過在 1990 年卻發生另一件國王與國會間的衝突，由自由黨、社會黨及綠黨聯合組成的政黨聯盟，促使墮胎法在國會中通過而成功被立法，但包德溫卻堅決拒絕簽署這項法律條文。他是一位堅守天主教倫理的國王，卻又覺得應該尊重國會的決定。在兩難之下，他決定暫時拋開國王的角色，亦即讓王位懸空一天半，在這段時間內，內閣則可以「僭越」的方式簽署此法案。這件事情發生後，再度引起對國王角色定位的爭論，以及針對國王權力的修憲問題。兩年後，隨著包德溫突然離世，這次爭議也就因此作罷。

包德溫膝下並無子女，在他離世之後，遂由他的弟弟愛伯特二世即位為國王。不過一開始的時候，這位李奧波多三世的幼子，因從小備受寵愛，年輕時行為又飄忽不定，在比利時人的眼中顯得有些輕浮，

於是有直接讓愛伯特的兒子菲力浦來繼任國王的聲音出現。以首相德海納 (J.-L. Dehaene) 為首的各部長在開會協商多次之後，還是決定由愛伯特即位。諸如上述各種關於皇室的問題上，政府的角色不時顯得尷尬，而對自治社區和地區方面，特別是在近年，聯邦政府的角色更經常陷入窘境。

聯邦政府在與自治社區和地區之間的權限上，隨著多次的憲政改革，似乎越來越弱。但總體而言，有關全國性的事務，還是得由政府當局來管轄。在行政、立法權力很多都屬於自治政府的情況下，為了實際上聯邦政府必須維持，它保留了一些對於社區和地區層面上的權限。而各地的自治社區和地區也一直都在爭取自己的權益，他們總是認為聯邦政府管得太多。

近年以來聯邦政府的窘境，導致了一場大規模的遊行示威，釀成比利時政府的危機。事情發生在 1996 年，約有一百萬的比利時人共同聚集起來，不分語言及地區，身穿白衣、頭戴白帽，或者手持一樣白色物品，像是白手帕、白蠟燭、白色花朵或氣球。龐大的遊行隊伍進占了布魯塞爾街頭，要求政府對司法和政治體系做出誠信的改革允諾。人民普遍認為，比利時的政治系統和司法體系出現了嚴重的問題，他們認為司法界徇私貪污，政府腐化，警察無能，刑事調查不公，人民對自己國家的政治體系喪失信心。這樁震驚歐洲的「白色遊行」(White March) 的起因並非單一因素所造成的，不過導火線卻起自一樁社會謀殺事件。事實上比利時算是一個相當安全的國家，社會平靜，沒什麼刑事案件，其犯罪率可算是世界最低的國家之一。在整個歐洲來說，也是最安全的國家。但這件所謂的杜胡事件 (M. Dutroux Case)，卻引爆牽扯出許多醜聞。

罪犯杜胡涉有重嫌，強暴並謀殺了四名少女。原先被宣告為失蹤的六名少女中有四人屍體被發現，主嫌被捕落網後，另外兩名少女被找到獲救，但她們已遭遍體蹂躪，精神受創。杜胡被指控與一個戀童癖的組織來往密切，這個組織的首腦尼虎 (M. Nihoul) 似乎又和一個負

責進行調查此事的人物有很近的關係。其後，在這個事件中，不斷傳出法院疑似袒護嫌疑犯的消息，也有人看到受害少女的家人邀請調查此案的檢察官吃飯等情事，一般輿論和人民都認為這是比利時司法不能保持中立的表現。更離奇的是，在案件尚在調查中的時候，杜胡便從獄中逃走，震動了整個社會。當然後來杜胡還是再度被捕，但整體看來，這個事件簡直像是一場不負責任的鬧劇，民眾懷疑司法機構根本不想積極破案，當中一定另有隱情。

「白色遊行」的遠因則需追溯到 1980 年代後期的奧古斯塔案件 (Agusta Case)。這是一個涉及瓦隆社會黨參與的軍購賄賂醜聞案。一個義大利軍用直升機的製造商奧古斯塔，被質疑付了大筆佣金給當時贏得選舉的社會黨，作為買賣得標的保證。而這件賄賂案又牽扯到另一件達梭案 (Dassault Case)。達梭，是一個法國飛機製造公司，1989 年，比利時為汰換軍機和革新軍事力量，和達梭公司簽訂了一筆高達六億五千萬法郎的生意。但後來盛傳這個飛機公司事實上在暗地裡付了大筆鉅款給瓦隆社會黨，作為簽約的條件。聯邦政府要求司法部質詢瓦隆議會，而導致瓦隆議會主席史比道 (G. Spitaels) 辭職。史比道承認，社會黨確實有一筆存在盧森堡銀行的祕密資金，總數高達三千萬比利時法郎，而這件案子也一波一波地牽連出更多政治人物們涉嫌貪污的行徑。曾任經濟部長及大西洋公約組織祕書長的威利·克勞斯 (W. Claes) 就因此被迫下臺。另外，曾任社會黨主席及比利時副首相的庫渥斯 (A. Cools) 被兩名職業殺手暗殺，到底是否是因上述案件的調查而被滅口，還是涉及其他政府官員貪污內情而被謀殺，其真相始終無法查出。

之後，在 1996 年，比利時有幾家銀行遭到搶劫，其中有一間銀行的保全人員還被槍殺身亡。在種種社會案件、官員受賄的事件陸續發生下，比利時人長年積壓在內心的負面情緒終於爆發出來，在受害少女的家長帶頭下，企圖藉著「白色遊行」的活動，表達對聯邦政府的不滿及對司法體系的不信任。活動當天，參加民眾和消防隊員合力使

用消防水龍以強力水柱噴灑司法大廈，象徵要「清洗」司法體制。事後，數位部長和十多位高級官員因而總辭，聯邦政府在這種政治和司法醜聞頻傳的窘境下，只有痛下決心改革司法和政治體系。

1996 年之後進行了多項改革，特別是針對整肅官員中貪污賄賂的行為，以及行政和司法效率上的改革，其中包括了高等司法議會的設置。這個議會具有監察一般司法體系的功能，例如，要求司法機構將發生的案件向高等司法議會提繳報告，再經議會將報告送交政府和國會。高等法院則不再介入司法官員的升遷、考核與使用。此外，修正沒有效率的調查系統，如以目擊者為主的調查機制，改以蒐集精確證據加以分析的調查方式，更對於刑案中不得公然濫用權力等行為加以監督。

聯邦政府在推動歐洲聯盟上非常積極，到 2004 年 5 月為止，歐盟已經有二十五個會員國加入。雖然歐盟仍以各會員國的政府為主體，不過在未來的發展上，以地區名義參加歐盟將會成為趨勢，亦即以非國家層次的聯邦加盟國身分也可參與的一種傾向。歐盟已設置了區域委員會，對於區域有關事宜加以應對，並由地區來直接參與共同的立法程序以保障其權益。因為比利時的自治機構和聯邦政府同樣具有派遣使節和締結國際條約的權力，聯邦政府為了使社區和行政地區的對外政策不至於擴大到影響聯邦政府的外交政策，也特別在憲法中規定，若有爭議發生,自治政府機構必須要再與互動審議委員會 (Deliberation Committee) 協商，可於一個月內就爭議內容提出異議，宣布暫緩條約之談判或約定。如果自治政府和聯邦政府之間無法達成共識，聯邦政府得於一個月內以不承認締約國、停止外交關係等理由，終止其協約的進行。這樣的措施不僅會和自治區政府產生衝突，且歐洲整合的走向又為承認國家概念以外的其他區域，這也是使比利時聯邦政府感到尷尬的一點。

在布魯塞爾這個充滿了政治說客，又有形形色色的國際機構如北大西洋公約組織、歐盟議會和跨國公司在此設置的比利時首都，矗立

圖 49：位於布魯塞爾的歐洲議會大廈　新歐洲議會大
廈耗資巨大、員工眾多。大樓前面飄揚著歐盟成員國
的國旗。

在此，象徵新歐洲團結的歐洲議會大廈是個非常明顯的地標，花了近
十八億美元建蓋而成的雄偉大廈，具有藍色玻璃外觀，然而對反歐盟
的人士來說，只不過是一個龐大官僚體系下的特權集團罷了。「大廈裡
面到底有多少員工，他們究竟在做些什麼事情？」他們提出這樣的疑問，
真正的答案沒有人確切知道。而這樣的抨擊也使得比利時聯邦政府感
到左右為難。

第三節　經濟發展與社會生活

　　世界大戰以後，比利時的經濟復甦需要付出很大的努力來完成。
由於戰爭使得經濟重挫，通貨膨脹，在貨幣大幅貶值下，比利時法郎
面值只剩下戰前的七分之一。因為比利時是歐陸第一個工業化之地區，
其工業早已打下了基礎，所以在戰後的經濟重建上也以工業發展為主。
在拓寬交通運輸網的方面，不論國際航運或與歐陸之間的運河、公路
開通上都積極建設，以達到貨暢其流的效果。然而世界性的經濟蕭條

也連帶影響了比利時的工業商品出口量，在各國實行關稅保護政策下，比利時的總出口量只有 1930 年以前的百分之四十三。因著經濟不景氣，社會上失業率激增，政府在財經政策上，便結合了凱因思 (J. M. Keynes) 的就業、貨幣和經濟總需求量的理論，以及小羅斯福 (F. D. Roosevelt) 的貸款刺激經濟等方針，算是對比利時的經濟狀況有所助益。

　　比利時在 1950 年代以前的經濟繁榮，對當時瓦隆區的重工業發展十分有利，如鋼鐵的生產對造船業的提升，鐵路的修建及重機器的製造。1960 年代以後經濟型態轉向，以服務業如運輸、保險、金融、法律諮詢業等為主而開闢了新路，北方的不拉班及法蘭德斯地區則憑藉其優良的港口，和城市如安特衛普因商業金融和國際投資上的興盛所提供的服務業而得以擴展。國際貿易在比利時占有重要地位，在1990 年代的出口量高達六十億零一百八十萬比利時法郎，主要的貨物內容為化學和生化製品、機械、食品等；進口量也有五十億五千七百五十萬比利時法郎，主要以燃料為主。而在 2003 年時，出口量已超過二千五百五十五億歐元（一歐元等於舊比利時四十二法郎）。

　　由於比利時漸成為高度工業化下的現代城市化國家，相對在農業經濟方面的生產量減低，僅占全國經濟總量約百分之一‧五左右。1980年代南方的農產品多以麥子、甜菜和馬鈴薯為主，北方則多種植水果、萵苣、蕃茄等，園藝農業也成為主流。在畜牧業和乳製品上的產品均足夠國內所需，食品加工業也有著不錯的市場。

　　一般都認為德國的啤酒和瑞士的巧克力比較著名，但比利時啤酒在內行人的口碑中才是真正的佼佼者，啤酒在歐洲的出口量也是比利時的重要收入。比利時的啤酒種類有高達六百種以上不同口味的品牌，其中自然發酵的麥酒，在製造的過程中不加酵母，在歐洲可說是獨一無二。至於巧克力食品加工業早在 1870 年代就已開始發展，之後又因著在非洲剛果廣大的殖民地上開墾種植的可可事業，因此在十九世紀後期，比利時也成為可可出口國。巧克力甜品深具特色，由於設計特

殊精緻，口感美味又多元，比利時的巧克力製造業已成為一種藝術。比利時境內有數萬家巧克力專賣店，各種不同的品牌，包括從工廠大量出產到由手工精製的都有。比利時巧克力已成為文化產業，不僅有博物館，比利時郵局更印出巧克力口味的郵票，郵票背面的黏膠摻合了巧克力，郵票散發了巧克力的甜美，使郵差、寄信者與收信者都有一個好滋味。

1960 年代以後經濟再度繁榮的結果，造成了購買能力的提升，比利時乃成為一個名副其實的消費社會。不論家電用品、汽車、奢侈品都成為消費對象，因為實行了幾十年的週休二日和近二十年的帶薪休假制度，休閒度假之顧問服務業也蓬勃發展。在一定的程度上，比利時已成為一個以布爾喬亞階級或稱中產階級為主的社會，換言之，人民除了滿足消費慾望，也懂得享受娛樂、閱讀、從事各式各樣的休閒活動、觀看藝術表演、講求生活品味等。比利時人大致上都重視居家生活的舒適，彼此之間謙和有禮，算得上是一個富而好禮的社會。

曾經深度分裂的社會，由於近年以來不論在政治上、語言上、資方和勞方的對峙上都減緩，在一般人民的生活中，「柱化」現象已不復存在。二次大戰以前，在瓦隆地區的工業社會中，社會主義和自由派的反教權意識及勞工意識，特別是在煤鐵重工業區得以迅速發展。而北方的農業社會在當時還是以教會為社會生活的中心，但這種情形到 1960 年代以後改變了。在政治上，天主教黨也成立了天主教社會黨和天主教自由黨，在世俗化的現代社會裡，教會的力量已經沒有過去那麼強勢，經濟變遷和社會生活型態的轉變、資訊的發達，使得「柱化」式的思考邏輯不再。在強制的社會安全法下，像是健康保險、失業救助、年度帶薪休假、老年年金和月退俸制度所保障的範圍，也擴大普及至每一個雇員，因此勞工運動也減少很多。工會和雇主間也成立了聯合諮商體系，使得勞資雙方之間的衝突大幅減少。

比利時的高齡化社會，在歐洲各國間名列前茅，因此舒適的老人安養中心設置密度很高，在週末假期，核心家庭帶著子女回老家探望

年邁的父母，或是舉行大型家庭聚餐，這樣的風氣相當興盛。比利時人懂得生活享樂，三五好友在啤酒屋、咖啡館聊天抬摃，到經典餐廳享用美食，這些已成為生活的一部分了。在歷史上，過去勃艮第時代追求好逸的生活方式，落實在今天比利時人的身影上。他們喜歡慶祝大大小小的節日，從小孩的生日到在足球賽中打入決賽，從廟會 (Kermess)❶到嘉年華，各式各樣的啤酒節到慶祝夏至節的日子裡，都可以看到歡樂的臉孔。每個地區也有著不同的節慶，例如伊佩爾的貓節，大家都裝扮成貓的樣子，進行各式表演活動。伊佩爾貓節的傳統可以追溯至中世紀，那裡是一個羊毛紡織重鎮，因此人們養貓，以防止倉庫中的老鼠咬壞紡織原料。布魯塞爾的歐明罕 (Ommegang) 節則是歷史上查理五世（查理大帝）建都布魯塞爾的盛況重演，人們聚集在美輪美奐的大廣場上，換著古裝或騎馬扮演成騎士、貴族和查理大帝的樣子，沉醉於再現的歷史情境中。

　　在各地的宗教性遊行中，最著名的是五月於布魯日舉行的「聖血遊行」。這個遊行的典故在於 1149 年，當十字軍東征回來時，據說從聖城帶回一個裝有耶穌聖血的水瓶。遊行的重點在於重演《聖經》事蹟，以及扮演大主教攜帶聖血凱旋而歸的軼事。

　　比利時人對於各種大小慶典之興致，對局外人來說，或許會不明所以，但其盛大熱鬧的場面又不由得教人讚嘆，這或許可稱為問號與驚嘆號的結合吧?!

❶此處翻譯成廟會，乃因為這種慶典式的市場在傳統上都在低地國地區的教堂附近舉行，通常每個村莊、城鎮裡每年都會舉行一次，有各式各樣的小吃攤、啤酒屋，加上喧鬧的音樂和遊樂設施。這種廟會已經成為當地人民的共同記憶，是生活當中的一部分。

第四節　文化與生活

　　比利時不愧有漫畫 (Comic Strips) 王國之稱，對比利時人來說，漫畫是日常生活的一部分，不只一般報紙和雜誌期刊上刊載固定的連環漫畫，更有漫畫雜誌、漫畫市場、漫畫街、漫畫博物館和展覽會，可說是世界上少有的漫畫文化代表之一。

　　家喻戶曉的漫畫人物是比利時人心中的英雄與偶像，這些人物的雕像也經常在街頭出現，人民還將外表看來單調的建築以漫畫裝點其門面，並透過漫畫傳達各種訊息。本名賀米 (G. Remi) 的漫畫家愛爾杰 (Hergé, 1907–1983)，其筆下所創作的漫畫主角丁丁 (Tintin) 是世界級的「大人物」。一個頭上一撮髮往上翹的男孩，和他的小狗米魯，到世界各地遊歷探險的系列故事，風靡了所有老老少少的歐洲人。法國總統戴高樂 (C. de Gaulle) 就是一位道地的丁丁迷，《丁丁歷險記》系列連環圖也已被翻譯成幾十種不同的文字在世界各地發行，包括中文版，其中有一本《藍蓮花》更是以中國上海為背景的故事。丁丁在《藍蓮花》中的機智和英勇，博得許多讀者的熱烈掌聲。但這個系列之所以受到歡迎，最主要的原因還在於愛爾杰獨特的漫畫風格，以及人物線條清晰精緻。在國際間尚成立了「丁丁學會」，並舉行丁丁學術研討會，

圖 50:《丁丁歷險記》系列的《藍蓮花》　大陸簡體字版。臺灣正體字版的系列叢書曾由時報出版。

大家對這個人物的喜愛，已然形成一派「丁丁學」。

　　漫畫在比利時被譽為第九藝術，於二次大戰前開始發展，1950 年代起變得非常之流行。位於布魯塞爾有一間漫畫博物館，其本身的建築風格便極具藝術價值，是由著名建築師霍爾塔 (V. Horta) 設計。霍爾塔在布魯塞爾的地位，就像是高迪 (A. Gaudi) 之於巴塞隆納，這棟由他所設計興建的博物館，也成為代表「新藝術」風格的建築物之一。其他著名的漫畫人物如蘇絲克和韋斯克 (Suske en Wiske) 也非常受歡迎。再者，近年以來令世界各地兒童著迷的《藍色小精靈》(Smurf) 也是比利時漫畫家，本名居里弗 (P. Guliford) 的佩約 (Peyo) 所作，目前已拍成電影動畫。在他筆下，每個小精靈都具有自己鮮明的性格，深得人心。

　　比利時自古以來就具有豐富的藝術傳統，比利時人擅將過去歷史中紀錄輝煌的藝術作品與美麗的建築、畫廊及博物館連結，各種藝術表演和展覽經常在複合式的藝術空間舉辦，將其古老的藝術傳統展露無遺。對藝術作品的欣賞與喜好，對比利時人來說是很熟悉且習慣的一件事。例如自 1958 年起定期舉行的法蘭德斯藝術節，從春季到秋季，一連串目不暇給的藝術活動，以及高水準的國際藝術表演，在上述的藝術空間內，真正提供了一場藝術的饗宴。

　　根特市的藝術祭則於勃艮第著名作曲家杜飛當年曾演奏過的中世紀伯爵古堡中舉行，芭蕾舞者穿戴上當年善良菲力時代的宮廷服飾，重演十五世紀宮廷宴會的排場。不只是根特市有此傳統，在布魯塞爾、魯汶、布魯日、安特衛普等地的歷史建築物內，也經常上演著音樂、舞蹈與戲劇表演，藝術愛好者可以在哥德式的大教堂中聆聽聖詠，看到身披修士袍的聖詠歌者；或在魯汶的中世紀音樂廳欣賞複調音樂；也可在現代美術館和國家畫廊巡禮藝術品。在欣賞藝術表演的同時也彷彿走入了藝術史，成為畫中與歷史中的一部分。

　　比利時人的閱讀風氣稱得上夠水準，逢年過節時彼此間也常以書本為禮物。戰後的作家經常以社會寫實題材為書寫主題，像是布恩 (L. P. Boon, 1912–1979) 在描繪一般人民的社會生活上具有歷史研究般的

精神，細細考察各地習俗的起源及典故。他在字裡行間所流露出的幽默和譏諷，往往使得讀者產生會心的共鳴。

雨果‧克勞斯 (H. Claus, 1929–2008) 應屬二十世紀比利時最重要的作家，他更是多才多藝，在詩文、繪畫、電影和戲劇編導等方面的成就都很傑出，在歐洲文壇和藝術界中也具有相當崇高的地位。他最著名的文學鉅作《比利時的哀愁》(*The Sorrow of Belgium*) 就被翻譯成包括中文版在內的十多種文字，其寫作才華備受肯定，屢獲提名為諾貝爾文學獎候選人，但數度都以高票落選。《比利時的哀愁》像一部史詩，書中藉著一個名為路易的少年之成長經驗，道出在歐戰時期比利時人的處境，從一個國家的歷史、社會、宗教、文化中，探索人類的生死，人性的多變、猜忌、無奈、貪婪、愛慾及罪惡。書中充滿形形色色的人物，如通敵的父親、出軌的母親、勢利的親戚和行徑怪異的神父等，角色刻畫深遠，令讀者印象深刻。

第五節　社會分裂與政治危機

位於比利時北方的法蘭德斯地區，所使用的語言是弗萊明語（荷蘭語）。使用弗萊明語的弗萊明人，與南方瓦隆地區使用法語的瓦隆人，平時各自過著自己的生活，但並未因此造成相處上的扞格，彼此間的往來也尚稱和諧。然而近兩年以來，因政客的操弄，且因雙方在涉及聯邦政府的財政預算與地方自治政策等重大議題上意見紛歧，造成南北日趨嚴重的對峙局面。

在經濟和社會發展上占有優勢的弗萊明人，長久以來一直在各方面支持著社會失業率較高、發展較為弱勢的瓦隆人。聯邦政府需要運用北方人的納稅金來支付南方法語區人民龐大的社會福利金、醫療保險金及教育經費等等，這樣的情況長期下來引發了北方人民的不滿。一些較激進的團體如弗萊明民族政黨，早已提出南北分離的訴求。

在 2007 年的比利時大選中，法蘭德斯地區的基督教民主黨大勝，

成為比利時的最大政黨，而南方瓦隆地區則由自由黨取得勝利。國王愛伯特二世因而邀請基督教民主黨，曾任法蘭德斯首長的伊夫・勒泰爾默 (Yves Leterme)，為比利時聯邦政府組閣。當他正忙於進行組閣時，比利時法語電視臺的記者在一個專訪節目中，詢問這位即將成為聯邦政府首相的勒泰爾默，是否會唱比利時國歌以及知曉國歌歌詞內容，而勒泰爾默當場哼唱出的卻是法國「馬賽曲」的旋律。更令人感到意外的是，他也弄錯了比利時國慶的由來。這個事件隨即登上了各大報頭版，特別是法語區的報紙，紛紛對勒泰爾默的荒謬行為大加諷刺。瓦隆人本來便對於弗萊明人不時提出的國家分裂論調心存疑慮，勒泰爾默事件更升高了他們的恐慌，唯恐這位將出任的首相將會罔顧南方人的利益。勒泰爾默的組閣之路果真並不順利，南北雙方的政黨代表對於國家政體的看法上出現分歧，荷語區政黨代表希望聯邦政府的權力能夠更加下放到地方；法語區的政黨代表則表示反對，並認為新任首相企圖削弱聯邦政府的權力，將會導致國家分裂。因南北兩方無法在政治體制上達成共識，致使組閣的問題也為之懸宕，造成比利時處於無政府狀態長達半年之久。

2008 年爆發了世界金融危機，波及比利時的最大銀行富通集團 (Fortis) 瀕臨破產。富通集團將在荷蘭和盧森堡的業務出售，交由荷蘭接管，在比利時的部分則交付國有化。比利時政府接管之後，很快將富通銀行大半的經營權轉售法國巴黎銀行。然而在整個轉售的過程中，並沒有循往例召開富通銀行的一般股東會議，因此小股東們要求法院裁定比利時政府轉讓給巴黎銀行的交易是否有其正當性。初審結果是由股東們得到勝訴，法官認為富通集團必須重新召開股東會議，取得股東贊成通過才能交易。但是在法院進行裁定之際，媒體卻揭露聯邦政府在公佈法院裁決之前，曾企圖干預司法。雖然勒泰爾默予以否認，並未能有足夠證據證明聯邦政府確實做出干預司法的行為，但此事卻加深了南方人對這位首相的不信任感。最後，迫於輿論壓力下，勒泰爾默和他的內閣提出總辭。國王愛伯特在經過密集徵詢及磋商後，終

於批准了新首相的請辭，暫由前比利時首相組成臨時聯合政府。爾後，在 2008 年的年底，由國王重新任命同屬基督教民主黨的下議院議長范宏培 (Herman Van Rompuy)，擔任聯邦政府的新任首相。范宏培所組成的多黨聯合內閣，最後終能順利地在布魯塞爾宣誓就職，暫時解除了比利時近兩年來的政治危機。

事實上，根據問卷調查，發現有接近四分之三的比利時人唱不出自己的國歌，但一般來說並不認為這是很嚴重的問題。雖然比利時國王公開呼籲全國人民應不分南北，互相信任團結，在首都布魯塞爾的街頭，也可見到反對國家分裂的抗議遊行，但是主張南北各自為政的聲音，依然為數不少。未來比利時是否會走上分裂之途，仍有待比利時人的決定。

第六節　比利時的終結？

比利時在近兩年所發生之政治危機，堪稱是自 1831 年正式建國以來最嚴重的危機。國內的右派民族主義分子崛起，使原來北部荷語地區之法蘭德斯與南部法語區的瓦隆之間的對立問題更顯尖銳。2009 年 11 月 19 日，歐盟成員之二十七國領袖在布魯塞爾召開特別高峰會議，選出當時擔任比利時首相的赫爾曼・范宏佩為第一位歐洲理事會常任主席。主席之職是根據〈里斯本條約〉所設立的歐盟最高新職務。其職責為對外代表歐盟，對內主持歐盟會議並協調歐盟內部立場。一般認為范宏佩之當選歐盟主席是其他成員國對比利時在歐盟發展過程中積極貢獻的認同。

范宏佩在 2010 年 1 月 1 日卸下了首相職務，成為首任全職歐盟主席。比利時國王在范宏佩的建議下，重新任命前首相勒泰爾默組閣。於茲，國家政權正式移交給新首相、新內閣。但是，2010 年 6 月比利時的國會大選卻產生政治分歧。大選之結果顯示，北部荷語區的新法蘭德斯聯盟黨（Nieuw-Vlaamse-Alliantie，簡稱 N-VA）是勝利者，而

在南部則是法語區社會黨（Parti Socialiste, 簡稱 PS）致勝。N-VA 是一個較偏右的政黨，建黨於 2001 年秋。追溯其歷史，它是屬於「法蘭德斯運動」中的一環，歸類於自由派的民族主義。N-VA 希望比國可以由兩個或三個擁有完全自治權的邦聯制國家組成，而其最終目的是將法蘭德斯以和平的手段從比利時聯邦分離，並在歐洲聯盟下可以自成一個國家。黨主席德威弗爾 (Bart de Wever) 在支持者前高喊著「自由法蘭德斯萬歲」。勝選當夜，他也同時對南部講法語的瓦隆地區，眾多擔心導致比利時分裂的人士說：「別害怕，要對你們自己有信心。」

N-VA 之致勝，最重要的原因之一是，在早先的地方選舉中，激進的極右派民粹主義弗萊明利益黨 (Vlaamse Belang)，因其過度激烈反對移民政策及種族主義的態度而式微。弗萊明利益黨原本的支持者不得已轉向了較溫和的新法蘭德斯聯盟黨。比利時出現一些保守的右派政黨，主要是由於前章節所述「法蘭德斯運動」的複雜性及其演變而來。如「弗萊明集團」(Vlaamse Blok) 就是極右派組織。比利時高等法院在 2004 年 11 月宣判「弗萊明集團」是一個激進之種族主義政黨，於是斷絕了對它的資金支持，也禁止「弗萊明集團」不得作任何形式的政治宣傳，更不得參選。於茲，「弗萊明集團」正式宣布解散，不過也旋即成立了新政黨弗萊明利益黨。基本上，弗萊明利益黨承襲舊黨之政治訴求。

在 2010 年的比利時國會大選後，因沒有任何政黨取得多數，新法蘭德斯聯盟黨在一百五十席的下議院取得最多的二十七席，成為國會最大黨。社會黨得到了二十六席，成為國會第二大黨。由於始終無法解決法語區和荷語區的對立分歧問題，導致多次組閣失敗。荷語政黨與法語政黨對於組成聯合政府無法達成協議，使比利時政治遂陷於嚴重僵局。國王愛伯特二世不得不著手商榷聯合政府籌組事宜，希望盡快組成聯合政府。尤其是為了避免比利時受歐元拖弱的經濟陷入更大困境。然而，這次組閣之困難度更是超過了 2007 年大選後，籌組聯合政府的過程長達半年的紀錄。比利時以持續五百四十二天無政府狀態

打破了全球紀錄。

標準普爾 (Standard & Poor's) 以比利時未能盡速組成新政府，預估可能嚴重影響國家在金融變局的應變力為理由，調降了比利時的主權信用評級，歐盟更嚴詞要求比利時遞交次年的年度預算。比利時的主要政黨在內外強烈輿論下，終於同意由法語區社會黨的主席愛立奧狄賀波 (Elio Di Rupo) 組閣，領導新政府。

狄賀波是義大利移民之子，父親在其幼年就過世，由母親獨力扶養家中七個子女。狄賀波排行最幼，他經歷了非常窮困的童年生活，並靠著自己勤儉刻苦完成博士學位。曾在大學任教的他，自 1980 年選擇從政。這位總是繫著蝴蝶結領帶，且公開性向的同志首相是比利時社會黨自 1974 年後的第一位首相，更是比利時三十年來首位出身法語區的政治領袖。2012 年，比利時舉行全國性地方選舉，新法蘭德斯聯盟黨再獲大勝。社會黨在安特衛普主政九十年後，市長職位讓給 N-VA 黨。黨主席德威弗爾在選舉結果公布後，再次向比利時首相狄賀波呼籲，認為南北應立即開始談判，並將比利時過渡為更真實的「邦聯制」。狄賀波首相則回應：比利時人生活在一個民主國家，每個人都擁有言論自由，新法蘭德斯聯盟黨勝利雖然是事實，但這與聯邦層面沒有任何關係。狄賀波說：「這只是地方選舉，不是聯邦選舉。」一般政論分析人士推測，未來 2014 年大選中，如選舉結果仍然和今天相似，屆時對比利時來說，會是個相當棘手的大問題。因 N-VA 黨已經聲明決定要在 2014 年全力得票致勝後，就要將比利時的聯邦政府進一步虛化。

比利時史家法爾特 (Rolf Falter) 在其著作《比利時：一個沒有國家的歷史》(België: een geschiedenis zonder land) 一書中認為，比利時是一個具有豐富歷史的地區，這也是使其成為一個國家的原因。在政治意義上，比利時卻不像一些新建立的國家，因其缺少悠久的歷史而被稱為「沒有歷史的國家」。但相對地，比利時的一些主要城鎮，其自治的起源可以追溯到中世紀時期，特別是在法蘭德斯地區之一些富裕城鎮裡。法爾特指出，法蘭德斯地區是西方早期資本主義的源頭，在十九

世紀，比利時脫離尼德蘭聯合王國，建立比利時王國，是因歷史上，人民之「法蘭德斯認同」下的產物。比利時王國的建國，也代表了她終結了自羅馬時期到法國拿破崙時代的混亂。比利時王國在建國之初就具備了相當現代化的新憲法，也走上了工業化的富國。但是，弔詭地，比利時的建國卻使法蘭德斯人明顯缺少國家認同，而形成北部荷語地區之「法蘭德斯民族主義」。正是比利時國家本身造成了今天比利時人對國家情感的淡薄。同時，作者也思索「法蘭德斯民族主義」與「比利時民族主義」之間的差異。是否《比利時：一個沒有國家的歷史》足以說明今日比利時的政治文化則有待思考。

　　2013 年 7 月 3 日，國王愛伯特二世因年邁及健康因素宣布，將於 7 月 21 日比利時國慶當天正式遜位於其長子不拉班公爵菲利浦 (Philippe, Duke of Brabant)。愛伯特二世在位二十年間，曾是比利時國家統一的象徵，國王的親和力為比利時政局帶來最終的穩定，他在政治困局中所做的努力受到各方媒體之積極肯定。雖然比利時國王並沒有實質的行政權，但是對於將繼位的菲利浦王子，不少比利時人對新國王的能力不太信任，於滋，政治觀察家們推測愛伯特二世的遜位，將會影響 2014 年全國大選，而比利時政治局勢必會再次動盪。

第十五章
玲瓏小國，金融大國
——盧森堡

　　二次戰後的盧森堡，在各方面都得到快速發展，堪稱是其歷史上最為繁榮的時期。它依然是一個由大公領導的君主立憲國，在名義上，大公握有政權，但在實際上，政權的執行者是首相及內閣大臣。首相職位由選舉中獲勝的政黨取得，但必須經由大公指任。國會採單一院制，議員由直接普選產生，任期為五年。

　　如前所述，盧森堡有五個主要政黨及數個小黨。其中最大的政黨為基督教社會黨，這是一個具有天主教色彩的政黨。1959 年時，基督教社會黨贏得選舉，由威爾納 (P. Werner) 負責組閣，他應該是現代盧森堡歷史上最具聲望的首相兼財政部長。在他任內的十五年當中，一切都成長快速，財經施政也多受肯定，使得盧森堡逐漸成為世界上最重要的金融中心之一。

　　在威爾納組閣時期中的後十年，也就是 1964 到 1974 年採行聯合內閣制，與民主黨聯合執政。1974 年的人選中，基督教社會黨落敗給一個中間偏左且反教權的社會工人黨，之後新內閣的執政期間，主要推動了初中教育上的改革，使教學內容較世俗化，以及建立多所職業高中。1979 年，基督教人民社會黨再度以百分之四十的支持率掌權執政，但依然推行聯合內閣制，這是由於盧森堡的三個選區都按其人口

比例來選舉投票，聯合內閣成為必然的趨勢。1979 年到 1984 年的時候，就是由基督教人民社會黨和民主黨再次聯合執政，1984 年到現在則是和社會工人黨聯合執政。

地方政府分為三個行政區和十二個郡 (cantons)，每一個郡下又分成一個或數個公社 (commune)，每個行政區各有議會，由不同的聯合政黨統轄，市鎮首長往往由主政的政黨代表當選。

盧森堡在戰後的經濟發達，與參加國際組織有相當大的關係。1948 年參與了馬歇爾計畫下的歐洲復興計畫，並和比利時重新訂立關稅和貨幣整合❶，之後，荷蘭也加入這個組織。由於這三個小國間的經濟合作與解除彼此間的國界海關通行，所以也被稱作為比尼盧 (Benelux)，三國同意採用共同之進口稅制，以及免除菸酒稅。

1950 年，比尼盧與法國、前西德和義大利組成歐洲煤鐵共同組織 (European Coal and Steel Community)，這是根據由原籍盧森堡，後來成為法國外交部長的舒曼所提出的舒曼計畫 (Schuman Plan) 衍生而來，即參加成員國同意將境內的煤炭和鋼鐵工業一體化的組織。

1957 年，盧森堡又成為歐洲經濟共同體 (European Economic Community) 的六個創始會員國之一，這個組織消除了成員國之間的貿易疆界，建立對外的統一貿易政策。隨著成員國增加為十二個國家，組織也漸漸擴大，成為今天歐洲聯盟的前身。而盧森堡和荷蘭、比利時就是在歐洲整合運動中站在最前線上的元老國家。歐洲聯盟的一些重要機構，如歐洲議會祕書處，歐洲法院，歐洲投資銀行，及歐洲貨幣聯盟審計部也都設置於盧森

❶1914–1918年的歐戰，導致盧森堡在戰後拒絕參加德國關稅同盟。盧森堡思索該與法國或比利時聯合，而因為當時比利時工業發達，盧森堡於 1921 年和其訂立關稅貨幣同盟。

堡。

　　1990 年，盧森堡廢除了與歐盟會員國之間的所有疆界檢查。1992 年，立法院也核准了〈馬斯垂克條約〉(Treaty of Maastricht)，推動加強歐洲議會的權力，以及會員國達成統一貨幣等政策，力促歐元誕生。

　　盧森堡在金融業方面成功、傑出的表現，乃因為境內優厚的利息與免利息稅的政策，加上專業的理財服務和絕對嚴格的隱密措施。其對於顧客個人資料的保密，以及尊重所有隱私和個人財產的管理方式，贏得現代金融王國的美譽。這個頭銜比瑞士銀行還有過之而無不及，因為在盧森堡的每一個銀行，一切顧客的個人資料，不僅對他人保密，對其國家的財政機構，甚至稽稅單位也都嚴格把關，只有在牽涉到刑事訴訟的情況下才能公開部分資料，但不包含民事訴訟。因此歐洲各國人士都願意將存款信託給盧森堡銀行。這個就土地面積來說屬於玲瓏小國的盧森堡，確實是一個金融業大國。

　　由於金融社會的發達，盧森堡的現代教育制度，重點放在職業學校與一般學校並重，中學和職業學校則由教育部直接管理，義務性的免費教育自四歲的兩年制幼稚園教育開始，到十七歲完成高中教育為止。盧森堡的教育以「嚴格」，即繁重多元的課業而聞名歐洲，從小學起就得學習法文和德文，尤其偏重法文。而七年制的中學除了一般課程外，還得修習拉丁文和希臘文，並設有留級制。但由於盧森堡人口少，並不設置大學。這並不是當局不鼓勵學生進入大學，而是有鑑於鄰國大學林立，加上盧森堡學生的語言能力強，多半的高中學生會選擇到比利時、法國、德國和瑞士繼續深造。由於盧森堡市的外國居民非常多，所以這裡也設立了各種外國中小學，如美國、英國、法國及歐洲學校等等，這些學校的校制和教科書都採用其原來國家的授課和評分方式。盧森堡當地的專職高等學校則以金融專科和媒體、資訊等專業項目最富盛名。

　　盧森堡是歐洲第一個建立通訊衛星網的國家，電臺和電視約有五億五千萬的收視及收聽者，1990 年代末期就已經有七個衛星網所構成

的三百多個電視頻道可供選擇，到現在其數量還在陸續增加當中，提供給世界各地的頻道，播送多元的資訊和節目。

　　社會福利及安全法，包括了健康保險，從生育補助到臨終關懷及喪葬補助等各式保險和福利設施，花去政府一半以上的預算。全國有百分之二十的人口年齡超過六十五歲，因此其高齡化社會如同比利時一般名列歐洲前茅，對於老人福利也作得相當周全。這個個人所得年平均在 2003 年高達近四萬七千美元的國家，2013 年初已達十萬六千五百美元。確實有能力支撐這個盡善盡美的社會福利國家背後所需支付的高額經費。

　　說到社會中的人口分布，盧森堡人只占全國人口的百分之五十九。外國人口中則以葡萄牙人最多，其次為義大利及西班牙，這些人多半為勞工階級。他們在戰後，特別是 1960 年代，扮演了工業成長和經濟發展所需大量勞動力之主要角色。

　　在首都的盧森堡市就有百分之五十以上的外國人，多半來自歐盟

圖 51：布魯塞爾街頭販賣的明信片中，對歐盟成員國國民性的調侃及反諷　對荷比盧的諷語為：「像荷蘭人一樣的慷慨，像比利時人一樣有效率，像盧森堡一樣『大』名鼎鼎」。

國家，並包括白領階級的外國銀行人員或是在歐盟組織辦公的成員等。葡萄牙和義大利人占盧森堡就業市場的百分之四十五以上，在從事煤鐵工業的勞工族群中則占了百分之八十六。1990年代以前，這些外國工人和其家庭成員曾被拒絕在任何政治事務的參與外，但自從〈馬斯垂克條約〉簽訂以後，這樣的情況已有所改變。在這方面，盧森堡人也會有一些左右為難的情緒，特別是在這個歐盟、新歐洲到來的時代裡，身為歐盟核心會員國的盧森堡所企圖展現出來的一種心態及風範。

　　盧森堡身為國際貨幣基金與世界銀行的創始國，長久以來，經濟對外開放是盧森堡重要國策之一。國外資金是盧森堡主要的產業，如鋼鐵、銀行金融業等開發之主源。盧森堡是世界最大的基金集散地，其基金流向世界八十多個國家。二十一世紀以來，盧森堡極力成為國外投資歐盟的窗戶。政府制定了稅收優惠政策，如對所得稅的減免、對利息的再投資策略以及對新興產業的稅收優惠等，另外，盧森堡也與一些國家簽訂了避免雙重徵稅的協定。

　　目前全球對歐洲的投資，約有百分之四十是先投入盧森堡，而其中有一半則是經由盧森堡再投向第三國。盧森堡遂由此產生了許多小小的「平臺公司」。這種微型公司通常只有一間辦公室與少數的工作人員來處理平常事務，實際資金與業務運作則在歐盟其他國家進行。

　　不過，盧森堡在近兩年，也受到了歐元區債務危機的影響。但盧森堡的預算目前尚處於盈餘狀態，歐債危機爆發以後，其赤字率也保持在百分之一～百分之二。因此，盧森堡也成為少數持續保持主權信用評級最高級別的歐元區國家。盧森堡的避稅與監管機制，仍是其他國家投資歐盟的慎重選擇。但其嚴格的銀行保密法律系統產生一些逃稅問題。於茲，盧森堡同時有了避稅天堂的聲響。在2008年世界金融危機之後，各國曾將盧森堡列入「灰色名單」，並於2009年春，稱其為有潛在問題的國家。之後，又因賽普路斯的金融風暴，歐盟的經濟官員認為，盧森堡之金融業規模已經過度膨脹，將成為隱憂。盧森堡有約五十二萬人口，銀行業卻膨脹至相當於國內生產毛額之二十二倍。

盧森堡對此也作出了回應，並立刻採取改善其財務流通的透明度，更簽署了與多國的稅務信息交換協議書，由經濟合作組織來實現國際商定標準。不過，盧森堡也不願應允歐洲央行 (ECB) 的要求，縮小其金融業的控管規模。政府仍強調國內銀行業比賽普路斯安全的多，認為賽普路斯僅僅是個特例，聲明盧國的金融業沒有類似問題，且樂觀地相信，由於盧森堡的公債率低，有能力為出問題的銀行紓困。國際貨幣基金 (IMF) 則還是盼望盧森堡加強監督金融業。

結　語

　　歷史情境中的低地國——即今日之荷蘭、比利時、盧森堡——這三小國經歷了好幾次的整合，也數度被分割，在多次的分分合合中，有時候是遭到外力軍事所征服，有時則是成為外交談判桌上的棋子，但當中也有著自主和自決的時刻。不能否認的是，它們的歷史密切交織，而在未來的走向看來也似乎如此。

　　撫今追昔，這個地區曾經為同族血脈撕裂之地，也是異族血脈交纏之處，更是受羅馬文化和基督教文明洗禮之域。就自然環境而言，這裡是一個由萊茵河、繆思河、須爾德河沖積而成的肥沃金三角，更是一個經常遭到海浪洪水侵沒的低窪沼澤區。在悠悠的歷史歲月中，低地國地區從一個凱撒大帝心目中最為偏遠蠻荒的所在，成為查理曼首都的近鄰；在大大小小的富庶城鎮所主導的經濟和文化成果累積下，它成為歐洲的商業中心；城市裡自由的空氣，隨著中世紀大學的設立、多彩的藝術結晶、人文主義的深厚滋養、學術上的擇善固執、繪畫上的璀璨光芒以及寬容的精神信念，在這個地方發芽生根，開花結果。

　　但在這片美麗景象的背後，同樣隱藏了無限的張力和對峙，在國王與臣子、城市和鄉鎮、工會與工匠、宗教和信仰、神聖與世俗、語言與文化、中央與地方之間的相互關係中展開。南北的分裂，造就了

新教倫理與巴洛克文化，商業文化與工業社會間的對比與多元；啟蒙理性與大革命的激情，更加助長了彼此的分離與統一。世界政治舞臺上的風雲變化，以及逐漸勃發的民族情感，導致了荷蘭、比利時與盧森堡的分別獨立；而彼此間的經濟往來，則促成了比尼盧 (Benelux) 的三國聯合。它們共同擁有的文化遺產與價值，召喚了不只是在經濟上的攜手聯袂，往後還想要更進一步，邁向較高層次的認同——在政治、文化上達成統一認同的歐洲聯盟。也因為抱持這樣的想法，荷蘭、比利時、盧森堡與法、德二國同被知識分子點名為「核心歐洲」(Kerneuropa) 的一分子❶。

「核心歐洲」的概念是以歐洲文化中的價值體系，諸如：寬容、法治與倫理等所建構出來的「歐洲認同」，而這個認同又以在現代荷、比、盧、德、法的文化中最能彰顯其特質，像是在社會福利國家體制下的管理與納稅，秉持寬容精神，不再有種族歧視與宗教迫害發生，對提高人格與身體力行兩者並重，就精神和肉體上的完整性抱持高度敏感，以及去「歐洲中心論」式的國際和全球秩序的關懷，肯定科技進步，但不抱持著認為科技可以代替一切這種過於天真的樂觀想法等等。

但近年歐洲金融風暴等問題對歐盟的劇烈衝擊，造成了所謂的「歐盟危機」。2013 年 4 月，哈伯瑪斯於比利時魯汶大學舉行了一場公開演講，題目為〈民主、團結與歐洲危機〉。現任歐盟最高主席范宏佩也在場聆聽。哈伯瑪斯在演講中提出，歐洲正極須一個新的民主基礎，並針對歐盟之現行政策提出批評。他認為歐盟正在形成一個順應金融市場的技術官僚體系，但是歐盟必須發展出一種「超國家」的民主。雖然，每個民族國家維

❶此為由哈伯瑪斯和於 2004 年過世的德希達 (J. Derrida) 這兩位當代最重要的思想家，於 2003 年聯名發表的文章〈我們的創新——戰後歐洲的再生〉中提出的概念。詳情請參考周明宗著〈哈伯瑪斯與德希達「核心歐洲」之共同宣言〉一文。

持目前的獨立地位，不過應該釋出更多主權。歐元貨幣聯盟，若僅是給予債臺高築的國家提供貸款協助，並期待這些國家憑自己的力量重獲其競爭力是不足的，歐洲需要更多的團結精神，這是由共同政治遠景產生的合作起點。他希望歐盟進行民主化改革，並對范宏佩所領導的歐盟理事會也進行民主的監視。換言之，近年隨著歐洲的金融危機擴大，為拯救共同貨幣，從而拯救歐盟整體，所要求的不應只是為某個國家提供貸款或要求某個國家實行樽節而已，因為經濟理性的任務是基於政治上更強大的融合為前提。

如此說來，歐盟獲得了 2012 年諾貝爾和平獎，雖有各界不同的意見，但最重要的事情是，歐盟是以「超國家組織」(supranational union) 的身分獲獎，這與以往獲獎團體是完全不同的。

另外，研究歐盟的學者比克頓 (Christopher Bickerton) 也在歐洲各地演講。根據比克頓在《歐洲整合：從民族國家到會員國家》(*European Integration: From Nation-States to Member States*) 一書中提到，很多人對歐洲整合感到不解。一般人認為歐洲整合主要是將國家權力移交到歐盟的首都布魯塞爾。但比克頓認為，歐洲整合應看作是歐洲國家轉型的過程，這是從一個歐洲民族國家轉型成歐洲成員國之過程。對於歐洲整合的研究，不僅僅是要觀察其超越國家主權之問題，或只研究國家的利益，更須關注的問題在於應該視歐盟為一個過程的轉變。這種轉變是從民族國家到歐盟成員國之概念轉變。會員國與傳統的民族國家不同，會員國不是建立在眾人或國家主權之概念，而是一個國家內部的治理必須要參照歐盟外部框架的規則。於茲，歐洲的一些政經政策如「宏觀經濟」理念和「安全外交」措施，就會更適用於具有成員國概念之歐盟政策。低地國家正努力於維護歐盟，免於歐盟的分崩離析。

對於歐洲地區的整合和團結，打造美好玫瑰園的憧憬，似乎在荷比盧身上看到了較為具體的實驗。當然上述的概念在實行時總會招致許多不同的聲音，不過，歐洲聯盟的去向和未來，就目前看來是處在

危機中有其轉機的情況。在人類的歷史中，或許仍存在著偶然、必然
與巧合。因此，不論低地國在歐盟中的角色，還是在新歐洲當中的定
位，就像一幅尚未完成的圖畫，對於該如何完成，自有其想像與揮灑
的空間。

The Low Countries

附　錄

大事年表

西元前

57　　　　　羅馬人在凱撒領軍下，征服高盧比利時。

西元

406　　　　日耳曼蠻族越過萊茵河界，挑戰羅馬帝國。

690–695　　聖威利布洛德在于特列赫特等地展開基督教化的傳教工作。

754–925　　卡洛林王朝。

768　　　　查理曼繼承矮子丕平成為法蘭克國王。

800　　　　查理曼被加冕為羅馬帝國皇帝。

843　　　　〈凡爾登條約〉訂立，帝國分裂為東法蘭克王國、西法蘭克王國、中法蘭克王國，低地國之大部分在中法蘭克王國境內。

870　　　　〈梅森條約〉(Treaty of Merson) 訂立，法蘭西的禿頭查理與日耳曼的路易聯手瓜分洛林。

879　　　　維京人入侵。

950　　　　愛荷特拿赫被納為奧圖一世的領地。

963–1354　盧森堡正式被納入封建體系當中，法蘭德斯、不拉班、于特列赫特等也成為自治封建的諸侯國。

1136　　　拿慕兒伯爵亨利入主盧森堡，成為亨利四世。

1288　　　不拉班的彰一世 (Jean I of Brabant) 取得盧森堡宗主權。

1302　　　金馬刺之役，法蘭德斯大勝法軍。

1308　　　盧森堡伯爵亨利七世被選為日耳曼國王，1309 年於阿亨加冕。

1310–1313　亨利七世入侵義大利，於 1312 年成為神聖羅馬帝國皇帝。

1312　　　亨利七世之子若望以盧森堡伯爵的身分繼位為波西米亞國王。

1346　　　簡之子查理獲選為日耳曼國王，即日後的神聖羅馬帝國皇帝查

理四世。

1353	查理四世將盧森堡讓與其異母兄弟文澤一世 (Wenzel I)，盧森堡升格為公國。
1356	不拉班的簡 (Jeanne of Brabant) 與文澤一世共同簽訂〈喜悅的進入〉規章，設首都於布魯塞爾。
1369	勃艮第公爵大膽菲力與法蘭德斯伯爵之女瑪格麗特・梅爾聯姻。
1383	文澤一世去世，外甥文澤二世繼位為盧森堡公爵，並成為神聖羅馬帝國皇帝及波西米亞國王。
1419–1477	勃艮第時代。
1428	巴伐里亞與荷蘭接受勃艮第善良菲力之統治。
1441	善良菲力買下盧森堡公國。
1464	法蘭德斯初次的聯省議會 (States General) 在布魯日召開。
1477–1482	勃艮第的瑪麗訂定〈大特權〉憲章，地方權力上升。
1482	勃艮第的瑪麗與哈布斯堡的馬西米連結婚，將哈布斯堡勢力引進低地國。
1482–1506	美男菲力繼位為低地國攝政 (regent)。
1500–1558	美男菲力與瓊安之子，查理大帝即查理五世，於根特出生（卒於 1558）。
1506–1515	哈布斯堡的馬西米連為攝政。
1506–1543	哈布斯堡家族逐漸擴張版圖為「尼德蘭十七聯省」。
1507–1530	查理大帝的姑母瑪格列特執政於低地國。
1519	查理大帝即位為日耳曼皇帝。
1531	查理設首府於布魯塞爾。
1548	十七聯省正式統一於哈布斯堡家族之下。
1555–1598	查理之子菲力浦二世繼其位為尼德蘭之主 (1555) 與西班牙王 (1556)。
1566	威廉・奧倫治、愛格蒙、荷恩等尼德蘭貴族向尼德蘭總督馬格

烈特・帕瑪獻請願表。「聖像破壞運動」展開。

1567–1573	阿爾巴公爵就任尼德蘭攝政總督。
1568	荷蘭叛變與內戰開始。
1568–1648	荷蘭與西班牙的「八十年戰爭」。
1572	「乞丐們」奪得登布里，並在臺爾夫特展開會議。
1573	德・雷貴申接任尼德蘭總督。
1575	威廉・奧倫治以國王名義成立萊登大學，為繼魯汶之後尼德蘭境內第二所大學。
1576	西班牙方面與尼德蘭達成〈根特協議〉。
1576–1578	奧地利的唐璜繼任為尼德蘭總督。
1577	帕瑪公爵法納茲接任尼德蘭總督，叛軍議會的代表則為來自日耳曼的馬諦亞大公。
1579	南方組成阿拉斯聯盟效忠西班牙，北方七省則組成于特列赫特聯盟繼續反抗西班牙軍。
1581	北尼德蘭七省宣布聯合獨立，以威廉・奧倫治為執政官。
1584	威廉・奧倫治於臺爾夫特遇刺。
1585	聯省會議決定封鎖須爾德河及安特衛普的港口。
1585–1625	墨利斯接任為荷蘭與澤蘭省執政官。
1588	西班牙無敵艦隊遭到擊敗。
1598	菲力浦二世將南方尼德蘭贈與公主伊薩貝拉與其夫阿伯特大公。
1600	墨利斯領軍在法蘭德斯的新港附近大勝西班牙。
1602	東印度公司成立。
1609–1621	荷蘭與西班牙簽訂〈十二年休戰協定〉。
1618	喀爾文教抗議派領袖奧登巴納維特和格老修斯被捕。
1619	奧登巴納維特被控通敵叛國，處以死刑。
1621	格老修斯流亡瑞典。西印度公司成立。荷蘭與西班牙之間戰事再開。

1624–1662	荷軍占領福爾摩沙（臺灣）。
1625–1647	奧倫治的韓力繼任為荷蘭等五省執政官。
1636–1654	荷軍占領巴西為殖民地。
1647–1650	奧倫治的威廉二世接任荷蘭等五省執政官。
1648	三十年戰爭結束，簽訂〈明斯特條約〉，國際公認荷蘭共和國之獨立。
1650–1672	荷蘭共和國史上首次無執政官統治時期。
1652–1654	第一次英荷海上戰爭。
1659	法蘭西和西班牙訂定〈庇利牛斯條約〉。盧森堡第一次分裂。
1665–1667	第二次英荷海上戰爭。
1672–1702	威廉三世接任荷蘭等五省執政官。
1678–1684	路易十四出征盧森堡公國。
1684	法軍攻陷盧森堡要塞。
1684–1697	法國統治盧森堡並重建堡壘。
1685	路易十四下令廢止〈南特詔書〉，許多法國胡格諾派新教徒湧入荷蘭尋求庇護。
1688	法王路易十四領軍進犯西屬尼德蘭，反法之奧格斯堡同盟成立。
1689–1702	荷蘭的威廉三世與瑪麗王后入主英格蘭。
1701–1713	西班牙王位繼承戰。
1702–1747	荷蘭共和國史上第二次無執政官統治時期。
1713	與法簽訂〈于特列赫特條約〉，西屬尼德蘭的統治權轉予奧地利的哈布斯堡家族。
1715	荷蘭共和國得到奧屬尼德蘭的駐守權。
1715–1795	奧地利哈布斯堡統治南方尼德蘭包括盧森堡在內地區。
1740	奧地利女皇瑪莉亞・德瑞莎即位，並統治南尼德蘭。
1740–1748	奧地利王位繼承戰。
1747	奧倫治的威廉四世接任共和國聯省執政官。

1766–1795	奧倫治的威廉五世接任共和國聯省執政官。
1780–1784	第四次英荷海上戰爭。
1780–1787	荷蘭共和國內出現要求改革時政的「愛國者」。
1787	普魯士軍事力量介入對付「愛國者」，威廉五世復權。
1789	不拉班革命爆發。
1791–1798	東、西印度公司結束營業，殖民地控制權轉予荷蘭政府。
1795	巴達維亞革命爆發，威廉五世逃亡英國，愛國者掌權，法國獲得列日主教區、奧屬尼德蘭及盧森堡。
1798–1799	法蘭德斯爆發農民革命，反抗法國統治。
1804	拿破崙一世造訪盧森堡，獲頒市鑰。
1806–1810	路易·拿破崙成為荷蘭國王。
1810–1813	荷蘭被納入法國拿破崙帝國。
1814–1815	維也納會議中決定將荷蘭共和國與奧屬尼德蘭合併，正式統一為尼德蘭聯合王國。
1815	拿破崙敗於滑鐵盧，奧倫治的威廉一世由英返國，並成為尼德蘭聯合王國的國王，確立新憲法與兩院制議會。盧森堡成為威廉一世之私屬國。盧森堡第二次分裂。
1830–1839	比利時革命。盧森堡亦派代表加入，但受普魯士駐軍干擾。
1831	比利時王國建立，李奧波多親王宣誓成為第一任國王。
1838	《法蘭德斯之獅》一書出版。
1839	〈倫敦條約〉簽訂，威廉一世承認比利時獨立。法語區盧森堡加入成為比利時的一省。盧森堡第三次分裂。
1840	威廉一世退位，荷蘭憲政改革。
1840–1849	威廉二世繼位為尼德蘭國王與盧森堡公爵。
1848	荷蘭由托北克所主導進行以自由精神為基礎的憲政改革。
1849	威廉三世即位為尼德蘭國王與盧森堡公爵。
1865	李奧波多二世成為第二任比利時國王。
1867	〈第二次倫敦條約〉中承認盧森堡獨立並為中立國，德國駐軍

撤守。

1877	居普爾計畫成立喀爾文政黨。
1880	居普爾創立阿姆斯特丹自由大學。
1887	荷蘭再度進行憲政改革，調寬有限度的選舉權。
1889	荷蘭通過新的教育法案，對公立及由宗教團體設立的學校均進行經費補助。
1890–1948	荷蘭的威廉明娜女王執政時期。
1890	阿道夫・拿騷・威爾堡出任盧森堡大公。
1898	比利時通過〈平等法案〉，以荷語和法語並行為官方語言。
1901–1905	居普爾擔任荷蘭首相並籌組宗教政黨聯合內閣。
1902	英國於南非與荷裔間爆發波耳戰爭 (Anglo-Boer War)。
1907	荷蘭皇家蜆殼石油公司成立。海牙二度召開國際和平會議。
1909	荷蘭新教工會 (CNV) 成立。愛伯特一世即位為比利時第三任國王。
1912	瑪麗・愛德蓮成為盧森堡女大公。
1914–1918	第一次世界大戰爆發，荷蘭為中立國，比利時、盧森堡被德國占領。
1918–1919	比利時於〈凡爾賽條約〉宣稱與盧森堡合併。
1919	荷蘭確立全民 (男子與女子) 普選權。比利時確立男子普選權。瑪麗・愛德蓮遜位於妹妹夏綠蒂。盧森堡公投決議保持獨立。
1920	荷蘭成為國聯 (League of Nations) 會員。
1922	盧、比二國建立關稅和幣值統一。
1930	根特大學採行荷語教學。
1932	比利時確立區域法，境內劃分成荷語區的法蘭德斯、法語區的瓦隆以及雙語區的布魯塞爾。
1934	李奧波多三世成為第四任比利時國王。
1939–1945	第二次世界大戰爆發。
1940	德國納粹占領荷蘭，威廉明娜女王及政府流亡英國，比利時、

盧森堡亦遭占領。

| 1942 | 盧森堡正式被併入德國，並實行徵兵制。 |

1942　　盧森堡正式被併入德國，並實行徵兵制。

1944　　聯軍首先解放低地國南部。荷比盧同盟初步商議。

1945　　納粹德國宣布投降。

1947　　荷比盧達成關稅同盟。荷蘭對印尼殖民地民族運動展開鎮壓。

1948–1980　荷蘭茱麗安娜女王執政時期。

1949　　荷蘭承認印尼獨立。比利時女子普選權確立。荷比盧加入北大
　　　　西洋公約組織 (NATO)。

1950　　李奧波多三世因「皇室問題」決定遜位於包德溫王子。舒曼計
　　　　畫開始。

1951　　荷比盧加入歐洲煤鐵共同組織 (ECSC)。

1952　　阿姆斯特丹一萊茵運河開通。

1953　　澤蘭發生荷蘭近代最嚴重水患，約兩千民眾溺斃。

1957　　荷比盧簽署〈羅馬條約〉，加入歐洲經濟共同體 (EEC) 和歐洲
　　　　原子能共同體 (EURATOM)。

1960　　比屬剛果獨立（次年改名為薩伊共和國）。

1962　　荷語成為法蘭德斯地區唯一的官方語文。

1964　　盧森堡的夏綠蒂女大公遜位於長子彰。

1968　　魯汶大學分裂為荷語部和法語部。

1970　　比利時修憲走向聯邦制。

1971　　荷蘭投票年齡限制降低到十八歲。

1975　　荷蘭承認蘇利南獨立。

1980　　荷蘭碧翠絲女王即位。比利時進行第二次憲政改革。

1983　　荷蘭憲政改革。

1988　　比利時進行第三次憲政改革。

1989　　盧森堡歡慶獨立一百五十週年。

1991　　比利時修憲讓女性也可繼承王位。

1992　　〈馬斯垂克條約〉簽署，歐洲邁向整合，荷比盧同為歐盟核心國。

1993	比利時包德溫國王猝逝，愛伯特二世即位。比利時第四次憲政改革。
1995	盧森堡市獲選 1995 年歐洲文化城市。
1996	比利時民眾於布魯塞爾展開白色遊行，要求司法改革。
1997	比利時展開貪污調查，多名官員及社會黨領袖涉嫌被告收押。在〈阿姆斯特丹條約〉下，接受了東歐各國參與歐盟的申請。
1998	荷比盧正式加入歐洲貨幣聯盟 (EMU)。
1999	比利時爆發肉製品、奶製品受戴奧辛污染事件，荷蘭、盧森堡、德、法亦受波及，比利時部分相關首長辭職。
2002	1 月 1 日歐元正式流通，荷比盧等歐盟成員宣布以歐元為唯一固定貨幣。 布魯塞爾歐盟高峰會議，針對美國 911 恐怖攻擊討論歐洲因應之道。 歐盟高峰會議在比利時拉肯簽署〈拉肯宣言〉，決定東歐國家在 2004 年參與歐盟議會選舉，宣言中並強調歐盟對世界事務參與之重要性。 荷蘭右翼政黨領袖弗圖恩遭暗殺。
2004	歐盟會員國增至二十五國，在歐盟首都布魯塞爾慶祝。
2005	荷蘭舉行歐盟憲法公投未能通過。
2006	荷蘭移民部部長費東克因處理索馬利亞裔議員阿里事件引起輿論，導致包肯納德的內閣總辭。
2007	比利時大選法蘭德斯地區基督教民主黨大勝，由勒泰爾默組閣失敗，造成比利時無政府狀態長達半年。 羅馬尼亞、保加利亞加入歐盟，歐盟成員擴大為二十七個國家。
2008	因世界金融危機，比利時富通集團瀕臨破產。首相勒泰爾默處理不當，導致內閣總辭，由范宏培組閣。
2009	荷蘭女王節發生撞車事件。
2010	1 月 1 日比利時前首相范宏佩正式成為首任全職歐盟主席。

2011　　盧森堡立法通過「安樂死」。

2012　　愛立奧狄賀波組閣，領導比利時新政府，結束持續五百四十二
　　　　天無政府狀態並打破全球紀錄。

2013　　昂利長子，盧森堡大公繼承人紀堯姆 (Guillaume vu Lëtzebuerg)
　　　　迎娶比利時女伯爵史蒂芬妮‧德‧蘭諾 (Stéphanie de
　　　　Lannoy)。

　　　　4月30日荷蘭女王碧翠絲正式遜位，由長子威廉亞歷山大繼
　　　　任王位。

　　　　2013年7月3日國王愛伯特二世宣布，將於7月21日正式遜
　　　　位於其長子不拉班公爵菲利浦。

參考書目

中文部分

張淑勤，〈比利時的誕生〉，《輔仁大學歷史系成立四十週年學術研討會論文集》，臺北：輔仁大學，2003，頁 260-271。

張淑勤，〈宗教與現代性——比利時、荷蘭天主教地區「分立化」興衰過程之探析〉，《輔仁歷史學報》，臺北：輔仁大學，2009，22 期，頁 269-306。

張淑勤，〈天主教會對啟蒙運動和「現代性」的回應〉，《歐美研究》第 33 卷第 4 期，2003，頁 851-872。

周明泉，〈哈伯瑪斯與德希達「核心歐洲」之共同宣言〉，《當代》，198，2004，頁 4-19。

麥克・戴許，《鬱金香熱》，臺北：時報出版社，2000。

修・歐納、約翰・符萊明，《世界藝術史》，臺北：木馬文化出版社，2001。

外文部分

Arblaster, P., *A History of the Low Countries*, New York , Palgrave, 2006.

Balthazar, H., etc., *The Drama of the Low Countries*, translated by Weir, A. and Pullen, A., Antwerp, 1996.

Barteau, H. C., *Historical Dictionary of Luxemburg*, Maryland & London, 1996.

Bickerton, C., *European Integration: From Nation-States to Member States*, Oxford, 2012.

Blockmans, W. and Prevenier, *W.*, *The Low Countries under Burgundian Rule*, Philadelphia, 1997.

Blom, J. C. H. and Lamberts, E., eds., *History of the Low Countries*, New York, Oxford, 1999.

Carson, P., *The Fair Face of Flanders*, Tielt, 1991.

Falter, R., *België, een geschiedenis zonder land*, Antwerpen, 2012.

Fitzmaurice, J., *The Politics of Belgium*, London, 1996.

Fokkema, D., and Grijzenhout, F., eds., *Dutch Culture in a European Perspective Accounting for the Past 1650–2000*, Basingstock, 2004.

Frijhoff, W. and Clark, G., eds., *Dutch Culture in a Europea Perspective*, Basingstock, 2004.

Gelder, H. E. van, ed., *Kunstgeschiedenis der Nederlanden*, Antwerp, 1963.

Gelderen, M. van, *The Dutch Revolt*, Cambridge, 1993.

Goethem, H. Van., *Belgium and the Monarchy: From National Independence to National Disintegration*, Brussels, 2010.

Haak, B., *The Golden Age*: *Dutch Painters of the Seventeenth Century*, New York, 1984.

Horst, H. van der., *The Low Sky*, translated by Brown, A., Den Haag, 1996.

Hsia, R. and Nierop, H. van, eds., *Calvinism and Religious Toleration in the Dutch Golden Age*, Cambridge, 2002.

Huizinga, J., *Dutch Civilisation in the Seventeenth Century*, translated by Pomerans, A., New York, 1968.

Huizinga, J., *The Autumn of the Middle Ages*, translated by Payton, R. and Mammitzsech, U., Chicago, 1996.

Huussen, A. H, *Historical Dictionary of the Netherlands*, Maryland & London, 1998.

Israel, J. I., *Dutch Primacy in World Trade*, 1585–1740, Oxford, 1990.

Israel, J. I., *The Dutch Republic*: *It's Rise, Greatness, and Fall*, 1477–1806, Oxford, 1995.

Kossmann, E. H., *De Lage Landen*, 1780–1980. *Twee eeuwen Nederland en België*, 2 vols, Amsterdam, Brussels, 1996.

Kossmann, E. H., *The Low Countries*, 1780–1940, Oxford, 1978.

Lijphart, A., ed., *Conflict and Coexistence in Belgium*, Berkeley, 1981.

Pagden, A., ed., *The Idea of Europe*, Cambridge, 2002.

Pirenne, H., *Histoire de Belgique*, 7 vols, Brussels, 1902–1932.

Price, J. L., *Culture and Society in the Dutch Republic during the Seventeenth Century*, London, 1974.

Schama, S., *The Embarrassment of Riches. An Interpretation of Dutch Culture in the Golden Age*, New York, 1989.

Schenkeveld, M. A., ed., *Nederlandse Literatuur. Een Geschiedenis*, Groningen, 1993.

Shetler, W. Z., *The Netherlands in Perspective. The Dutch Way of Organizing a Society and Its Setting*, Utrecht, 1997.

Stallaerts, R., *Historical Dictionary of Belgium*, Maryland & London, 1999.

Tracy, J., *Holland under Habsburg Rule*, 1506–1566: *The Formation of a Body Politic*, California, 1990.

Trausch, G., *Histoire du Luxembourg*, Paris, 1992.

Voogd, C. de., *Histoire des Pays-Bas*, Paris, 1992.

Wils, L., *Van Clovis tot Happart. De lange weg van de natievorming in de Lage Landen*, Leuven, 1992.

Witte, E., etc., *Political History of Belgium*, Brussels, 2000.

圖片出處：5, 25, 40, 45, 46: B&U International Picture Service, Amsterdam; 35: Christoph Henning; 48: Owen Franken/CORBIS; 37: Paul Delvaux Foundation-SABAM-Belgium 2004, www.delvauxmuseum.com; 26: Ingeborg Knigge; 33: Institut Belge d'Information et de Documentation Brussel; 51: J. N. Hughes-Wilson; 16: Paul van Riel; 3: Provinciebestaur Antwerp; 10: Rob Stevens; 49: Robert Frid; 39, 47: Spaarnestad Fotoarchief, Haarlem.

國別史叢書

西班牙史——首開殖民美洲的國家

大航海時代的海上強權——西班牙，締造了傲人的日不落國，也將王國帶入前所未有的輝煌。在時代的轉移下，經歷高潮、低盪、君權和獨裁，今日的西班牙，終於走出一條民主之路。

法國史——自由與浪漫的激情演繹

法國，她優雅高貴的身影總是令世人著迷，她從西歐小國逐漸成長茁壯，締造出日後舉足輕重的地位。在瑰麗的羅浮宮、不可一世的拿破崙之外，更擁有足以影響世界的歷史與文化成就。